一個無關緊要的年分

萬曆十五年

1587, A YEAR OF NO SIGNIFICANCE

黃仁宇
著

《萬曆十五年》聯經版出版說明

聯經出版發行人　林載爵

一九七一年春天黃仁宇終於將費時七年的《十六世紀明代中國之財政與稅收》（*Taxation and Governmental Finance in Sixteenth-Century Ming China*）定稿，但要三年半後（一九七四年）才由英國劍橋大學出版社出版。這一年他又完成了題爲《中國並不神祕》（*China Is Not a Mystery*）這本具有「望遠鏡般的視野」的著作，希望成爲合適的中國歷史輔助教材，然而卻被出版社拒絕出版（本書要到一九八八年才由美國 M.E. Sharpe 出版社以《中國大歷史》〔*China: A Macro History*〕之名出版）。受挫之後，他獲得了古根漢基金會（The John Simon Guggenheim Memorial Foundation）的一筆研究經費，從一九七五年春天開始寫作另一本書：《萬曆十五年》（*1587, a Year of No Significance*）。他的構想是，《萬曆十五年》與《中國並不神祕》相輔相成，一是探討中國歷史的縱切面，一是橫切面。《中國並不神祕》是以直線描繪歷史輪廓，以概論的方式顯示兩千年歷史中的高峰與低谷。《萬曆十五年》是帝制晚期的橫切面，引用詳細、完整的資料，敘述傳統中國國家和社會的內在運作狀況。《十六世紀明代中國之財政與稅收》花了七年，這本書卻不到一年就完成了，「因爲以前之摸索，即已奠定了以後研究之基礎。」

《萬曆十五年》的寫作過程在他的自傳《黃河青山》（聯經，二〇〇一）中有清楚的說明。一九七六年三月他在多倫多的亞洲研究協會年會中首先公開了這個寫作計畫，他說：「這作品最有趣的部分可能在於綜合。重新組合不同的元素時，我們可以從不同角度來欣賞全景。」這種興奮感來自於他發現歷史乍看之下顯得瑣碎，但是毫不相干的事物，如果全加在一起，也能展示出他們的重要功用。所以，寫作的樂趣在於綜合所有資料的過程，就像溪流之水全都匯集成大川，建立出壯闊的視野，帶給他美學的滿足感和特別的成就感。

按照黃仁宇的計畫，《萬曆十五年》不只是普通的傳記集結而已，它還打算將一個時代幾位人物的平生行誼全部整合在一起，它會是綜合傳記，或說是一個時代的傳記。書中除了一位皇帝（明神宗）、兩位內閣大學士（申時行、張居正）、一名地方官員（海瑞）、一名將軍（戚繼光）和一位學者兼哲學家（李贄）以外，他原本還打算再加進王世貞的弟弟王世懋。他是地方官員、書法家和作家，但是由於缺乏思想的深度，最後決定捨棄不用。他還認爲這本書有雙重目的，「一是將現代中國的底線往後推移，事實上是移到鴉片戰爭前兩百五十三年，歷史顯示，當代中國所面對的問題，早在當時就已存在。另一目的是證明，我的大歷史理論既不是教條，也不粗糙或無聊。」

《萬曆十五年》在一九七六年夏天完成了初稿，但是出版的過程也歷經波折。學術出版社認爲應該遵照學術的格式，商業出版社則認爲應該讓主題更爲輕鬆有趣，內容要重新安排，不要有註釋。最後終於在一九八一年由耶魯大學出版社出版，出版後獲得極大的好評，美國作家厄普代克（John Updike）主動在《紐約客》雜誌發表了題爲「萬曆皇帝：長期荒廢政事與消極對抗」（The New Yorker, October 5,1981, pp.182-191）的長篇書評，他特別指出：「《萬曆十五年》儘管是一部嚴謹的學術著作，卻有著卡夫卡超現實的夢幻特質」針對這點，黃仁宇認爲厄普代克「獨具慧眼」：「檢核傳統中國官僚組織，以禮儀代行政，有時強黑爲白，只要在本身組織之內邏輯上講得過去可以對外不負責，此情景構成他所說超現實的幻影色彩。在我看來中國之不能在數目字上管理肇源於此。及至二十世紀整個國家與社會組織免不了一段整個破壞之後重造，亦溯源於是。」《萬曆十五年》分別在一九八二年和一九八三年進入「美國圖書獎」（American Book Awards）歷史類的最後三本決選名單，一九八二年是精裝本，一九八三年是平裝本。最後雖然都沒有得獎，但對黃仁宇來說已經是一個殊榮。

本書的中文簡體版於一九八二年由北京中華書局出版，全書由他親自翻譯兼又些許改寫，實際上就是他本人的中文著作，而非單純的中文譯本。中文繁體版於一九八五年由臺北食貨出版社出版，如今在四十年後由黃仁宇兒子黃培樂（Jefferson Huang）授權聯經再度印行，並列為聯經版「黃仁宇文集」之首，此書中黃仁宇對傳統中國政治、社會的獨到解析，將因此而繼續流傳。

自序

黃仁宇

《萬曆十五年》一書雖說只敍述明末一個短時間的事蹟，在設計上講卻屬於「大歷史」(macro-history)的範疇。大歷史與「小歷史」(micro-history)不同，則是作者及讀者，不斤斤計較書中人物短時片面的賢愚得失。其重點在將這些事蹟與我們今日的處境互相印證。也不是只抓住一言一事，借題發揮，而應竭力將當日社會輪廓，盡量勾畫，庶幾不致因材料參差，造成偏激的印象。

中國的革命，好像一個長隧道，需要一百零一年才可通過。我們的生命最長也無逾九十九年。以短衡長，我們對歷史局部的反應，不足成爲大歷史。讀者若想要高瞻遠矚，首先必將歷史背景推後三、四百年。「萬曆十五年」旨意於是，因之我們才可以確切看到中國傳統的社會、政治、經濟、思想等等有它們的結構與節奏，也有它們牢不可拔的特點，與新時代應有的條件一比，距離過大。一到必須改革創造之際，不可能避免一個地覆天翻的局面。

這種波瀾之大，也不自中國始，從大歷史的觀點看，英國十七世紀，人口不過四百萬至六百萬之間，曾經發生解散議會，內戰，弒君，行民主制，改獨裁制，復辟及第二次革命的事蹟。也有清教徒的醞釀，英皇受外國津貼，成立祕密協定，行暗殺，發傳單，束縛異教徒的人身自由等等糾葛及黑幕，前後超過半個世紀。直到國內低層機構徹底改造之後，得因一六八九年的光榮革命（Glorious Revolution）才漸漸有條理。當年赫爾特（John Holt）為首席法官，他命令行普通法（common law）的法庭，接受與商業有關的案件時，照商人習慣辦理。茲後農業與工商業對流，全國經濟併為一元，成為該國十八世紀後富強的基礎。

其他國家也無不經過這種磨折。美國為得天獨厚的國家。開國時已有了英國法治的經驗，又在一個空曠的地區發育成長，仍因南北制度之不同，發生內戰。又因為銀行貨幣、工會組織、聯邦商業管制、反托拉斯（anti-trust）等問題，發生無數糾紛。所以一個農業國家要蛻變成為工商業國家，不可能避免改造期間的痛苦。我們小時候讀書，總以為日本在明治維新之後，在短時間把一切弄得頭頭是道，使中國相形見絀。殊不知日本在德川幕府末期已經有了諸藩間的「藏元」以及「問屋」、「諸仲間」、「迴船」等等組織，其社會已在逐步商業化。況且明治維新進步過猛，其內部不健全的地方仍要經過炮火的洗禮，於世界第二次大戰後忍痛改造。這就是說，在長期上歷史總是有它的合理性，同時看來，世界各國對國際貿易的潮流，作內部的調整，也是一般趨勢。

萬曆十五年，公元爲一五八七年，去鴉片戰爭，尙有兩個半世紀，可是其時以儀禮代替行政，以無可認眞的道德當作法律，是爲傳統政治的根蒂，在大歷史的眼光上講，已牽連明清；又因中央集權，財政無法核實，軍備只能以低級技術作一般準則，若從大歷史的角度檢討，卽使相去二百五十三年，也不過大同小異。如果我們不把這些背景放在心上，一味責備琦善、耆英及道光帝，可謂過度重視小歷史，忽視事實的根源，脫離現實。

此書初出英文本，書名爲 1587, A Year of No Significance。曾請富路特先生 (Dr. L. Carrington Goodrich) 作序。富先生現年九十歲，他父母在中國傳教，葬於通州。他自己曾在中國青年會工作，也曾在第一次大戰期間，領導赴法華工，又在哥倫比亞大學任教多年。他常對我說，不要因中國一時偃蹇，忽視中國文化的源遠流長。英文版序內他也強調將東方的好壞與西方的好壞全盤托出，以作研究改造的根據。研究大歷史，應當有富先生這樣的胸襟與抱負。＊

《萬曆十五年》除英文本外已有法文本，日譯、德譯也預計於年內出書。旣爲通盤歷史，則不能避免政治，但是以長期間歷史作題材，不批判目前政治。所以給大陸同胞看，給臺灣親友看，旨意相同，否則也不會有這些外文版本。

一九八五年二月於美國

＊編注：富路特在序文中特別推崇「這絕對是最頂尖、資訊最完整的論述，講述中國是如何走到現在最傑出的論證。我從未見超越這本的書。」他的理由是：「黃仁宇先生選擇專注研究明朝末年的某一特定年分，使讀者得以窺探到當時中國領導階層的運作模式。然而這些敘述並非要說服我們：『中國人民從以前至今所受到的苦難，都是巨大的錯誤。要中國捨棄過去所有經驗，甚至仿效西方以補償那些已失去的時間。』這並非作者本意。書中所指責的中國官僚體制，絕不是要全盤的否定中國文化，而是為了平衡觀點，中國文化值得保存的事物還有很多。歷史學家重新檢視過去的錯誤，希望為未來提供警示，並同時提醒讀者保留具有價值的東西。如此，對中國來說，無論是東方還是西方的經驗都值得借鑒，歷史學家必須做的，就是將一切毫無保留的攤開示人，而這正是黃仁宇先生所做的事情。」

目錄

第一章

萬曆皇帝

公元一五八七年，在中國為明萬曆十五年，論干支則為丁亥，屬豬。當日四海昇平，全年並無大事可敘，縱是氣候有點反常，夏季北京缺雨，五、六月間時疫流行，旱情延及山東，南直隸卻又因降雨過多而患水，入秋之後山西又有地震，但這種小災小患，以我國幅員之大，似乎年年在所不免。只要小事未曾釀成大災，也就無關宏旨。總之，在歷史上，萬曆十五年實為平平淡淡的一年。

既然如此，著者又何以把《萬曆十五年》題作書名來寫這樣一本專著呢？

一五八七年，在西歐歷史上為西班牙艦隊全部出動征英的前一年。當年，在我國的朝廷上發生了若干為歷史學家所易於忽視的事件。這些事件，表面看來雖似末端小節，但實質上卻是以前發生大事的癥結，也是將在以後掀起波瀾的機緣。其間關係因果，恰為歷史的重點。

由於表面看來是末端小節，我們的論述也無妨從小事開始。

這一年陽曆的三月二日，北京城內街道兩邊的冰雪尚未解凍。天氣雖然不算酷寒，但樹枝還沒有發芽，不是戶外活動的良好季節。然而在當日的午餐時分，大街上卻熙熙攘攘。原來是消息傳來，皇帝陛下要舉行午朝大典，文武百官不敢怠慢，立即奔赴皇城。乘轎的高級官員，還有機會在轎中整理冠帶；徒步的低級官員，從六部衙門到皇城，路程將近一哩，抵達時喘息未定，也就顧不得再在外表上細加整飾了。

站在大明門前守衛的禁衛軍，事先也沒有接到有關的命令，但看到大批盛裝的官員來臨，也就以爲確係舉行大典，因而未加詢問。進大明門卽爲皇城。文武百官看到端門午門之前氣氛平靜，城樓上下也無朝會的跡象，既無几案，站隊點名的御史和御前侍衛「大漢將軍」也不見蹤影，不免心中揣測，互相詢問：所謂午朝是否訛傳？

近侍宦官宣布了確切消息，皇帝陛下並未召集午朝，官員們也就相繼退散。驚魂既定，這空穴來風的午朝事件不免成爲交談議論的話題：這謠傳從何而來，全體官員數以千計而均受騙上當，實在令人大惑不解。[1]

對於這一頗帶戲劇性的事件，萬曆皇帝本來大可付諸一笑。但一經考慮到此事有損朝廷體統，他就決定不能等閑視之。就在官員們交談議論之際，一道聖旨已由執掌文書的宦官傳到內閣，大意是：今日午間之事，實與禮部及鴻臚寺職責攸關。禮部掌擬具儀注，鴻臚寺掌領督演習。該二衙門明知午朝大典已經多年未曾舉行，絕無在儀注未備之時，倉卒傳喚百官之理。是以其他衙門既已以訛傳誤，該二衙門自當立卽阻止。既未阻止，卽係玩忽職守，著從尚書、寺卿以下官員各罰俸兩月，並仍須查究係何人首先訛傳具奏。

禮部的調查毫無結果，於是只能回奏：當時衆口相傳，首先訛傳者無法查明。爲了使這些昏昏然的官員知所儆戒，皇帝把罰俸的範圍由禮部、鴻臚寺擴大到了全部在京供職的官員。

由於工作不能盡職或者奏事言辭不妥，觸怒聖心，對幾個官員作罰俸的處分，本來是極爲平常的事。但這次處罰竟及於全部京官，實在是前所未有的嚴峻。本朝官俸微薄，京城中高級官員的豪華生活，絕非區區法定的俸銀所能維持。如各部尚書的官階爲正二品，全年的俸銀只有一百五十二兩。他們的收入主要依靠地方官的饋贈、各省的總督巡撫所送的禮金或禮品，往往一次卽可相當於十倍的年俸。[2]這種情況自然早在聖明的洞鑒之中，傳旨罰俸，或許正是考慮到此輩並不賴官俸爲生而以示薄懲。但對多數低級官員來說，被罰俸兩月，就會感到拮据，甚至付不出必要的家庭開支了。

按照傳統觀念，皇帝的意旨總是絕對公允的，聖旨既下，就不再允許有任何非議。這一事件，也難怪萬曆皇帝聖心震怒，因爲從皇帝到臣僚都彼此心照，朝廷上的政事千頭萬緒，而其要點則不出於禮儀和人事兩項。僅以禮儀而言，它體現了尊卑等級並維護了國家體制。

我們的帝國，以文人管理爲數至千萬、萬萬的農民，如果對全部實際問題都要在朝廷上和盤托出，拿來檢討分析，自然是辦不到的。所以我們的祖先就抓住了禮這個要點，要求大小官員按部就班，上下有序，以此作爲全國的榜樣。現在全體京官自相驚擾，狼奔豕突，實在是不成體統。

萬曆皇帝是熟悉各種禮儀的君主。一五八七年三月，他已年滿二十四，進入二十五，登上皇帝的寶座也有十五年了。他自然會淸楚記得，在他十歲那年的冬天，他的父親隆慶皇帝爲他舉行了象徵成爲成人的冠禮。他被引導進入殿前特設的帷帳裡，按照禮儀的規定更換衣冠服飾，前後三次都以不同的裝束出現於大庭廣衆之中。既出帷帳，他就手持玉圭，被引導行禮，並用特設的酒杯飲酒。全部節目都有禮官的唱導和音樂伴奏，所需的時間接近半天。第二天，他又被引導出來坐在殿前，以最莊重的姿態接受了百官的慶賀。[3]

幾個月之後，隆慶皇帝龍馭上賓。這位剛剛十一歲的皇太子，就穿著喪服接見臣僚。按照傳統的「勸進」程序，全部官員以最懇切的辭藻請求皇太子卽皇帝位。頭兩次的請求都被皇太子所拒絕，因爲父皇剛剛駕崩，自己的哀慟無法節制，哪裡有心情去想到個人名位？到第三次，他才以群臣所說的應當以社稷爲重作爲理由，勉如所請。這一番推辭和接受的過程，有條不紊，有如經過預習。

既然登上皇帝的寶座，他就必須對各種禮儀照章辦理。在過去的十五年，他曾經祭天地、祀祖廟、慶元旦、賞端陽。他接見外國使臣、解職退休和著有勛勞的官員耆老。他還曾檢閱軍隊，頒發戰旗，並在一次戰役獲得勝利以後接受「獻俘」。

這種獻俘儀式極爲嚴肅而令人竦懼。皇帝的御座設在午門城樓上，他端坐其中，瞰視著下面花崗石廣場上發生的一切。他的兩旁站立著受有爵位的高級軍官，還有許多被稱爲大漢將軍的身材魁偉的御前侍衛。在廣場上大批官員的注視下，俘虜被牽著進來，手腳戴有鐐銬，一塊有圓孔的紅布穿過頭顱，遮胸蓋背，被吆喝著正對午門下跪。這時，刑部尚書趨步向前，站定，然後大聲朗讀各個俘虜觸犯天地、危害人類的罪行。讀畢他又宣布，這些罪人法無可逭，請皇上批准依律押赴市曹斬首示衆。皇帝答覆說：「拿去！」他的天語綸音爲近旁的高級武官二人傳達下來，二人傳四人，而後八人、十六人、三十二人相次聯聲傳喝，最後大漢將軍三百六十人以最大的肺活量齊聲高喝「拿去」，聲震屋瓦，旁觀者無不爲之動容。[4]

每年陽曆的十一月，皇帝要接受下一年的日曆，並正式頒行於全國。它的頒行，使所有臣民得到了天文和節令的根據，知道何時可以播種穀物，何日宜於探訪親友。翰林院官員們的集體著作，例如《實錄》之類，也在香煙、樂隊的簇擁下，恭呈於皇帝之前。書籍既經皇帝接受並加乙覽，就成爲「欽定」，也就是全國的唯一標準。[5]

在同樣莊嚴的儀式下，萬曆皇帝授予他的兄弟叔侄輩中的一些人以「王」的稱號，封他們的妻子爲「王妃」，批准他們子女的婚姻。而最隆重的儀式，卻是把「仁聖皇太后」的尊號上贈給他的嫡母隆慶的皇后陳氏，把「慈聖皇太后」的尊號上贈給他的生母隆慶的皇貴妃李氏。

慈聖皇太后對萬曆皇帝有極大的影響，因爲除了她，沒有第二個人再能給他以眞正的天性之愛。[6]但是在萬曆登極以後，根據皇家的習俗，一種無形的距離就存在於太后和皇帝之間，使母子之間的天性交流變得極爲不便。例如前此不久萬曆曾下令修葺裝潢慈聖所居的宮室，竣工之後，她的感謝不是用親切的口吻加以表達，而是請學士寫成一篇文章，讚賞皇帝的純孝，在他下跪時逐句誦讀。這篇文章，因爲能對全國臣民起表率和感化的作用，所以就成爲本朝的重要文獻。有時，萬曆用宮內的傀儡戲來討取太后的歡心，在她下轎之前，他也必須跪在庭前恭候慈駕。

但是母愛畢竟是一種最深刻的感情，在多年之後，儘管萬曆皇帝臨朝的機會越來越稀少，但每當十一月慈聖的生辰，他卻仍然親臨皇極門接受百官的慶賀。

也就是在此之前不久，萬曆冊封他的愛妃鄭氏爲皇貴妃，並預先公布禮儀以便各有關衙門作必要的準備。消息傳來，就有一位給事中上疏提出異議，其理由爲：按照倫理和習慣，這種尊榮應該首先授予皇長子的母親恭妃王氏，德妃鄭氏僅爲皇三子的母親，後來居上，實在是本末顚倒。這一異議雖然引起萬曆的一時不快，但冊封典禮仍按原計畫進行。[7]誰也沒有想到，這一小小的插曲，竟是一場影響深遠的政治鬥爭的契機，導致了今後數十年皇帝與臣僚的對立，而且涉及到了整個帝國。

參加各項禮儀，皇帝需要頻繁地更換冠服，有時達一日數次。服飾中的皇冠有一種爲金絲所製作，精美絕倫，而又不同於歐洲式的全金屬皇冠。皇帝在最隆重的典禮上使用的皇冠是「冕」，形狀像歐洲學者所戴的「一片瓦」，不過冕上布板是長方形而非正方形，前後兩端各綴珍珠十二串。這種珠帘是一種有趣的道具，它們在皇帝的眼前腦後來回晃動，使他極不舒服，其目的就在於提醒他必須具有端莊的儀態，不能輕浮造次。和冕相配的服裝是飾有豪華刺繡的黑色上衣和黃色下裙，裙前有織錦一片，懸於腰帶之上而垂於兩腿之間，靴襪則均爲紅色。

在次一級隆重的典禮上，皇帝服用全部紅色的「皮弁服」，實際上也是他的軍裝。其中的帽子，和今天體育家所用的瓜形圓盔極爲相似，有帶，繫在脖子上。這種帽子和當時武將軍士所用的頭盔並沒有多大區別，不過將士的盔是布質內藏鐵片，外裝鐵釘；皇帝的皮弁則以皮條折綴而成，外綴寶石以代鐵釘。

黃色的龍袍，常常被看作中國皇帝的標準服裝。其實在本朝，這種服裝只在一般性的儀式上服用。在不舉行儀式的時候，皇帝的常服則是青色或黑色的龍袍，上綴綠色的滾邊。[8]

皇帝是全國臣民無上權威的象徵，他的許多行動也帶有象徵性，每年在先農壇附近舉行「親耕」就是一個代表性的事例。[9]這一事例如同演戲，在「親耕」之前，官方在教坊司中

明神宗萬曆帝畫像。

選取優伶扮演風雷雲雨各神，並召集大興、宛平兩縣的農民約二百人作爲群衆演員。這幕戲開場時有官員二人牽牛，耆老二人扶犁，其他被指定的農民則攜帶各種農具，包括糞箕淨桶，作務農之狀，又有優伶扮爲村男村婦，高唱太平歌。至於皇帝本人當然不會使用一般的農具，他所使用的犁雕有行龍，全部漆金。他左手執鞭，右手持犁，在兩名耆老的攙扶下在田裡步行三次，就完成了親耕的任務。耕畢後，他安坐在帳幕下觀看以戶部尙書爲首的各官如法炮製。順天府尹是北京的最高地方長官，他的任務則是播種。播種覆土完畢，教坊司的優伶立即向皇帝進獻五穀，表示陛下的一番辛勞已經收到卓越的效果，以致五穀豐登。此時，百官就向他山呼萬歲，致以熱烈祝賀。

但是皇帝所參與的各項禮儀並不總是這樣輕鬆有趣的，相反，有時還很需要付出精神力氣。譬如每天的早朝，卽在精力充沛的政治家，也會覺得持之以恆是一件困難的事情，以致視爲畏途。萬曆皇帝的前幾代，已經對它感到厭倦，雖說早朝儀式到這時已大爲精簡，但對他來說，仍然是一副職務上的重擔。下面的敘述就是這一結論的證明。

在參加早朝之前，凡有資格參加的所有京官和北京地區的地方官，在天色未明之際就要在宮門前守候。宮門在鐘鼓聲中徐徐打開，百官進入宮門，在殿前廣場整隊，文官位東面西，武官位西面東。負責糾察的御史開始點名，並且記下咳嗽、吐痰等以至牙笏墜地、步履不穩重等等屬於「失儀」範圍的官員姓名，聽候參處。一切就緒以後，皇帝駕到，鳴鞭，百官在贊禮官的口令下轉身，向皇帝叩頭如儀。鴻臚寺官員高唱退休及派赴各省任職的官員姓名，被唱到的人又另行對皇帝行禮謝恩。然後四品以上的官員魚貫進入大殿，各有關部門的負責官員向皇帝報告政務並請求指示，皇帝則提出問題或作必要的答覆。這一套早朝節目在日出時開始，而在日出不久之後結束，每天如此，極少例外。[10]

本朝初年，皇帝創業伊始，勵精圖治，在早朝之外還有午朝和晚朝，規定政府各部有一百八十五種事件必須面奏皇帝。只是在第六代的正統皇帝登極時，由於他也只有九歲，所以朝中才另作新規定，早朝以呈報八件事情爲限，而且要求在前一天以書面的方式送達御前。此例一開，早朝卽漸成具文。[11]可是直到十五世紀末期，早朝這一儀式仍然很少間斷，卽使下雨下雪也還是要堅持不輟，僅僅是由於皇恩浩蕩，准許官員可以在朝服上加披雨衣，一四七七年又下詔規定各官的張傘隨從可以一併入宮。有時皇帝體恤老臣，准許年老的大臣免朝，但這又是屬於不輕易授予的額外恩典了。

這種繁重的、日復一日的儀式，不僅百官深以爲苦，就是皇帝也無法規避，因爲沒有他的出現，這一儀式就不能存在。一四九八年，當時在位的弘治皇帝簡直是用央告的口氣要求大學士同意免朝一日，因爲當夜宮中失火，弘治皇帝徹夜未眠，神思恍惚。經過大學士們的商議，同意了輟朝一日。[12]除此而外，皇帝的近親或大臣去世，也得照例輟朝一日至三日以誌哀悼。然而這種性質的輟朝，得以休息的僅是皇帝一人，百官仍須親赴午門，對著大殿行禮如儀。

首先打破這一傳統的是第十代的正德皇帝，卽萬曆的叔祖。正德的個性極強，對於皇帝的職責，他拒絕群臣所代表的傳統觀念而有他自己的看法和做法。他在位時，常常離開北京，一走就是幾個月甚至長達一年。而住在北京期間，他又打破陳規，開創新例，有時竟在深夜舉行晚朝，朝罷後又大開宴席，弄到通宵達旦。[13]對這些越軌的舉動，臣僚們自然難於和他合作，他也就撇開正式的負責官員而大加寵用親信的軍官和宦官。負主要行政責任的內閣，在他眼裡不過是一個傳遞消息的機構而已。凡此種種，多數文臣認爲跡近荒唐，長此以往，後果將不堪設想。

幸而正德於一五二一年去世，又未有子嗣。大臣們和皇太后商議的結果，迎接萬曆皇帝的祖父入承大統，是爲嘉靖皇帝。作爲皇室的旁支子孫而居帝位，在本朝尚無前例。大臣們乘此機會，肅淸了正德的親信，其劣跡尤著的幾個人被處死刑。

嘉靖登極的前二十年可以算得上盡職。他喜歡讀書，並且親自裁定修改禮儀。可是到了中年以後，他又使臣僚大失所望。他對舉行各種禮儀逐漸失去興趣，轉而專心致志於修壇煉丹，企求長生不死，同時又遷出紫禁城，住在離宮別苑。尤其不幸的是，這個皇帝統治了帝國達四十五年之久，時間之長在本朝僅次於萬曆。

萬曆的父親隆慶，在本朝歷史上是一個平淡而庸碌的皇帝。在他御宇的五年半時間裡，開始還常常舉行早朝，但是他本人卻對國政毫無所知，臨朝如同木偶，常常讓大學士代答其他官員的呈奏。後期的幾年裡，則索性把這如同具文的早朝也免除了。[14]

一五七二年，萬曆皇帝卽位，關於早朝這一儀式有了折中的變通辦法。根據大學士張居正的安排，一旬之中，逢三、六、九日早朝，其他日子則不朝，以便年輕的皇帝可以有更多的時間攻讀聖賢經傳。[15]這一規定執行以來已近十五年，越到後來，聖旨免朝的日子也越多。與此同時，其他的禮儀，如各種祭祀，皇帝也經常不能親臨而派遣官員代祭。實際上，萬曆皇帝的早朝，卽使按規定舉行，較之前代，已經要省簡多了。首先是早朝的地點很少再在正殿，而且在一般情況下早朝人員都不經午門而集結於宣治門，所有駿馬馴象的儀仗也全部減免不用。其次，御前陳奏也已流於形式，因爲所有陳奏的內容都已經用書面形式上達，只有必須讓全體官員所知悉的事才在早朝時重新朗誦一遍。

萬曆登極之初，就以他高貴的儀表給了臣僚們深刻的印象。他的聲音發自丹田，深沉有力，並有餘音裊裊。[16]從各種跡象看來，他確實是一個早熟的君主。他自己說過他在五歲時就能夠讀書，按照中國舊時的計算方法，那時他的實足年齡僅在三歲至四歲之間。[17]儘管如此，在他御宇之初，由於年齡太小，臨朝時還需要在衣袖裡抽出一張別人事先爲他書寫好的紙片，邊看邊答覆各個官員的呈奏請示。他自然不能完全明白紙片上所寫答語的含義，而只是一個尚未成年的兒童在簡單的履行皇帝的職責。

他既爲皇帝，在他的世界裡沒有人和他平等。在兩位皇太后之外，他所需要尊敬的人只有兩個：一個是張居正張先生，另外一個是「大伴」馮保。這種觀念，不消說是來自皇太后那裡。張、馮兩人結合在一起，對今後的政治形勢產生了相當深遠的影響。這一點，自然也不是當時不滿十歲的萬曆皇帝所能理解的。

張居正似乎永遠是智慧的象徵。他眉目軒朗，長鬚，而且注意修飾，袍服每天都像嶄新的一樣折痕分明。他的心智完全和儀表相一致。他不開口則已，一開口就能揭出事情的要害，言辭簡短準確，使人無可置疑，頗合於中國古語所謂「夫人不言，言必有中」。[18]

萬曆和他的兩位母親對張居正有特殊的尊重，並稱之爲「元輔張先生」，其原因說來話長。在隆慶皇帝去世的時候，高拱是當時的「首揆」，即首席內閣大學士。高拱自以爲是先皇的元老重臣，不把新皇帝放在眼裡。新皇帝有事派人詢問高拱的意見，他竟敢肆無忌憚地對使者說：「你自稱奉了聖旨，我說這是一個不滿十歲的小孩的話。你難道能讓我相信他眞能管理天下大事嗎?」在他的眼裡，天子不過是小孩子，太后不過是婦道人家，這種狂妄跋扈和人臣的身分絕對不能相容。幸而上天保祐，還有忠臣張居正在，他立即獻上奇計，建議採取斷然措施解決高拱。

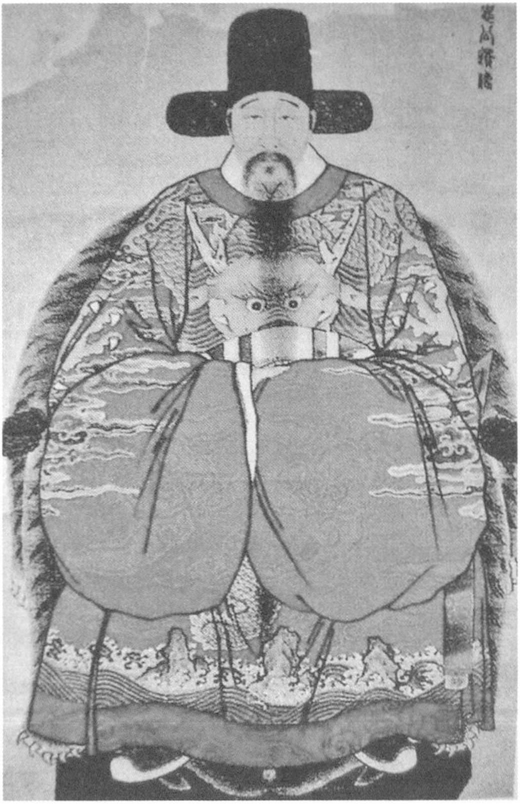
張居正畫像。

一五七二年夏，有一天百官奉召在宮門前集合。一名宦官手執黃紙文書，這是兩位太后的懿旨，也是新皇帝的聖旨。黃紙文書一經宣讀完畢，跪在前列的高拱不禁神色大變。他已經被褫去官銜職位，並被勒令即日出京，遣返原籍。按照慣例，他從此就在原籍地方官的監視之下，終身不得離境。張居正在艱危之際保障了皇室安全，建立了如此殊勛，其取高拱而代之自屬理所當然。[19]

除了首揆以外，張居正又兼管萬曆的教育事務。小皇帝的五個主講經史的老師、兩個教書法的老師和一個侍讀，都是他一手任命的。他還編訂講章作爲萬曆的教科書，有機會還親自講授。

萬曆皇帝學習的地方是文華殿。一五七二年秋天以後，他每天的功課有三項內容：經書、書法、歷史。[20]學習完經書以後，授課老師可以到休息室小憩，但皇帝本人卻並不能那麼清閑。這時候就出現了大伴馮保和其他宦官，他們把當天臣僚上奏的本章進呈御覽。這些本章已經由各位大學士看過，用墨筆作了「票擬」。在馮保和其他宦官的協助下，皇帝用朱筆作出批示。

中午功課完畢，小皇帝在文華殿進午餐。下半天的大部分時間都可以自由支配，不過他仍然被囑咐要複習功課，練習書法，默記經史。小皇帝對這種囑咐絲毫不敢忽視，因爲第二天必須背誦今天爲他所講授的經書和歷史。如果準備充分，背書如銀瓶瀉水，張先生就會頌揚天子的聖明；但如果背得結結巴巴或者讀出別字，張先生也立卽會拿出嚴師的身分加以質問，使他無地自容。

在一五七八年大婚之前，萬曆和慈聖太后同住在乾清宮。太后對皇帝能否克盡本職和勤奮學習均極爲關懷，皇帝的其他行動也經常得到她的指導。至於馮保，當萬曆還是皇子的時候就是他的伴侶，提攜捧抱，兢兢業業地細心照護，所以後來才被稱爲「大伴」。到這時候，馮保已經擢升爲司禮監太監，也就是宮內職位最高的宦官。他經常向慈聖太后報告宮內外，包括皇帝本人的各種情況。慈聖因此而能耳目靈通，萬曆卻因此而漸生畏懼。因爲慈聖太后教子極爲嚴格，如果大伴作出對皇帝不利的報告，太后一怒之下，皇帝就會受到長跪的處罰，有時竟可達幾個小時之久。[21]

在這樣嚴厲的督導之下，萬曆的學習不斷取得進步。他被教導說，做皇帝的最爲重要的任務是敬天法祖，也就是敬重天道，效法祖宗。這種諄諄教導在萬曆身上起到的作用很快就爲一件事情所證明。當他登極還不滿四個月，有客星出於閣道旁，其大如盞，光芒燭地。這顆被今天的天文學家稱爲 Supernova 或 Anno 1572 的出現，在當時被人們看成是上天將要降災的警告。按照張先生的教導，萬曆趕緊檢討自己的思想、語言和行動，加以改正，以期消除天心的不快。[22]

這次「星變」延續了兩年之久，皇帝的「修省」也就相應的歷時兩年，並在今後相當長的時間內，他不得不注意節儉，勤勉誠懇地處理政務，待人接物，力求通過自己的努力化凶爲吉。

學習的進步更加突出地體現在書法上。慈聖太后和大伴馮保都是書法愛好者，他們對皇帝在這方面的進步時時加以鼓勵。萬曆年方十歲，就能書寫徑尺以上的大字。有一次，他讓張居正和其他大學士觀看他秉筆揮毫，寫完以後就賞賜給這些大臣。張居正謝恩領受，但在第二天他就啓奏皇帝：陛下的書法已經取得很大的成就，現在已經不宜在這上面花費過多的精力，因爲書法總是末節小技。自古以來的聖君明主以德行治理天下，藝術的精湛，對蒼生並無補益。像漢成帝、梁元帝、陳後主、隋煬帝、宋徽宗、寧宗，他們都是大音樂家、畫家、詩人和詞人，只因爲他們沉緬在藝術之中，以致朝政不修，有的還身受亡國的慘禍。對於這忠心耿耿的進諫，小皇帝自然只能聽從。在一五七六年之後，他的日課之中就取消了書法而只留下經史。[23]

物力的節約也在宮內開始。過去一個世紀，每逢正月十五上元佳節，各宮院都有鰲山煙火和新樣宮燈，輝煌如同白晝。在張居正的提議之下，這一鋪張浪費的項目遂被廢止。萬曆曾想爲他母親修理裝潢宮室以表示孝思，張居正卻認爲各宮院已經十分富麗完美，毋須再加修飾。他又針對萬曆關心宮內婦女喜歡珠玉玩好一事，指出爲人主者，應當隨時注意天下臣民的衣食，至於珠玉玩好，饑不能食，寒不能衣，不值得陛下親垂關注。[24]

和以前的各個朝代相比，本朝的宮廷開支最爲浩大。紫禁城占地四分之三方哩，各個宮殿上蓋琉璃瓦，前後左右有無數的朱門和迴廊：宮殿下面的臺階都用漢白玉石砌築，眞是極盡豪華。皇城環繞紫禁城，占地三方哩有餘。皇城內有馳道和人工開鑿的湖泊，以備馳馬划船和其他遊覽之用。建築物除去皇家別墅之外，還有寺院、高級宦官的住宅。爲皇室服務的機構，例如烤餅坊、造酒坊、甜食坊、兵冑坊、馬房以至印書藏書的廠庫也都集中在這裡，使皇室所需的百物，都不必假手於外。各個廠庫、寺廟、坊舍均由專任的宦官掌握，共有二十四個機構，習稱二十四監。[25]到萬曆初年，宦官的總數已逾二萬，而且還在不斷膨脹。最高級的宦官，地位可與最高級的文武官員相埒。宮女的數字，至少也在三千以上。爲這些人的死亡所準備的棺木，一次即達二千口之多。[26]

從本朝創業之君開始，就形成了如下的一種觀念，即普天之下，莫非王土，不需要有專門的皇室莊園的收入，以供宮廷開支之用。宮廷所需的物品，來自全國稅收中劃出來的一大部分實物，包括木材、金屬等各種原料，也包括綢緞、瓷器等製成品。皇家的開支可以不受限制，官員們卻只能在極度節儉的原則下生活，更不必說這些宦官宮女。所以，本朝的官員、宦官的法定薪給都十分微薄。

這種不公平的現象當然不能持久。到十六世紀初，大部分的高級官員和宦官都已經過著十分奢侈的生活。尤其是高級宦官更爲人所艷羨，他們不但在皇城內築有精美的住宅，而且根據傳統習慣，他們也有相好的宮女，同居如同夫婦。[27]他們沒有子女，但不乏大批乾兒、侄子、外甥的趨奉，因而也頗不寂寞。至於招權納賄，則更是題內的應有文章。

一般的宦官也有他們的額外收入。掌管皇家的各個倉庫，就是他們的生財之道。各省上繳給皇室專用的實物，必須經過檢驗，認爲質量合乎標準才能入庫，否則就拒絕接受。解送實物的人員就會長期滯留在北京而不能回家。實際上，所謂質量並無一定的規格，可以由宦官及其中介人隨心所欲的決定。如果解送實物的人員懂得其中奧妙，贈送中介人以相當款項，中介人扣除佣金後再轉手送給宦官，所繳實物就可以被接納入庫。

既然納賄可以使劣質物品變爲優質，所以，除了皇室成員自用的物品以外，以次充好的現象就不斷發生。其中受到損害最大的是京軍。因爲按規定，他們的服裝也是由宦官掌管的，以次充好的結果使他們獲得的軍服質量極爲低劣。當時最有權威的倉庫中介人名叫李偉，爵封武淸伯，他是慈聖太后的父親，當今皇帝的外祖父。劣質的棉布通過他而進入倉庫，再發給軍士，就勢所必至的引起了無數怨言和指責。萬曆皇帝接到臣僚們對此事的控告，親自拿了一匹這種劣質棉布呈進於慈聖太后之前。太后既愧且怒，表示要按國法處置。

這時，大學士張居正施展了他的政治才能，他出面調解，達成了一個保全太后一家面子的協議：李偉毋須向法庭報到，他所受的懲罰是被召喚到宮門外申飭一頓，保證不得再犯。

事情告一段落以後，張居正又在馮保的合作下乘機大批撤換管理倉庫的宦官，並很自信地向別人表示，這種需索「鋪墊費」的陋習業已禁絕。[28]

總的來說，萬曆即位以後的第一個十年，即以一五七二年到一五八二年，爲本朝百事轉蘇、欣欣向榮的十年。北方的「虜患」已不再發生，東南的倭患也已絕跡。承平日久，國家的府庫隨之而日見充實。這些超出預計的成就，自不能不歸功於內閣大學士張居正。這就怪不得張先生偶感腹疼，皇帝要親手調製椒湯麵給先生食用。慈聖太后對先生也是言聽計從。她一向是個虔誠的信神奉佛的女人，有一次曾準備用自己的私蓄修築涿州娘娘廟，後來聽從了張居正的勸告，把這筆錢改用於修築北京城外的橋梁。萬曆皇帝出疹子痊癒以後，太后本來打算在宮內設壇拜謝菩薩的保祐，也由於張居正的反對而作罷。還有好幾次，慈聖太后想在秋決前舉行大赦，但是張居正堅持以爲不可，太后也只能被迫放棄原來的意圖。[29]在這些事例中，張居正的主張無疑都很正確，但是這種鐵面無私的態度，在以後也並不是不需要付出代價的。

在平日，皇帝一天要批閱二十至三十件本章。這些本章都寫在一張長紙上，由左向右折爲四葉、八葉、十二葉不等，因而也簡稱爲「摺」。本章的種類很多，式樣、字體大小、每葉字數以及行文口氣等都因之而各不相同。但概括說來則可分爲兩種：其一，各衙門以本衙門名義呈送的稱爲「題本」。題本由通政司送達宮中，其副本則送給給事中辦事處，即六科廊房。題本中的內容大都屬於例行公事，很少會引起爭執。其二，京官以個人名義呈送的稱爲「奏本」。奏本所呈奏的事項十九在呈奏者的本職之外，例如禮部官員議論軍政，軍政官員批評禮儀。因爲屬於個人的批評或建議，所以事先不必通知自己的上級，也不必另備副本。奏本由呈奏者自己送到會極門，由管門太監接受。由於這樣，奏本的內容，在皇帝批示並送交六科廊房抄寫公布以前，別人是無從知悉的。在全體臣僚中引起震動的本章，往往屬於這一類奏本。[30]

萬曆登極之初批閱本章，只是按照大伴馮保的指導，把張先生或其他大學士的「票擬」改用朱筆批寫就算完成了職責。其中有些本章的批示極爲簡易，例如「如擬」、「知道了」，簡直和練習書法一樣。而且按照慣例，皇帝僅僅親自批寫幾本，其他的批寫，就由司禮監秉筆太監用朱筆代勞。這朱筆所代表的是皇帝的權威，如果沒有皇帝的許可而擅用朱筆，就是「矯詔」，依律應判處死刑。

但即使是這些例行的批語，不到十歲的萬曆皇帝恐怕還無法理解它的全部含義。例如「知道了」，實際的意義是對本章內的建議並未接受，但也不必對建議者給予斥責。這些深微奧妙之處也只有隨著他年齡的增長而逐漸加深理解。

重要官員的任命，即人事大權，也是決不容許由旁人代理的。做出這一類決定，總是先由張居正和吏部提出幾個人的候選名單，而由皇帝圈定其中之一。萬曆皇帝雖然年幼，他已經懂得排在第一的是最爲稱職的人選，只要拿起朱筆在此人的名字上畫上一圈就可以體現他的無上權威。他從即位以來就不斷受到這樣的教育：他之所以能貴爲天子乃是天意，天意能否長久保持不變則在於人和。要使百姓安居樂業，他應當審慎地選擇稱職的官吏：而要選擇稱職的官吏，他又必須信任張先生。

上述情況表明，張居正在人事任免中起著實際上的決定作用，這就理所當然的招致了不滿。在萬曆十二歲的那一年，他幾次接到彈劾張居正的本章。有人說他擅作威福，升降官員不是以國家的利益爲前提，而是出於個人的好惡。有人更爲尖銳，竟直說皇帝本人應對這種情況負責，說他御宇三年，聽信阿諛之臣，爲其蒙蔽，對盡忠辦事的人只有苛求而沒有優待，這不是以恕道待人，長此以往，必將導致天意的不再保祐。

本朝有一個習慣，以氣節自許的大臣，如果遭到議論攻擊，在皇帝正式表明態度之前，自己應該請求解職歸田，以示決不模稜兩可，尸位素餐。張居正既然受到直接間接的攻擊，他就立即向皇帝提出辭呈，說他本人的是非姑且不論，但有人說他成了皇帝陛下和輿情之間的障礙，他在御前所能起到的作用已被這種議論一掃而光。既然如此，留亦無益。[31]

萬曆當然不會同意張先生的請求。他向張先生和大伴馮保表示，奏事的人必須受到懲處。張居正於是面奏說，任何人替陛下做事，都免不了作威作福。因爲誤事的官員必須降黜，盡職的官員必須提升，所以不是威就是福，二者之外，難道還有其他？張居正的慷慨陳辭和馮保的支持加強了皇帝的決心。他於是決定，第一個攻擊張居正的官員褫奪官階，降爲庶人：第二個攻擊者已經明知朕意，仍然執迷倔強，卽是蔑視君上，應該押至午門外，脫去袍服，受廷杖一百下。廷杖是本朝處罰文臣的標準刑具，很多人在受刑時被立斃杖下，幸而得存者也在臀部留下了永久性的傷痕。

這時張居正顯示了他的寬容。他懇請對犯官免加體罰，改爲流放到邊遠省分，受當地官吏的監視。這種雅量使萬曆極爲感動，無端遭受別人的攻擊，還要代這個人說情，可見他確實是不計個人恩怨，有古大臣之風。

然而萬曆所不會理解的是，權傾朝野的張居正，他的作威作福已經達到了這樣的程度：凡是他所不滿的人，已經用不著他親自出面而自有其他的內外官員對此人投井下石，以此來討好首輔。果然，在幾年之後，萬曆皇帝獲悉當日免受杖刑的這位官員，竟在流放的地方死去，其死情極端可疑。

經過這種種爭論，加上年事日長，每天攻讀史書也可以從中借鑒前代的教訓，萬曆皇帝終於逐漸理解了問題的癥結。

本朝的君主制度有一點與歷朝不同。[32]以前各個王朝，凡君主年幼，必定有他的叔父、堂兄這樣的人物代爲攝政，而這恰恰爲本朝所不能容許。按照規定，所有皇室的支系，包括皇帝的叔父、兄弟以至除皇太子以外的兒子，一到成年就應離開京城到自己的封地，謂之「之國」。之國也就是就藩，其居於各省，有極爲富麗宏大的王府和豐厚的贍養，但不得干預地方政事，而且非經皇帝同意，不得離開他的所在地。這種類似放逐和圈禁的制度，目的在於避免皇室受到支系的牽制和干涉。

與此相類似的制度是防止母后引用家人干政。后妃選自良家，但多非出自有聲望的巨家大族。以萬曆的外祖家族爲例，李偉家境貧寒，直到女兒被封爲皇妃，他才得到了伯爵的封號。但所謂伯爵，不過是軍隊中的一個名譽軍官，除了朝廷舉行各項禮儀時位居前列以外，並沒有任何特殊的權利，而且俸給甚低，甚至不敷家用。李偉在京城中大做攬納物資的倉庫經紀，原因之一卽在於此。他還有一個兒子，卽慈聖太后的弟弟，身分卻是宦官。[33]

本朝在開國之初曾經設立過丞相的職位，但前後三人都爲太祖洪武皇帝所殺，並下令從此不再設置，以後有敢於建議復設丞相者，全家處死。經過一個時期，內閣大學士在某種程度上就行使了丞相的職權。但從制度上來說，這種做法實有曖昧不明之處。

大學士原來屬於文學侍從之臣。由於殿試時文理出衆，名列前茅，就可以進入翰林院，給予博覽群書的深造機會。翰林幾經升轉，其中最突出的人物就可以被任命爲大學士，供職於文淵閣，其職責爲替皇帝撰擬詔誥，潤色御批公文的辭句。由於文淵閣是皇帝的文書機構，和皇帝最爲接近，在不設丞相的情況下，這個機構的職權就由於處理政事的需要而越來越大，大學士一職也變成了皇帝的祕書兼顧問，雖然他們並不負名義上的行政責任。[34]

在萬曆的祖父嘉靖皇帝以前，內閣大學士爲三至六人，皇帝可能對其中的一人諮詢較爲頻繁，但從名義上說，他和另外的幾位大學士仍然處於平等的地位。這以後情況發生了變化，張居正名爲首輔或稱元輔，其他大學士的任命則出於他的推薦，皇帝在聖旨中也明確規定他們的職責是輔助元輔辦事。[35]大學士之中有了主次之分，造成了今後朝臣之間的更加複雜的糾紛局面。

本朝這種以閣臣代行相職的制度，來源於開國之君爲了鞏固政權而做出的苦心設計，目的是使皇權不被分割，也不致爲旁人取代。這種皇帝個人高度集權的制度在有明一代貫徹始終。從理論上講，皇帝的大權不應旁落，但這種理論並不總是能和實際相一致的。萬曆皇帝十歲臨朝，又如何能指望他乾綱獨斷，對國家大事親自來做出決定？多年之後，萬曆皇帝回顧當時的情形，也會淸楚地記得他不過是把大伴馮保的指示告訴元輔張先生，又把元輔張先生的票擬按照大伴馮保的建議寫成朱批。對於年幼的萬曆皇帝，張、馮兩人都不可或缺。但在他沖齡之際，自然也決不可能預見到內閣大學士和司禮太監的密切合作，會給今後的朝政帶來多麼嚴重的後果。

一般人往往以爲明代的宦官不過是宮中的普通賤役，干預政治只是由於後期皇帝的昏庸造成的反常現象，這是一種誤解。誠然，有不少宦官出自貧家，因爲生活困難或秉性無賴而自宮，進入內廷。但如果把所有的宦官統統看成無能之輩，不過以阿諛見寵，因寵弄權，則不符事實。從創業之君洪武皇帝開始，就讓宦官參預政治，經常派遣他們作爲自己的代表到外國詔諭其國王，派遣宦官到國內各地考察稅收的事情也屢見不鮮。[36]中葉以後，宦官作爲皇帝的私人祕書已經是不可避免的趨勢。皇帝每天需要閱讀幾十件奏章，這些奏章文字冗長，其中所談的問題又總是使用儒家的傳統觀念和語言來加以表達，很不容易弄淸其中問題的主次和它的眞正含義，更不用說還夾雜了極多的專門名詞和人名地名。所以皇帝必須委派五、六名司禮監中的太監作爲「秉筆太監」，由他們仔細研究各種題本奏本，向自己作扼要的口頭匯報。秉筆太監閱讀研究這些奏章需要付出很大的耐心和花費很多的時間，他們輪流值班，有時要看到夜半，才能第二天在御前對奏章的內容作出準確的解釋。經過他們的解釋，皇帝對大多數的奏章就只需抽看其中的重要段落、注意人名地名就足夠了。[37]皇帝閱讀過的奏章，通常都要送到文淵閣由內閣大學士票擬批答。從道理上說，皇帝可以把大學士的票擬全部推翻而自擬批答。但這並不是常見的現象，因爲這種做法表示了他對大學士的不信任，後者在衆目睽睽之下會被迫辭職。按本朝的傳統原則，爲了保持政局的穩定，如果沒有特殊事故，大學士決不輕易撤調，所以上述情況是必須盡量加以避免的。一個精明的皇帝能夠做到讓大學士的票擬永遠體現自己的意圖而不發生爭執，這種微妙的關係又少不了秉筆太監的從中協調。

僅憑皇帝的寵信，目不識丁的宦官被擢升爲御前的司禮太監，在本朝的歷史上雖非絕無僅有，但也屈指可數。一般來說，秉筆太監都受過良好的教育。當他們在十歲之前，就因爲他們的天賦聰明而被送入宮內的「內書堂」，也就是特設的宦官學校。內書堂的教師都是翰林院翰林，宦官在這裡所受的教育和外邊的世家子弟幾乎沒有不同；畢業之後的逐步升遷，所根據的標準也和文官的仕途相似。有些特別優秀的秉筆太監，其文字水平竟可以修飾出於大學士之手的文章辭藻。所以他們被稱爲秉筆，在御前具有如上述的重要地位，決非等閑僥倖。

他們和高級文官一樣服用緋色袍服，以有別於低級宦官的青色服裝。有的人還可以得到特賞蟒袍和飛魚服、斗牛服的榮寵。他們可以在皇城大路上乘馬，在宮內乘肩輿，這都是爲人臣者所能得到的最高待遇。他們的威風權勢超過了六部尚書。但是這種顯赫的威權又爲另一項規定所限制：他們不能走出皇城，他們與文官永遠隔絕，其任免決定於皇帝一個人的意志，他們也只對皇帝直接負責。

這種秉筆太監的制度及其有關限制，如果執行得當，皇帝可以成爲文臣和太監之間的平衡者，左提右挈，收相互制約之效。然而情況並不能經常如此。幾十年前就曾出現過劉瑾這樣權傾朝野、劣跡昭著的太監，到此時，馮保既與張居正關係密切，而惟一足以駕馭他的皇帝又正值沖齡，因時際會，他就得以成爲一個不同於過去「無名英雄」式的宦官。當然，在小皇帝萬曆的心目中，絕不會想到他的大伴正在玩弄權力，貽害朝廷。

馮保給人的印象是平和謹慎，雖然算不了學者，但是喜愛讀書寫字，彈琴下棋，有君子之風。他之得以被任爲司禮太監，也有過一段曲折。原來在嘉靖時期，他已經是秉筆太監之一。隆慶時期，他被派掌管東廠。東廠是管理錦衣衛的特務機構，乃是皇帝的耳目，根據過去的成例，管廠者必升司禮太監。而由於他和大學士高拱不睦，沒有能夠升任這個太監中的最高職位。直到萬曆即位，高拱被逐，他才被太后授予此職。[38]

一五七七年秋天，朝廷上又發生了一起嚴重的事件。大學士張居正的父親在湖廣江陵去世，按規定，張居正應當停職，回原籍守制，以符合「四書」中所說的父母三年之喪這一原則。[39]張居正照例報告丁憂，這使得萬曆大為不安。皇帝當時雖然已經十五歲，但是國家大事和御前教育仍然需要元輔不可缺少的襄助。再說，過去由於地位重要而不能離職的官員，由皇帝指令「奪情」而不丁憂守制，也不是沒有先例。於是皇帝在和兩位皇太后商量之後，決定照此先例慰留張先生。在大伴馮保的協助之下，皇帝以半懇請半命令的語氣要求張先生在職居喪。

張居正出於孝思，繼續提出第二次和第三次申請，但都沒有被批准。最後一次的批示上，皇帝還說明慰留張先生是出於太后的懿旨。

這些文書從文淵閣到宮內來回傳遞，距離不過一千碼內外，但有意思的是，不論奏章或者朱批都還要送到午門的六科廊房發抄，使大小官員得以閱讀原文，了解事情的全部眞相。[40]然而官員們的反應並不全如理想。他們不相信張居正請求離職丁憂的誠意，進而懷疑奪情一議是否出自皇室的主動。翰林院中負責記述本朝歷史的各位編修均深感自身具有重大的責任。因為他們的職責就是要在記述中體現本朝按照聖賢經傳的教導辦事的精神，如果沒有這種精神，朝廷就一定不能管理好天下的蒼生赤子。統治我們這個龐大帝國，專靠嚴刑峻法是不可能的，其祕訣在於運用倫理道德的力量使卑下者服從尊上，女人聽男人的吩咐，而未受教育的愚民則以讀書識字的人作為楷模。而這一切都需要朝廷以自身的行動為天下作出表率。很多翰林來自民間，他們知道法治的力量有一定的限度，但一個人只要懂得忠孝大節，他就自然地會正直而守法。現在要是皇帝的老師不能遵守這些原則，把三年的父母之喪看成無足輕重，這如何能使億萬小民心悅誠服？

在萬曆並未與聞的情況下，翰林院的幾十名官員請求吏部尚書張瀚和他們一起去到張居正的私邸向他當面提出勸告，想讓張居正放棄僞裝，離職丁憂。他們還認爲，即使爲張居正個人的前途著想，他也應當同意大家的意見，居喪二十七個月，以挽回官員們對他失去的信心。但是勸說不得結果。張居正告訴他們，是皇帝的聖旨命令本人留在北京，你們要強迫本人離職，莫非是爲了想加害於本人？

吏部尚書張瀚，一向被認爲是張居正的私人。他在張居正的破格提拔下身居要職，在任內也惟有文淵閣的指示是聽。當他參加了這次私邸勸告以後，他就立即被人參奏，參奏中一字不提他和元輔的這次衝突，而是假借別的小事迫使他下臺。這一參奏引起了官員們更大的憤怒，因爲他們清楚地知道，朝廷的糾察官員——即一百一十名監察御史和五十二名給事中，都屬於張居正夾袋中的人物，他們從來只糾察對張居正不利的人而不顧輿論。

官員們的憤怒使他們下定決心採取另一種方式，他們直接向萬曆參奏張居正。嚴格說來，翰林編修上本是一種超越職權的行爲，遭到反擊的機會極大。但是他們熟讀孔孟之書，研究歷史興亡之道，面對這種違反倫常的虛僞矯情，如果不力加諍諫而聽之任之，必然會影響到本朝的安危。而且，本朝歷史上集體上書的成例具在，最先往往由職位較低的人用委婉的文字上奏，以後接踵而來的奏章，辭句也會越來越激烈。皇帝因此震怒，當然會處分這些上奏的人，但其他的高級官員會感到這是公意之所在，就要請求皇帝的宥免，同時又不得不對問題發表公正的意見。這樣就迫使整個朝廷捲入了這場爭端，即使抗議失敗，鼓動輿論，發揚士氣，揭發糾舉的目的已經達到。哪怕有少數人由此犧牲，也可以因爲堅持了正義而流芳百世。

糾舉張居正的事件按照這一程序開始。最先由兩名翰林以平靜的語調在奏章中提出：因爲父喪而帶來的悲痛，使張居正的思想已不能如以前的綿密。強迫他奪情留任，既有悖於人子的天性，國家大事也很難期望再能像從前那樣處理得有條不紊，所以不如准許他回籍丁憂，庶幾公私兩便。在兩名翰林之後，接著有兩個刑部官員以激烈的語氣上書，內稱張居正貪戀祿位，不肯丁憂，置父母之恩於個人名利之下。如果皇上爲其所惑，將帶給朝廷以不良的觀感，因此懇請皇上勒令他回籍，閉門思過，只有如此，才能對人心士氣有所挽回。

張居正既被參奏，就按照慣例停止一切公私往來，在家靜候處置。但是暗中的活動並沒有停止，他的意圖會及時傳達到馮保和代理閣務的二輔那裡。個中詳情，當然沒有人可以確切敘述。我們所能知道的就是嚴厲的朱筆御批，參張的官員一律受到嚴懲，他們的罪名不在於觸犯首輔而在於藐視皇帝。

聖旨一下，錦衣衛把四個犯官逮到午門之外。兩個翰林各受廷杖六十下，並予以「削籍」，即褫奪了文官的身分而降爲庶民。另外兩個官員因爲言辭更加孟浪，多打二十下。打完以後再充軍邊省，終身不赦。掌刑人員十分了然於犯官的罪惡，打來也特別用力。十幾下以後，犯官的臀部即皮開肉綻，繼之血肉狼藉。受責者有一人昏死，嗣後的復蘇，也被公認爲是一個奇蹟；另一人受刑痊癒之後，臀部變成了一邊大一邊小。刑罷以後，錦衣衛把半死半活的犯官裹以厚布，拽出宮門之外，聽憑家屬領回治療。有一些官員向犯官致以慰問，被東廠的偵緝人員一一記下姓名，其中的某些人且在以後被傳訊是否同謀。41

皇帝的行動如此堅決而且迅速，無疑大出於反張派的意料之外。皇帝緊接著又降下敕書，內稱，參奏張居正的人假借忠孝之名掩蓋一個大逆不道的目的，即欺負朕躬年幼，妄圖趕走輔弼，使朕躬孤立無援而得遂其私。此次給予杖責，不過是小示儆戒，如果有人膽敢繼續頑抗，當然要給予更嚴厲的處罰。這樣嚴肅的語氣，等於爲再敢以行動倒張的官員預定了叛逆罪，使人已無抗辯的餘地。這一恐嚇立即收到應有的效果。除了一名辦事進士名叫鄒元標的又繼續上疏彈劾以外，沒有別人敢再提起張居正的不忠不孝。事情就此結束。最低限度在今後五年之內不再有人參劾元輔，非議奪情。

至於那個鄒元標，由於奏章呈送在敕書傳遍百官之前，因此加恩只予廷杖並充軍貴州。此人在以後還要興風作浪，這裡暫時不表。

張居正用布袍代替錦袍，以牛角腰帶代替玉帶，穿著這樣的喪服在文淵閣照常辦事。皇帝批准了他的請求，停發他的官俸，但同時命令宮中按時致送柴火油鹽等日用品，光祿寺致送酒宴，以示關懷優待。倒張不遂的官員大批掛冠離職，他們推托說身體衰弱或家人有故，所以請求給假或退休。此時北京城內還發現傳單，內容是揭露張居正謀逆不軌。東廠人員追查傳單的印製者沒有結果，只好把它們銷毀，不再呈報給皇帝，以免另生枝節。

次年，即一五七八年，張居正服用紅袍玉帶參與了皇帝的大婚典禮。禮畢後又換上布袍角帶回籍葬父。他從陽曆四月中旬離京，七月中旬返京，時間長達三個月。即使在離京期間，他仍然處理重要政務。因為凡屬重要文件，皇帝還要特派飛騎傳送到離京一千哩的江陵張宅請先生區處。

張居正這一次的旅行，排場之浩大，氣勢之烜赫，當然都在錦衣衛人員的耳目之中。但錦衣衛的主管者是馮保，他必然會合乎分寸地呈報於御前。直到後來，人們才知道元輔的坐轎要三十二個轎夫扛抬，內分臥室及客室，還有小僮兩名在內伺候。隨從的侍衛中，引人注目的是一隊鳥銃手，乃是總兵戚繼光所委派，而鳥銃在當日尚屬時髦的火器。張居正行經各地，不僅地方官一律郊迎，而且當地的藩王也打破傳統出府迎送，和元輔張先生行賓主之禮。

隊伍行抵河南新鄭縣，張居正見到了被廢鄉居的故友高拱。兩人相見，恍如夢寐。張居正盡力棄嫌修好，指著自己的鬢邊白髮，對高拱感慨不已。高拱當時已經老病，兩人見面後僅僅幾個月，他就與世長辭了。張居正絕對沒有預料到，他和高拱之間的嫌隙，不僅沒有隨著這次會面而消弭，而且還在他們身後別生枝節，引出了可悲的結果。[42]

一五七八年前後，年輕的皇帝對張居正的信任達到最高點。這種罕見的情誼在張居正離京以前的一次君臣談話中表現得最為充分。張先生啓奏說，他前番的被攻擊，原因在於一心爲朝廷辦事，不顧其他，以致怨謗交集；萬曆則表示他非常明白，張先生的忠忱的確上薄雲天。說完以後，君臣感極而泣。張居正回籍葬父，這三個月的睽違離別，是他們一生中唯一的一次，所以更顯得特別長久。待至元輔返京，萬曆在欣慰之餘，更增加了對張先生的倚重。

這年秋天，張居正的母親趙氏，經由大運河到達北京。不久她就被宣召進宮與兩位太后相見，加恩免行國禮而行家人之禮，並贈給她以各項珍貴的禮品。[43]在接受這些信任和榮寵之際，張居正母子不明白也不可能明白這樣一個事實：皇室的情誼不同於世俗，它不具有世俗友誼的那種由於互相關懷而產生的永久性。

一五七八年皇帝的大婚，並不是什麼震撼人心的重大事件。當時皇帝年僅十六，皇后年僅十五。皇后王氏是平民的女兒，萬曆和她結婚，完全是依從母后慈聖的願望。她望孫心切，而且是越早越好，越多越好。皇后一經冊立，皇帝再冊立其他妃嬪即爲合法，她們都可以爲皇帝生兒育女。

王皇后是一個不幸的女性，後來被謚爲孝端皇后。她享有宮廷內的一切尊榮，但是缺乏一個普通妻子可以得到的快樂。實際上，她只是一種制度的附件。按照傳統的習慣，她有義務或者說是權利侍候皇帝的嫡母仁聖太后，譬如扶持太后下轎；皇帝另娶妃嬪，她又要率領

孝端顯皇后像。

這些女人拜告祖廟。這種種禮節，她都能按部就班地照辦不誤，所以被稱爲孝端。但是，她也留給人們以另一種記憶，即經常拷打宮女，並有很多人死於杖下。[44]

萬曆並不只是對皇后沒有興趣，他對其他妃嬪也同樣沒有興趣。在他生活中占有重要地位的女人還要在幾年之後才與他邂逅相遇。這時，他感到空虛和煩躁。宮廷固然偉大，但是單調。即使有宮室的畫棟雕梁和其他豪華裝飾，紫禁城也無非是同一模式的再三再四的重複。每至一定的節令，成百成千的宦官宮女，把身上的皮裘換成綢緞，又換成輕紗；又按照時間表把花卉從暖房中取出，或者是把落葉打掃，御溝疏通，這一切都不能改變精神世界中的空虛和寂寞。在按著固定節奏流逝的時光之中，既缺乏動人心魄的事件，也缺乏令人企羡的奇遇。這種冷酷的氣氛籠罩一切，即使貴爲天子，也很難有所改變。

大婚之後，年輕的皇帝脫離了太后的日夜監視。不久，他就發覺大婚這件事，在給予他以無聊的同時，也帶給了他打破這單調和空虛的絕好機會。他完全可能獲得一種比較有趣的生活。

事情是這樣開始的，有一個名叫孫海的宦官，引導皇帝在皇城的別墅「西內」舉行了一次極盡歡樂的夜宴。這裡有湖泊、石橋、寶塔，風景宜人，喇嘛寺旁所蓄養的上千隻白鶴點綴其間，使得在聖賢經傳的教條之中和太后的嚴格管教之下長大的皇帝恍如置身於蓬萊仙境。新的生活天地既經打開，萬曆皇帝更加厭倦紫禁城裡的日月。在西內的夜遊成了他生活中不可或缺的部分。他身穿緊袖衣衫，腰懸寶刀，在群閹的簇擁之下，經常帶著酒意在園中橫衝直闖。

一五八〇年，萬曆已經十八歲，在一次夜宴上，他興高采烈地傳旨要兩個宮女歌唱新曲。宮女奏稱不會，皇帝立即龍顏大怒，說她們違抗聖旨，理應斬首。結果是截去了這兩名宮女的長髮以象徵斬首。當時還有隨從人員對皇帝的行動作了勸諫，此人也被拖出來責打一頓。全部經過有如一場鬧劇。

這一場鬧劇通過大伴馮保而爲太后所知悉。太后以異常的悲痛責備自己沒有盡到對皇帝的督導教育，她脫去簪環，準備祭告祖廟，廢掉這個失德之君而代之以皇弟潞王。年輕的皇帝跪下懇請母后開恩。直至他跪了很久以後，太后才答應給他以自新的機會，並且吩咐他和張先生商量，訂出切實的改過方案。

元輔良師責令皇帝自己檢查過失。引導皇帝走上邪路的宦官被勒令向軍隊報到，聽候處理。經和馮保商議之後，張居正又大批斥退皇帝的近侍，特別是那些年輕的活躍分子。他還自告奮勇承擔了對皇帝私生活的照料，每天派遣四名翰林，在皇帝燕居時以經史文墨娛悅聖情。45

但是不論張居正如何精明幹練，皇帝私生活中有一條是他永遠無法干預的，這就是女色。皇宮裡的幾千名宮女都歸皇帝一人私有，皇帝與她們中的任何一個發生關係都合理合法。作爲法定的妻子，天子有皇后一人，經常有皇貴妃一人，還有數量更多的妃和嬪。有鑒於正德皇帝死而無後，朝廷內外都一致認爲皇帝應該擁有許多妃嬪，以廣子嗣。萬曆一天而冊封九嬪，就得到過張居正的贊助。[46]

大量的宮女都出身於北京及附近郊區的淸白之家。經過多次的甄別與淘汰，入選者被女轎夫抬進宮門，從此就很難跨出宮門一步。[47]這些女孩子的年齡在九歲至十四歲之間，她們的容貌和生活經常成爲騷人墨客筆下的題材。其實以容貌而論，一般來說僅僅端正，驚人的美麗並不是選擇的標準。至於她們的生活，那確實是值得同情的。皇宮裡眞正的男人只有皇帝一個，得到皇帝垂青因而風雲際會，像慈聖太后的經歷一樣，這種機會不是沒有，但畢竟極爲罕見。絕大多數的宮女在使婢生涯中度過了青春，中年以後也許配給某個宦官作伴，即所謂「答應」，也可能送到紫禁城的西北部養老打雜。經歷過這可悲可感的一生，最後老病而死，還不許家屬領取屍體。她們的屍體經過火化後，埋葬在沒有標記的墳墓裡。[48]

極爲罕見的機會居然在一五八一年來到。這一年冬天，慈聖太后跟前的一個宮女偶然地被皇帝看中。這個年輕的宮女就是後來所稱的孝靖王娘娘，萬曆稱之爲恭妃王氏。她在和萬曆發生關係以後不久就有了身孕。萬曆起初還不敢讓母后知道這件事，所以到一五八二年陽曆三月，他一日而娶九嬪的時候，她還不在其選。等到後來太后發現了這件事，不僅沒有發怒，反而因有了抱孫的機會而大爲高興。王氏在七月被封爲恭妃，八月生子，就完全合法。此子被命名爲常洛，是萬曆的長子。

當時宮廷內外都喜氣洋洋，詔告全國減稅免刑，而且特派使節通知和本朝關係友好的朝鮮國王。[49]但在各種正式文書之中，常洛的頭銜只是皇長子而不是太子。太子或任何「王」的頭銜必須經過正式的儀式鄭重冊封。

一五八二年可謂多事之秋。朝廷上另一件驚天動地的大事接著發生，元輔張居正沒有來得及參與這次大慶，竟溘然長逝。開始得病，據說只是腹疾，有的醫生建議用涼藥下泄卽可痊癒，但不久卽病情轉劇而至不治，這實非意料之所及。

張先生一心想整理全國賦稅，曾於一五八〇年終以萬曆名義實施全國耕地丈量。量後統計還未開始，而他竟然齎志以歿，抱恨終天。像他這樣具有充沛精力的活動人物享年僅五十八歲，使很多人爲之驚悼，但也有很多人在私下額手稱慶。在他去世前九天，萬曆加封他以太師銜，這是文臣中至高無上的官銜，在本朝二百年的歷史中從未有人在生前得到這個榮譽。但是由於疾病很快奪去了他的生命，他已經無法利用這個新的榮譽再來增加自己的權威。[50]

在這裡，我們暫且放下萬曆皇帝失去了張先生的悲痛而接著敘述他和女人的關係。在九嬪之中，有一位後來被封爲皇貴妃、當時被稱爲淑嬪的鄭氏。萬曆時年已經二十，但對這個十六歲的小女孩一往情深。當她一經介入萬曆的生活之中，就使皇帝把恭妃王氏置於腦後。更不尋常的是，他們的熱戀竟終生不渝，而且還由此埋伏下了本朝的一個極重的政治危機。

但是熱戀並不等於獨占皇帝的枕席。萬曆共有八子十女，爲八個不同的女人所生。[51]鄭氏之所以能贏得萬歲的歡心，並不是具有閉月羞花的美貌，而是由於聰明機警，意志堅決，喜歡讀書，因而符合皇帝感情上的需要。如果專恃色相，則寵愛決不能如此歷久不衰。

自從張居正去世以後，萬曆脫出了翰林學士的羈絆；而自從他成爲父親以來，慈聖太后也不再干預他的生活。但是，我們的皇帝在這時確實已經成年了，他已經不再有興趣和小宦官胡鬧，他變成了一個喜歡讀書的人。他命令大學士把本朝祖宗的「實錄」抄出副本供他閱讀，又命令宦官在北京城內收買新出版的各種書籍，包括詩歌、論議、醫藥、劇本、小說等各方面。[52]

據說，淑嬪鄭氏和萬曆具有共同的讀書興趣，同時又能給萬曆以無微不至的照顧。這種精神上的一致，使這個年輕女人成了皇帝身邊不可缺少的人物。可以說，她是在最適當的時機來到了他的生活裡，塡補了他精神上的缺陷。憑著機智和聰明，她很快就理解了命運爲她所作的安排，因而抓住現實，發揮了最大的能動性，從而達到自己預期的目的。她看透了他雖然貴為天子，富有四海，但在實質上卻既柔且弱，也沒有人給他同情和保障。即使是他的母親，也常常有意無意地把他看成一具執行任務的機械，而忽視了他畢竟是一個有血有肉、既會衝動又會感傷的「人」。基於這種了解，她就能透澈地認清作為一個妻子所能夠起到的作用。別的妃嬪對皇帝百依百順，但是心靈深處卻保持著距離和警惕，惟獨她毫無顧忌，敢於挑逗和嘲笑皇帝，同時又傾聽皇帝的訴苦，鼓勵皇帝增加信心。在名分上，她屬姬妾，但在精神上，她已不把自己當作姬妾看待，而萬曆也真正感到了這種精神交流的力量。

據宦官們私下談論，皇上和娘娘曾經儷影雙雙，在西內的寺院拜謁神佛，有時還一起作佛前的祈禱。她對萬曆優柔寡斷的性格感到不快，並且敢於用一種撒嬌譏諷的態度對他說：「陛下，您眞是一位老太太！」[53]

萬曆決心破除他帶給別人的這一柔弱的印象。在這忙碌的一五八二年，他勵精圖治，一連串重要的國家大事，尤其是有關人事的安排，都由他親自做出決定。[54]可能就在這個時候，他觀看了宮廷內戲班演出的《華岳賜環記》，戲裡的國君慨嘆的唱著《左傳》中的「政由寧氏，祭則寡人」，意思是說重要的政事都由寧氏處理，作為國君，他只能主持祭祀一類的儀式。當日伺候萬曆看戲的人都會看到他的反應，戲臺下的皇帝和戲臺上的國君同樣不舒服。[55]

但是如何才能成為大權獨攬的名副其實的君主？對萬曆來說，第一件事情是使他的朝廷擺脫張居正的影響。張居正的軀體已經離開了這個世界，但他的影子仍然籠罩著這個朝廷。朝中的文武百官根據對張居正的態度而分爲兩派，要就是擁護張居正，要就是反對張居正。擁張派的官員過去依靠張太師的提拔，他們主張奪情留職，在張太師得病期間公開出面爲他祈禱；反張派則認定張居正是巨奸大猾、僞君子、獨裁者。在一五八二年，當皇帝本人還沒有對過去的種種徹底了解的時候，朝廷裡的鐘擺已經擺到了有利於反張派的一邊。皇帝也還沒有明白，繼張居正而爲首輔的大學士張四維，他雖然也出於「大張」的提拔，但和自己的外祖父武清伯李偉相善，而與大伴馮保有隙。他更沒有想到，這時的張四維還正在利用反張的情緒來鞏固自己的地位。[56]

大風起於青蘋之末，故太師張居正的被參是從一件事情開始的。皇帝下了一道詔書，內稱，過去丈量全國的土地，出現過許多不法行爲，主要是各地強迫田主多報耕地，或者虛增面積，或者竟把房屋、墳地也列入耕地，而地方官則以此爭功。鑒於弊端如此嚴重，那一次丈量不能作爲實事求是的稅收依據。[57]年輕的皇帝認爲由於自己敏銳的洞察力而實施了一大仁政，給了天下蒼生以蘇息的機會。他沒有想到，這道詔書雖然沒有提到張居正的名字，但一經頒布天下，過去按照張居正的指示而嚴格辦理丈量的地方官，已一概被指斥爲佞臣：沒有徹底執行丈量的地方官，卻被田主頌揚爲眞正的民之父母。反張的運動由此揭開了序幕。大批嚴格辦理丈量的官員被參劾，他們都直接或間接與故太師張居正有關。他們劣跡多端，而細加推究，其所以膽大妄爲，乃因後邊有張居正的支持。

這一運動慢慢地、但是有進無退地蔓延開去，而參與者也淸楚的知道現在和當年勸諫奪情的時候，政治形勢已經大不相同，他們揭發事實，製造輿論，使張居正的形象逐步變得虛僞和毒辣。到一五八二年年底，張居正去世僅僅半年，他已經被蓋棺論定，罪狀有欺君毒民、接受賄賂、賣官鬻爵、任用私人、放縱奴僕凌辱縉紳等等，歸結到最後，就是結黨營私，妄圖把持朝廷大權，居心叵測云云。[58]

這一切使年輕的皇帝感到他對張居正的信任是一種不幸的歷史錯誤。張先生言行不一，他滿口節儉，但事實證明他的私生活極其奢侈。他積聚了許多珠玉玩好和書畫名跡，還蓄養了許多絕色佳人，這些都是由趨奉他的佞幸呈送的。[59]得悉了此項新聞，萬曆又感到十分傷心。

這十年來，他身居九五之尊，但是被限制到沒有錢賞賜宮女，以致不得不記錄在冊子上等待有錢以後再行兌現；[60]他的外祖父因爲收入不足，被迫以攬納公家物品牟利而被當衆申飭。但是，這位節儉的倡導者、以聖賢自居的張居正，竟如此口是心非地占盡了實利！

從一五八二年的冬天到一五八三年的春天的幾個月之間，皇帝的情緒陷於紊亂。大學士張四維提議建造壽宮，即預築皇帝的陵墓，以此來分散皇帝對張居正事件的不快。[61]一五八三年春，適逢三年一度的會試。按照傳統，皇帝以自己的名義親自主持殿試，策文的題目長達五百字。他詢問這些與試舉人，爲什麼他越想勵精圖治，但後果卻是官僚的更加腐化和法令的更加鬆懈？這原因，是在於他缺乏仁民愛物的精神，還是在於他的優柔寡斷？毫無疑問，這樣尖銳的試題，如果不是出於皇帝自己的指示，臣下是決不敢擅擬的。[62]

如果說萬曆確有優柔寡斷的缺點，他的廷臣卻正在勇往直前。清算張居正的運動繼續發展，事情一定要弄到水落石出。這幾個月之中，幾乎所有因觸犯故太師而得罪的官員一律得到起復，降爲庶民的復職，充軍邊地的召回。至於這些人所受的處分是否咎由應得，則不在考慮之列。[63]

但是清算運動還有一大障礙，就是司禮監太監馮保。他和張居正串通一氣，至今還掌握著東廠的錦衣衛特務，如果不加翦除，畢竟後患無窮。於是又由馮保的下屬，兩個司禮監宦官出頭直接向皇帝檢舉：萬歲爺的親信之中，以馮保最爲狡猾。他假裝清廉，但前後接受的賄賂數以億萬計。甚至在張居正去世之日，他還親自到張家取出珠帘五副，夜明珠九顆，都是無價之寶。[64]萬歲爺理應把他的罪狀公布於天下，並籍沒其家產。

他們的說辭娓娓動聽，除了馮保的遺缺司禮監太監和東廠應由他們兩人分別接替以外，所有想說的話都已說盡。

但是皇帝還在猶豫：「要是大伴上殿吵鬧爭辯，又當如何應付？」

宦官啓奏：「啓稟萬歲爺，馮保縱有天大的膽子也不敢如此妄爲！」[65]

於是依計而行，下詔宣布馮保有十二大罪，欺君蠹國，本應判處極刑，姑念尚有微功，從寬發往南京閑住。這位大伴從此終身被軟禁於南京孝陵，死後也葬在孝陵附近。他的財產全部沒收。因爲從法律觀念上來說，皇帝擁有天下的一切，私人之所以得以擁有財產，這是出於皇帝的恩典和賞賜。皇家的恩典在馮保身上一經撤去，抄家卽爲應有的文章，毋須多作解釋，沒收所得的財產，雖然沒有像別人所說的那樣駭人聽聞，但也極爲可觀。萬曆皇帝對此既喜且怒：當時皇弟潞王成婚在卽，這批珠玉珍異正好用得其所；而一個宦官居然擁有如許家財，可見天子的大權旁落到了什麼程度！[66]

依此類推，還應該沒收張居正的財產，因爲他比馮保罪惡更大而且更富。但是萬曆一時下不了這個決心。一提到張居正，各種複雜的記憶就會在他的心頭湧集。所以，在馮保被擯斥後，有一位御史繼續上本參奏張居正十四大罪，皇帝用朱批回答說，張居正蔽主殃民，殊負恩眷，但是「侍朕沖齡，有十年輔理之功，今已歿，姑貸不究，以全始終」。[67]

然而在兩年之後，卽一五八四年，萬曆就改變態度而籍沒了張居正的家。這一改變的因素可能有二。其一爲鄭氏的作用，其二爲慈聖太后的干預。鄭氏一五八三年由淑嬪升爲德妃，一五八四年又進爲貴妃，這幾年間已經成爲皇帝生活中的重心。[68]在朝臣的心目中，她不是一個安分守己的婦女，萬曆的種種重大措施，很難說她未曾與聞，因爲對皇帝，在當時沒有人比她有更大的影響。也許正是在她的影響之下，皇帝的心腸才陡然變硬。

至於慈聖太后家族和張居正之間的嫌隙，已如上文所述。張居正在世之日，武清伯曾被申飭，受到監視，對自己的言行不得不十分謹愼檢點。等到張居正一死，情況就急轉直下。三個月之後，武淸伯被提升爲武淸侯，整個朝廷的傾向，由於對張居正的怨毒而轉到了對他有利的方面。他如何利用這種有利的形勢而向慈聖示意，同樣也非外人所能獲悉。[69]

在上述兩個因素之外，高拱遺著的出現，在徹底解決張居正的問題中起了重要的作用。高拱生前，曾經暗中和李偉結納，希望通過李偉向皇室婉轉陳辭，說明加在他身上的罪狀屬於「莫須有」，全係張、馮兩人所構陷。當時李偉自身難保，高拱這一願望因此無由實現。現在張居正已經死後倒臺，但皇帝還沒有下絕情辣手，這時高拱的遺著《病榻遺言》就及時地刊刻問世，書中歷數張、馮的罪惡而爲自己洗刷，主要有兩大問題。[70]

第一，高拱堅持他在隆慶皇帝駕崩以前就已看出了馮保的不端並決意把他擯斥。馮保一貫賣官鬻爵，但最爲不可忍受的是，當一五七二年皇太子接見百官時，他竟利用扶持之便，站在寶座旁邊不肯退走。百官向皇太子叩頭行禮，也等於向閹人馮保叩頭行禮。[71]這種做法充分暴露了他的狼子野心。書中接著說，當著者擯斥馮保的行動尚未具體化之前，馮保搶先下了毒手，和張居正同謀，騙得了皇太后的懿旨，把自己逐出朝廷。著者承認，他當時確實說過皇上只有十歲，但並沒有任何不敬的話，而只是說新皇帝年輕，怕為宦官所誤，有如正德皇帝十五歲登極後的情況一樣。張、馮二人卻把他的話故意歪曲，以此作為誣陷的根據。[72]

第二，即所謂王大臣的案件。一五七三年陽曆二月二十日，也就是萬曆登極、高拱被逐以後半年，當日清晨有一個人喬裝宦官在宮門前為衛士拘留。經訊問，此人供稱名叫王大臣，以前在別人家裡充當僕役，現在沒有雇主。這種閑雜分子在禁衛森嚴的宮門口出現而被拘留訊問，過去也不止一起的發生過，但這個王大臣究竟目的何在，則始終沒有弄清楚。

《病榻遺言》的作者高拱，堅決聲稱王大臣來自總兵戚繼光的麾下。戚繼光當時正在張居正的提拔下飛黃騰達，要是這個莫名其妙的王大臣果如高拱所說，豈不要招來極大的麻煩？經過一番策畫，馮保等人定下了反守為攻之計，決定借用王大臣作為把高拱置於死地的工具。於是馮保就將兩把精緻的短劍放在王大臣衣服內，要他招認是受高拱派遣，前來謀害當今皇帝。如果王大臣的口供得以成立，他可以無罪並得到一大筆報酬。張居正則運動鞫訊此案的文官，要他們迅速結案，以便處死高拱滅口。[73]

馮、張的計畫沒有實現。負責審訊的文官不願參與這項陰謀。王大臣也覺悟到如果供認謀刺皇帝，下場決不能美妙到不僅無罪，而且領賞，於是在東廠主持的初步審訊中翻供，暴露了馮保的教唆和陷害。這時馮保陷入困境，乃以毒藥放在酒內，逼令王大臣喝下去，破壞了他的聲帶。兩天之後公開鞫問，由於犯人已經不能言語，無法查出眞正的結果。王大臣仍然被判死刑，立時處決，以免牽累這項陰謀的參與者。

皇帝聽到這一故事，距離發生的時候已有十年。他雖不能判斷這一切是否全係眞實情況，但至少也不會毫無根據。因爲他還模糊地記得，十年以前，宦官告訴他有壞人闖進宮內，而且張先生叮囑皇帝要謹愼地防備這種圖謀不軌的報告，還仍留在文書檔案之內。他滿腹狐疑，立卽命令有關官員把審訊王大臣的檔案送御前查閱。查閱並無結果。因爲審訊記錄上只寫著王大臣脅下藏有短劍兩把，別無詳情，此案的結果則是王大臣經過審訊後在一五七三年陽曆三月二十五日處決。

這一重案竟如此不了了之，使已經成年的皇帝大爲不滿。他一度下旨派員徹底追查全案，後來由大學士申時行的勸告而中止。申時行說，事情已經過去十年，除了馮保以外，所有與本案有關的重要人物都已去世，如果再作淸查，不僅水落石出的可能性甚少，於事無補，反而會有不少人無端被牽連，引起不安。

高拱在生前就以權術聞名於朝官之間。這一《病榻遺言》是否出自他的手筆還大可研究，即使確係他的手筆或係他的口述，其中情節的眞實性也難於判斷。但當日確有許多人堅信書中所述眞實不虛，許多證據十分可靠。遺憾的是此書問世之時，差不多所有能夠成爲見證的人都已離開了塵世。

此書內容的可靠程度可以另作別論，但至少，它的出版在朝野都產生了極大的影響，成爲最後處理張居正一案的強烈催化劑。在這以後，在萬曆皇帝對張先生的回憶之中，連勉強保留下來的一部分敬愛也化爲烏有。他發現，他和他的母后曾經誤信張居正的所作所爲是出於保障皇位的忠誠，而現在看來，張居正不過是出於卑鄙的動機而賣友求榮，他純粹是一個玩弄陰謀與權術的人。

更加嚴重的問題還在繼續被揭發。有一種說法是張居正生前竟有謀反篡位的野心，總兵戚繼光的精銳部隊是政變的後盾。持這種說法的人舉出兩件事實作爲根據。其一，一次應天府鄉試，試官所出的題目竟是「舜亦以命禹」，就是說皇位屬於有德者，應當像舜、禹之間那樣，實行禪讓。這樣居心險惡的題目，對張居正爲勸進，對天下爲輿論的準備。其二，張居正經常處於佞幸者的包圍之中，他們奉承張居正有人主之風，而張居正竟敢含笑不語。對於前者，即使眞像旁人所說，過錯也並不能直接歸於張居正；對於後者，不妨目之爲驕奢僭罔，這些都還可以容忍。最使萬曆感到不可饒恕的是張居正對別人奉承他爲當今的伊尹居然安之若素。伊尹是商代的賢相，輔佐成湯取得天下。成湯去世，又輔佐他的孫子太甲。太甲無道，伊尹就廢之而自代。經過三年，直到太甲悔過，伊尹才允許他繼續做商朝的君主。由於十年來的朝夕相處，萬曆對張居正畢竟有所了解，他並不相信張居正眞有謀逆篡位的野心，然而張居正以師尊和元輔的身分經常對皇帝施加壓力，難道不正是當年伊尹的翻版嗎？張居正若成了伊尹，皇帝豈非無道的太甲？

對於張居正及其遺屬的處理，在一五八三年夏季以前，萬曆已經褫奪了張居正三個兒子的官職，撤銷了張居正本人生前所得到的太師頭銜。儘管情況仍在進展，但是他仍想適可而止，以全始終。又過了一年，即一五八四年陽曆五月，遼王的王妃控訴張居正生前出於個人恩怨，又爲了攘奪府邸而蒙蔽聖聽，廢黜遼王，理應籍沒。這時萬曆覺得張居正竟敢侵犯皇室以自肥，實屬罪無可逭，因此下決心同意了這一請求。[74]

張居正死後兩年才被抄沒家財，在技術上還造成了一些更加複雜的情況。按本朝的習慣，所抄沒的家財，應該是張居正死後的全部家財，這兩年之內被家屬花費、轉移的物資錢財必須全部追補，即所謂「追贓」。而應該追補的數字又無法有確切的根據，所以只能根據「情理」的估計。[75]

張居正生前毫無儉約的名聲，負責「追贓」的官員卽使意存袒護，也決不敢把這個數字估計過低。張居正的弟弟和兒子在原籍江陵被拘留，湊繳的各種財物約值白銀十萬兩以上。這個數字遠不能符合估計，於是執行「追贓」的官員對張居正的長子張敬修嚴刑拷打。張敬修供稱，確實還有白銀三十萬兩寄存在各處，但招供的當晚他卽自縊身死，幾天之後，張家的一個僕人也繼而自殺。76

抄沒後的財物一百一十臺被抬進宮門，其中包括御筆四紙，也就是當年皇帝賞賜的、稱頌張先生爲忠臣的大字。財物中並沒有値得注意的珍品。萬曆皇帝是否親自看過這些東西或者他看過以後有無反應，全都不見於史書的記載。當日唯一可能阻止這一抄家措施的人是慈聖太后，但是她並沒有這樣做，也許她正在爲她父親武淸侯李偉的去世傷悼不已而無心置問。李偉死後被封爲國公，並允許長子襲爵。要是張居正還在，這種本朝所未有的殊榮曠典是決不可能被授予的，他一定會用愛惜朝廷名器這一大題目出而作梗。僅憑這一點，慈聖太后也不可能再對張居正有任何好感。77

在抄家之後，有兩個人呈請皇帝對張居正的老母額外加恩。萬曆一面批准以空宅一所和田地一千畝作爲贍養，一面又指責了這兩個呈請者。大學士申時行遭到了溫和的申誡，刑部尚書潘季馴則由於誇大張氏家人的慘狀而被革職爲民。78

事態既然發展到這一地步，萬曆已經無法後退。對這兩年的一切措施，也有必要向天下臣民作出交代。要說張居正謀逆篡位，一則缺乏證據，二則對皇室也並無裨益，所以，在抄家四個月之後，即一五八四年陽曆九月，才正式宣布了總結性的罪狀：「誣蔑親藩，侵奪王墳府第，箝制言官，蔽塞朕聰，專權亂政」，本當剖棺戮尸，僅僅因爲他多年效勞，姑且加恩寬免。他的弟弟和兩個兒子被送到煙瘴地面充軍。

元輔張居正死後被清算，大伴馮保被驅逐出京，皇帝至此已經實際掌握了政府的大權。但是不久以後，他就會發覺他擺脫了張、馮之後所得到的自主之權，仍然受到種種約束，即使貴爲天子，也不過是一種制度所需的產物。他逐漸明白，倒掉張居正，眞正的受益者並不是他自己。在倒張的人物中可以分爲兩類，一類人物強硬而堅決，同時又頑固而拘泥，張居正的案件一經結束，他們立即把攻擊的目標轉向皇帝。在勸諫的名義下，他們批評皇帝奢侈懶惰，個人享樂至上，寵愛德妃鄭氏而冷落恭妃王氏，如此等等。總而言之，他們要把他強迫納入他們所設置的規範，而不讓他的個性自由發展。另一類人物則乾脆是爲了爭權奪利，他們利用道德上的辭藻作爲裝飾，聲稱只有他們才能具有如此的眼光及力量來暴露張馮集團的本質。而張馮被劾之後在朝廷上空出來的大批職務，他們就當仁不讓，安排親友。

現在到了一五八七年，萬曆皇帝還只有二十五歲，但登上天子的寶座卻已經十五年了。

對他來說，這十五年似乎顯得特別漫長，因爲有許多重複的事件和不變的禮儀要他去應付，即使是一年以前，他的愛妃鄭氏生下皇子常洵，也並不能給他多少安慰。接近他的人可以看出，皇帝陛下正越來越感到生活的單調和疲勞。上一年，他主持殿試，試題的內容是「無爲而治」，他對生活的厭倦已經越出了內心世界而要開始見諸行動了。

然而萬曆陛下的一朝，是本朝歷時最長的一朝。此後還有很多的事情要在他當政的年代裡發生，一五八七年不過剛剛是一個契機。這一年陽曆七月，正當元輔張居正先生去世五週年，皇帝端坐深宮，往事又重新在心頭湧現。他降諭工部，要工部如實查報，張居正在京內的住宅沒收歸官以後作何區處：是賣掉了，還是租給別人了？如果租給別人，又是租給誰了？工部的答覆沒有見於記錄。[79]大約史官認爲記載了這道上諭，已經可以表明皇帝當時微妙複雜的思緒，至於房屋或賣或租，對國家大事無關緊要，就不必瑣碎飣餖地加以記錄了。

注釋

* 本書中所敘皇城及紫禁城的輪廓及各宮殿的名稱，所據為《春明夢餘錄》。宮廷中的生活，以《酌中志》所記爲最詳，《宛署雜記》也有記載，《菽園雜記》所記各節，則在本書所敘述的時代之前。

1 見《神宗實錄》，頁三三九八，《萬曆邸抄》，卷一，頁三四九，所記與《實錄》稍有出入，萬曆並沒有舉行這次午朝。《大明會典》，卷四四，頁一〇，所敘萬曆午朝，實際上是張居正當國時代召集少數大臣在御前詢問，和一般的朝會不同。參見《實錄》，頁一五六八。

2 據《大明會典》，卷三九，頁一～七；《春明夢餘錄》，卷二七，頁五；*Taxation and Governmental Finance*，頁四八、一八四。

3 《穆宗實錄》，頁一五三七～一五四三、一五八五～一五八六。

4 各種儀式的記述，可參閱《大明會典》及《春明夢餘錄》的有關章節。獻俘的詳情據《湧幢小品》，卷一，頁一八～一九，所記加以描述。該書所敘獻俘的時間稍後於一五八七年。

5 《神宗實錄》，頁一四三二～一四三四、三三九九。

6 《酌中志》，卷一六，頁一一二；《神宗實錄》，頁九五～九六、二九〇〇、四九四八。

7 《神宗實錄》，頁三一〇〇～三一〇一、三一一七～三一一八、三一三一。

8 《大明會典》，卷六〇，頁一～三一。

9 《明史》，卷四九，頁五五五～五五六；《大明會典》，卷五一，頁一～六；《春明夢餘錄》，卷五，頁一六～一八；《宛署雜記》，頁一一六。

10 《大明會典》，卷四四，頁一一～一二、二二～三二。

11 《中華二千年史》，卷五上，頁一一四。

12 《孝宗實錄》，頁二四四九。

13 《武宗實錄》，頁三六九八。

14 《穆宗實錄》，頁二四六；《春明夢餘錄》，卷二三，頁二七。參見《病榻遺言》，卷一，頁一四、一九。

15 《神宗實錄》，頁一四五～一四六。

16 《神宗實錄》，頁三三四一、三三七五、三四五五。

17 《神宗實錄》，頁四一〇四。

18 《明史》，卷二一三，頁二四七九，參見《國朝獻徵錄》，卷一七，頁六〇。

19 《明史》，卷一四，頁一四八三；《明史紀事本末》，卷六一，頁六六八；《神宗實錄》，頁一三六九、一五二九；《酌中志》，卷五，頁二九、卷二三，頁一九五。

20 《神宗實錄》，頁一五一～一五三、一〇〇九、一〇四〇、一四六五；《大明會典》，卷五二，頁五～六。

21 《酌中志》，卷一六，頁一一二；《神宗實錄》，頁九五～九六、二九九〇、四九四八。

22 《神宗實錄》，頁二二九～二三〇；*Science and Civilization in China*，卷三，頁四二五～四二六。

23 《神宗實錄》，頁二、二七九、六〇六、七七四、一七三七；《酌中志》卷七，頁三〇；《春明夢餘錄》，卷六，頁一三；《宛署雜記》，頁一七九。

24 《神宗實錄》，頁五二〇、七七八～七七九、一三九九；《明史紀事本末》，卷六一，頁六六一。

25 《春明夢餘錄》，卷六，頁一五～一七；*Taxation and Governmental Finance*，頁八、二五六、三五九n。

26 Hucker, *Traditional State*，頁一一、三一、五六；"Governmental Organization"，頁二五～二六；又見《神宗實錄》，頁一八六、三九二、三四一五、四一七二。

27 《春明夢餘錄》，卷六，頁六〇；《酌中志》，卷一六，頁九八、卷二二，頁一九八。參見丁易著《明代特務政治》；《野獲編》，卷六，頁三五～三六。

28 《明史》，卷三〇〇，頁三三六七；《神宗實錄》，頁八三八、一四四九；《張居正書牘》，卷四，頁一八。參見

Taxation and Governmental Finance，頁一五三、二九六。從這些記載來看，李偉事件之被揭露與處理，張居正是幕後的主持人。

29 《神宗實錄》，頁六一八、六二八、六八五~六八六、七二六、一四六一~一四六二、一七五三、一七六一、一七八四。

30 《春明夢餘錄》，卷一三，頁二、二三、卷二八，頁三〇、卷二五，頁一、卷四九，頁一~四；《酌中志》，卷一六，頁九七；《野獲編》，卷二，頁四六。

31 《神宗實錄》，頁八一〇~八一一、八一四~八一五、一〇一七、一〇二三、一〇四三~一〇四四、一〇五一~一〇五三。參見《明史》，卷二三九及富編《明代名人傳·劉台》。

32 《春明夢餘錄》，卷六，頁五一；Hucker, *Traditional State*，頁八~九、一三；Hucker, "Governmental Organization"，頁二八。

33 《國朝獻徵錄》，卷三，頁四七。

34 Hucker, "Governmental Organization"，頁二九；杜乃濟著《內閣制度》，頁一九七~一九八；鄧之誠著《中華二千年史》，卷五上，頁一六四~一七〇。

35 《神宗實錄》，頁九三三。王世貞曾批評這一做法，見《嘉靖以來內閣首輔傳》。

36 《明史》，卷三〇四，頁三四一七~三四一八。參見《太祖實錄》，頁一八四八，《神宗實錄》，頁二八二一。以宦官參與稅收見 *Taxation and Governmental Finance*，頁四七。

37 《酌中志》，卷一三，頁六七~六八、卷一六，頁九七、一〇一、卷一九，頁一六一、卷二二，頁一九三、卷二三，頁二〇一。

38 《明史》，卷二一三，頁二四七九、卷三〇九，頁三四二二、卷三〇五，頁三四二七；《國朝獻徵錄》，卷一七，頁六五；《酌中志》，卷五，頁二九。

39 《大明會典》，卷一一，頁二。

40 《神宗實錄》，頁一四七三~一四七六、一五二四~一五二五、一五〇六；《明史》，卷二一三，頁二四八〇、卷二二五，頁二五九五；《國朝獻徵錄》卷一七，頁七七~七八；《明史紀事本末》，卷六一，頁六二二。

41 《神宗實錄》，頁一四八〇～一四八六、一四九〇～一四九一、一五〇一～一五〇二、一五〇六～一五〇七；《明史》，卷二四三。

42 《神宗實錄》，頁一四七六、一五五五、一五八六、一六四〇；《國朝獻徵錄》，卷一七，頁八五；《張居正書牘》，卷四，頁一六、卷六，頁一七。

43 《明史》，卷二一三，頁二四八一；《神宗實錄》，頁一〇五一、一五八六、一六三一～一六三二、一六四〇；《國朝獻徵錄》，卷一七，頁八八。參見朱東潤著《張居正大傳》有關章節。

44 《神宗實錄》，頁一四三〇、一五二八、一五五六；《明史》，卷一一四，頁一四八三，《酌中志》，卷二二，頁一九六。

45 《神宗實錄》，頁二〇五二～二〇五四、二〇八一～二〇八三；《明史》，卷一一四，頁一四八三、卷三〇五，頁三四二八；《酌中志》，卷五，頁二九；《明史紀事本末》，卷六一，頁六六六。張居正責成萬曆悔過的兩件奏疏載《張文忠公文集》，《皇明經世文編》，卷三二六曾加收錄。

46 《大明會典》，卷四六，頁二四～三六；《神宗實錄》，頁二二七六；參見Hucker, “Governmental Organization”，頁一〇。

47 《宛署雜記》，頁一二五。

48 《春明夢餘錄》，卷六，頁六一；《宛署雜記》，頁七七～七八；《酌中志》，卷一六，頁一一四。

49 《明史》，卷一一四，頁一四八三；《先撥志始》，頁一；《神宗實錄》，頁二三三二、二三六四、二三七三、二三八九、二三九七；《光宗實錄》，頁一。王氏於一五八二年陽曆七月三日冊封恭妃，八月二十八日生常洛。

50 《神宗實錄》，頁二三三一、二三三九、二三三四～二三三五；《國朝獻徵錄》，卷一七，頁一〇〇～一〇一；《明史》，卷二一三，頁二四八二。

51 《神宗實錄》，頁二七九七；《酌中志》，卷二二，頁一八六～一八七、一九六。

52 《酌中志》，卷一，頁一～二；《神宗實錄》，頁三六八三～三六八四、四一〇四。

53 《先撥志始》，頁一、二、二七；《野獲編》，卷三，頁二九。

54 《神宗實錄》，頁二四〇四。

55 《酌中志》，卷一六，頁一一二。

56 《明史》，卷二一九，頁二五三四；《國朝獻徵錄》，卷一七，頁一〇四。參看《明代名人傳・張四維》。

57 《神宗實錄》，頁二三七八、二五三〇、二七三二；《明史》，卷七七，頁八一九；《湮林續紀》，頁三〇；*Taxation and Governmental Finance*，頁三〇一。

58 《神宗實錄》，頁二四三五、二四三六、二四三八、二四四〇、二四五四、二四六〇。參見《明代名人傳・張四維》。

59 《國朝獻徵錄》，卷一七，頁七五。

60 《神宗實錄》，頁一八八四。

61 關於陵墓的詳細情況，見本書第四章。

62 《神宗實錄》，頁二五二〇～二五二二。

63 《神宗實錄》，頁二四四二、二四五一、二四七一、二四八九，並參看頁二三九三。

64 《神宗實錄》，頁二四三八。

65 《酌中志》，卷五，頁二九～三〇；《明史》，卷三〇五，頁三四二八。

66 《神宗實錄》，頁二四三六、二四三八、二四七三；《明史》，卷三〇五，頁三四二八。馮保積貲巨萬，王世貞《弇州史料後集》記其事，傅衣凌著《商業資本》，頁二三～二四曾加引用。

67 《神宗實錄》，頁二四四〇。

68 《神宗實錄》，頁二六〇七、二八一四、三一一七。

69 《國朝獻徵錄》，卷一七，頁八九。

70 高拱的《病榻遺言》，有《紀錄匯編》本。《四庫全書總目提要》謂「以史考之，亦不盡實錄」，見子部小說家存目一，卷二七，頁二九二九。

71 《明史》，卷三〇五，頁三四二八。

72 高拱自述其與張居正的衝突，見《病榻遺言》，頁三一，參見《國朝獻徵錄》，卷一七，頁二三；《明史》，卷二一三，頁二四七八～二四七九；《明史紀事本末》，卷六一，頁六五四。高拱免職經過，見《神宗實錄》，頁三四。申時行當日曾目擊其事，《賜閒堂集》，卷四〇，頁二一於高拱之驕慢與馮保之惡毒均有批評，但未歸罪於張居正。

73 《神宗實錄》，頁三三一、三三八、三五六、一四九四。此事高拱於《病榻遺言》中曾詳加說明，見該書頁三七～四二。參見《國朝獻徵錄》，頁一七、二四、三九；《明史》，卷二一三，頁二四七八、卷二一四，頁二四八七、卷三〇五，頁三四二八；《賜閒堂集》，卷四〇頁，二三。據史料所載各種跡象，張居正曾間接牽入。高拱墓誌銘為郭正域所撰，見《國朝獻徵錄》，卷一七頁二六～四〇。

74 《神宗實錄》，頁二四四〇、二四六〇、二五〇九、二六一〇、二七一三～二七一四、二七五六～二七五九、二七七一、二七七八～二七七九、二七九七～二七九八、二八〇二、二八〇五、二八一六～二八一七、二八一九。

75 明代「追贓」的程序，詳 *Taxation and Governmental Finance*，頁二四七～二四九。

76 《明史》，卷二一三，頁二四八二；《國朝獻徵錄》，卷一七，頁一〇四；《明史紀事本末》，卷六一，頁六六八。

77 《神宗實錄》，頁二七五六～二七五九、二七七一、二八一九。

78 《神宗實錄》，頁二七七八、二七九六、二八〇一、二八五九、二九七五。參見《明代名人傳》，頁一一〇九～一一一〇。

79 《神宗實錄》，頁三四九一。

第二章

首輔申時行

每當大學士申時行走到文華殿附近，他就自然而然地感到一種沉重的負擔。這是一種道德觀念的負擔。

文華殿座落紫禁城東部，皇帝在此就讀。一五七四年，萬曆髫齡十歲的時候，就能揮筆寫作徑尺大字，寫下了「責難陳善」四個字當場賜給申先生，[1]意思是希望他的老師能規勸他的過失，提出有益的建議。這四個字的含義是這樣深邃，書法的筆力也很勁拔，申時行接受這樣的賞賜不能不感到極大的榮幸。十三年之後，申時行所深感不安的乃是他所盡的心力，並沒有達到預期的效果。一個「萬曆之治」的燦爛理想，也許至今已成泡影。

申時行不是皇帝的五個蒙師之一，但他所擔任的功課最多，任課時間也至久。[2]現在身爲首輔，他仍然擔負著規畫皇帝就讀和經筵的責任。因之皇帝總是稱他爲「先生」而不稱爲「卿」，而且很少有哪一個月忘記了對申先生欽賜禮物。這些禮物有時沒有什麼經濟價值，而純係出於關懷，諸如鯉魚二尾，枇杷一籃，折扇一把，菖蒲數支之類，但有些禮物則

申時行像。

含有金錢報酬的意義，例如白銀數十兩，彩緞若干匹。[3]不論屬於哪一類，都足以視爲至高的榮譽，史官也必鄭重其事，載於史冊。

得任爲皇帝的老師是一種難得的際遇，也是「位極人臣」的一個重要階梯。固然並不是既爲老師就可以獲得最高的職位，但最高的職位卻經常在老師中選任。在皇帝經筵上值講，必然是因爲在政治、學術、道德諸方面有出類拔萃的表現。値講者卽使還不是卓有成就的實行者，至少也是衆所推服、徹底了解國事的思想家。

根據傳統習慣，皇帝爲皇太子時卽應就讀，受傳於翰林院諸學士，稱爲東宮出閣講學。登極之後，除繼續就讀而外，他還要出席另一種形式的講學，卽所謂經筵。經筵於春秋兩季氣候溫和之時舉行，每月三次。每次經筵，所有六部尚書、左右都御史、內閣大學士和有爵位的朝臣勛戚都要一體參加，還有給事中、御史多人也在聽講的行列中出現。[4]

經筵舉行的時間一般在早朝之後，皇帝在大漢將軍二十人的保衛下首先駕到。在這文質彬彬的場合中，大漢將軍也免除甲冑而穿上袍服，但仍攜帶金瓜等等必不可少的武器。皇帝在文華殿面南坐定，傳諭百官進入，行禮如儀。至此，鴻臚寺官員將書案一張擺在御座之前，專供聖鑒；另一張擺設在數步之外，爲講官所用。參加聽講的官員魚貫而入，分列書案左右。經筵和其他所有的儀式一樣，必有其目視耳聽的對稱均衡。先一日用楷書恭繕的講義此時已經陳列於案几之上。在贊禮官呼唱之下，兩員身穿紅袍的講官和兩員身穿藍袍的展書官出列。他們都是翰林院中的優秀人員。講官面對皇帝，展書官在書案兩側東西對立。接著是講官叩頭，叩頭畢，左邊的展書官膝行接近書案，打開御用書本講義，用銅尺壓平。此時左邊的講書官已經趨前，站在中央的位置上，開始演講。講完後，書本蓋覆如前，講官及展書官退列原位，以便右邊的同僚履行任務。左邊講官所講授的是「四書」，右邊講官所講授的則爲歷史。此種節目，歷時大半天，只有講官可以口講指畫，其他全部人員都要凝神靜聽，即在皇帝亦不能例外。如果當今天子偶然失去了莊重的儀態，把一條腿放在另一條腿之上，講官就會停止講授而朗誦：「爲人君者，可不敬哉？」這樣的責難不斷重覆，決無寬貸，一直到這個爲人君者突然發現自己的不當而加以改正，恢復端坐的形態爲止。[5]

這種繁文縟節乃是當日國家中一種重要制度。經筵的著眼點在發揮經傳的精義，指出歷史的鑒戒，但仍然經常歸結到現實，以期古爲今用。稱職的講官務必完成這一任務，如果只據章句敷衍塞責或以佞辭逢迎恭維，無疑均屬失職，過去好幾個講官就曾因此而被罷免。[6]

在正面闡述聖賢之道的時候，講官可用極委婉的言辭，在不妨礙尊嚴的條件下對皇帝作必要的規勸。皇帝在經筵上可以提出問題，甚至說明他不同的觀點，但是責問或指斥講官，則屬於失禮。即講官準備不充分，講辭前言不對後語，皇帝感到不快，也不能當場流露，而只能在事後間接提出。[7]執行任務時講官所受的優禮乃是長期歷史的產物；即在正德皇帝，那位大有離經叛道意味的人君，也沒有廢止這種優禮。這位不平常的皇帝，他對講官接二連三的影射批評自己，另有報復的妙法，即「一腳踢到樓上」——這些盡忠的講官經常被升遷，其所任新職，則十九又在邊區遠省。[8]

申時行現在不是講官，而是經筵負責人，執掌全盤的計畫。他的辦公地點是文淵閣，坐落在午門之內。在辦公時間內，皇帝和他的首輔相去不過一千碼。但是這一千碼，也是全世界距離最長的一千碼。這種距離不在於宮寢和文淵閣之間有重重疊疊的門牆和上上下下的臺階，而在於除了早朝和講讀外，皇帝已極少接見大學士。他們之間的交往差不多全部出於紙頭書面。偶爾皇帝也派宦官口傳聖旨，直接宣召大學士面商國事，但在申時行任首輔期內，已屬絕無僅有，平均一年不過一次。至於皇帝親臨文淵閣，在本朝歷史上則已經是一百六十年前的事情了。

文淵閣的正廳供奉孔子像。兩側有官舍四間，另有閣樓，乃是保存書籍檔案的地方。閣前不遠有東西兩排平房，是爲書記人員抄繕文件的辦公室。以這些房屋作爲我們龐大帝國的神經中樞，似乎過於樸素；但是和國初相比，則已有了長足的發展。當年草創伊始，文淵閣眞的是一間亭閣，爲皇帝職掌御前文墨各官等候召見時歇足之處。以後擴充官舍，增加圖籍，又輔之以吏員，才規模大備，可是它的性質仍非片言隻語所能概述。它既像皇帝與文官集團間的聯絡處，也像各部院以上的辦公廳；有時又像皇帝的顧問室，或是調解糾紛的超級機構。[9]

總而言之，它所做的事，就是以抽象的原則，施用於實際問題，或者說把實際問題抽象化。例如經過皇帝批准，人事有所任免，文淵閣公布其原因，總是用道德的名義去掩飾實際的利害。因爲本朝法令缺乏對具體問題評斷是非的準則，即令有時對爭執加以裁處，也只能引用經典中抽象道德的名目作爲依據。

在文淵閣辦公的首輔申時行的內心深處，不可能對經筵產生與衆不同的興趣。講書的時間既長，典禮也過於呆板。參加這種儀式，他要在天色未明之前起床，熬過一段悠長枯燥的時間，等到經史講完，書案依次撤去，參加的人員魚貫下殿，在丹墀上向御座叩頭如儀，然後才能盼來這經筵之「筵」。此即在左順門暖房內所設的酒食。這酒食爲光祿寺所備，各官按品級職務就座；其中的講官、展書官及抄寫講義的人員，則又就坐於同階官員之上。

身爲首席大學士，經筵監督者，申時行有責任使全部程序和諧的演出。要是皇帝出現倦容，或是講官失言以至其他官員失禮，他都要引咎自責。有時候他自己也不能理解，爲什麼他一個人要繼續堅持經筵必須不斷舉行？難道他不像其他人一樣憎恨這令人折骨傷筋的節目？按理說，他對經筵的反感，不可能在旁人之下。因爲他就任今上講官之前，早就擔任過先皇隆慶的講官。在文華殿前的花崗石上，他匍匐了這麼多次，以至熟悉了每一石塊的特點。經筵的令人厭倦之處，他有比別人更多的體會。然而首輔申先生忠於職守，仍然在兢兢業業地維護這個傳統節目。在對待早朝的問題上，他也持同樣的態度，堅持不應斷輟。早朝本是苦事，而在寒風凜冽的嚴冬爲尤甚。[10]前一年冬天，申時行就聽到過官員在早朝時互相訕笑，說是某人的白臉已凍成大紅，另一人的紅臉又變爲漆黑。[11]申閣老深知他在這種情形下，堅持早朝的不斷舉行，必將使自己成爲朝廷上不受歡迎的人物。

公元一五八七年，時爲萬曆十五年，申時行五十三歲，他已感到未老先衰。幾年之前，他卽已鬢髮蒼蒼，[12]現在身爲首輔，位極人臣，又有張居正前車之鑑，爲什麼他對一切還要那麼認眞而不聽其自然呢？

這又是說來話長。

本朝治理天下，禮儀所起的巨大作用，已略如前述。皇帝以一人而君臨天下，具有最高的權威，實因天意之所歸。天意必須通過億萬臣民的信念而體現出來。皇帝和他的大臣，經常以莊嚴美觀的形式舉行各式各樣的禮儀，又爲鞏固這種信念不可或缺。無數次的磕頭加強了皇帝神聖不可侵犯的意義；而他親自主持各種禮儀，更表明他也同樣受上天的節制，卽受傳統的道德所節制。儒家經典的教條越簡單平淡，就越要加強學習，接二連三地聽來講去，借此加強我們理智的主宰。越是地凍天寒，溽暑蒸人，我們的早朝也更可以收到鍛鍊身心之效。就是皇帝的親耕，看來有很明顯的象徵成分，但象徵不一定就是虛僞。如果所有參加典禮的人都相信這種象徵，而決心以行動促其成爲現實，這又是何等壯大的力量！一月三次的經筵，其目的更直接了當，它表現了皇帝和大臣們堅決地在經典和史籍中尋覓最有效的方法，以達到大同之治。

正是對上述意義有了深切的理解，申時行更不能無愧於中。因爲他所盡的心力，並未達到預期的效果，這有事實爲證：一五八六年的新秋，二十四歲的皇帝降下諭旨，說他早晨起床後突然感覺頭暈腦脹，需要停止早朝和出席經筵、日講；而所謂停止，又無時日的限制。十二個月以後，這頭暈腦脹又奇妙地重複出現。[13]更令人感到不安的是皇帝剛剛說完精力不支，宦官卻傳出了萬歲爺爺在紫禁城內騎馬馳騁的消息；接著又有人說他試馬傷額，不想讓廷臣看見。[14]

消息傳開，禮部的一位官員就奏上一本，規勸皇帝保重玉體，並注意他身爲天子的職責。不想一波方息，皇帝又來一套不能臨朝的諭旨，據他自己說，其原因乃是心中火氣過旺，服用涼藥，涼藥壓火抵於足部，發生奇癢，因之搔破皮膚，行走不便。然而與此同時，宮內卻又傳出皇上飲酒過多，夜間遊樂過度，與妃嬪交往過切如此等等的消息。[15]

這自然會使申時行感到傷心。他曾寫信給朋友訴苦，說他處於無可奈何的境地。他還寫詩責備自己的無能：「王師未奏康居捷，農扈誰占大有年？衰職自慚無寸補，惟應投老賦歸田！」[16]意思說軍隊沒有打勝仗，農民沒有享豐年之福，可見他自己位居高官，對國事毫無貢獻，自應退休，返里歸鄉。然則申時行並不眞是一個容易灰心的人。在發完牢騷之後，他仍然抖擻精神，繼續執行他首輔的職責，攤開奏本，用楷書端端正正地寫上，請求陛下以社稷爲重，保養玉體，但是經筵決不可長期停止，太祖洪武皇帝，經筵講到七十歲仍然堅持不息。他同時又和朋友通信，指出局勢艱難而有隱憂，「上下否鬲，中外睽攜，自古國家未有如此而能久安長治者」。[17]

申時行是一個富有現實感的人，他懂得爲臣之道。如果皇帝說他的問題在腳癢，首席大學士就一定要相信這問題在腳癢。更應該欣幸的是皇帝陛下竟用了這麼多的語句細訴他的困難，這就不失爲可喜的現象。所以看來皇帝的病源不深，早朝和經筵不致耽擱太久。好在新的講官和展書官都已派定，只要皇帝能夠出席，經筵可以立卽繼續舉行。而且他還考慮，如果皇帝覺得早起困難，則不妨把早朝和經筵的時間稍推遲。這些問題都屬於可以通融之列。[18]

申時行之被任爲首輔，似爲一串意料之外的機緣所促成。

一五八二年張居正逝世之後，繼任者爲張四維。但是不出一年，第二位張閣老的父親也不幸去世。當時自然不能再來一次「奪情」，張四維只能離職丁憂。在此離職期間，申時行代理首輔。但是張四維本人在居喪將要滿期的時候又突然患病，而且一病不起。[19]以前較申時行資深望重的大學士馬自強和呂調陽也已病死，這樣，命運就把資格最淺的大學士申時行推到了最前面。

一五八七年，申時行官居首輔已四年。他自稱未老先衰，其實精力正旺。他的父母去世多年，所以沒有丁憂的顧慮。他爲人溫和謙讓，沒有幾位前任那種趾高氣揚的姿態。王世貞所作《內閣首輔傳》稱他「蘊藉不立崖異」，就是說他胸中富有積蓄，但是不近懸崖，不樹異幟。[20]這一評價在恭維之中寓有輕視的意味。而申時行的溫和謙讓，卻也始終沒有能使他在政治風浪之中置身事外。他以後被捲入爭端，進退維谷，直到提出辭呈十一次之多，才能奉准退休。

申時行由張居正的推薦而入閣，表面看來，這一點對他關礙不深，因爲一五八二年前後，在中樞出任要職的幾乎全部爲張居正的私人。申時行和張四維不同，他以才幹取得張居正的信任，而不是以諂媚見用。在張居正死後，他承認張居正的過錯，但並不借此誇大前任的過失，作爲自己執政的資本。其間差異既爲同僚所深知，也爲皇帝所了解。

申時行和其他絕大多數的大學士一樣，出身於政府中執掌教育和文墨的部門。一五六二年，他在二百九十九名殿試及第的進士中名列第一，即得中狀元，並按例授翰林院修撰。[21]此後他在翰林院任職達十五年，官至侍讀，並升轉兵部及禮部侍郎，在職僅七個月，即被命爲大學士。他和張居正、高拱一樣，未曾就任北京以外的官職。

難道一個人熟讀經史，文筆華美，就具備了在御前爲皇帝作顧問的條件？難道學術上造詣深厚，就能成爲大政治家？二十五年前，翰林院修撰徐時行（當時他尚未姓申，仍襲用外祖徐姓）也曾對這些問題發生疑惑。但是今天的大學士申時行對此早已渙然冰釋，理解了其中的精微奧妙。因爲我們的帝國在體制上實施中央集權，其精神上的支柱爲道德，管理的方法則依靠文牘。

多年的翰林生活更使申時行對這些問題的理解逐漸加深。翰林院的官員替皇帝撰寫誥敕，誥敕的接受者總是孝子賢孫，同時也是眼光遠大的父母或是能夠周濟鄰里領導地方的正人君子。執掌文墨與教育的官員也向皇帝反覆說明，爲人君的職責是使人民在豐年得以溫飽，凶年不致塡於溝壑。他們也要闡明三代以來的王道至今依然適用，即一個良好的政府務必選賢任能，同時在社會上提倡誠信與和諧。

總而言之，道德至高無上，它不僅可以指導行政，而且可以代替行政。至於具體的技術問題，例如一個蠻夷酋長當撫當剿的得失，使黃河水道南移或北遷的利弊，邊區茶馬交易折換率的調整等等，自然也很重要，但這是屬於各地總督巡撫的範圍，他們理應提出建議。按本朝傳統，所有的建議仍當奏請皇帝批准。然則用人適當，各地總督巡撫都是衆望所歸，他們的建議也必爲上策佳計，所有奏請必然會得到批准。所以歸根結柢，技術問題仍與道德問題不可分離。

翰林學士在執行職務期間，既已接受道德倫理的薰陶，而有條件精研各種檔案，則爲增進技術能力的捷徑。在一五七八年被任爲大學士之前，申時行參與修撰嘉靖和隆慶兩朝的實錄和《大明會典》。[22]這種編撰工作，必須要把歷年所有因革的文件逐月逐日地排比整理並加檢討，正是訓練培養內閣大學士的最好方法。現在的首輔申時行，被同僚一致譽爲「老成」。這種概念與實際年齡無關。他五十三歲，比次輔許國小八歲，也比三輔王錫爵小一歲。他的老成來自長期處理各種人事經驗；這種經驗，使他深知我們這個帝國有一個特點：一項政策能否付諸實施，實施後或成或敗，全靠著它與所有文官的共同習慣是否相安無擾，否則理論上的完美，仍不過是空中樓閣。

這一帝國既無崇尚武功的趨向，也沒有改造社會、提高生活程度的宏願，它的宗旨，只是在於使大批人民不爲飢荒所窘迫，即在「四書」所謂「黎民不飢不寒」的低標準下以維持長治久安。這種宗旨如何推行？直接與農民合作是不可能的，他們是被統治者，不讀書，不明理，缺乏共同的語言。和各地紳士合作，也不會收到很大的效果，因爲他們的分布地區過廣，局部利害不同，卽使用文字爲聯繫的工具，其接觸也極爲有限。剩下唯一可行的就是與全體文官合作，如果沒有取得他們的同意，辦任何事情都將此路不通。

例如就在這一五八七年，山東省的三千農民，由於飢荒鋌而走險，叢聚爲盜；各地白蓮教的信徒也大有增加，[23]局勢令人驚駭。但僅是驚駭於事無補，解決問題的關鍵仍在於全體文官的互相合作，互相信賴，以致於精誠團結，衆志成城。如果不是這樣，則全國一千一百多個縣，其中萬別千差，又何能由朝廷訓令，使得一千一百多個縣令個個做事符合機宜？所以說來說去，施政的要訣，仍不外以抽象的方針爲主，以道德爲一切事業的根基，朝廷最大的任務是促進文官之間的互相信賴與和諧。此亦卽鼓舞士氣，發揮精神上的力量。

在首輔申時行看來，縱使國步艱難，政府的辦事能否收效，仍可以常識判斷。如果各部院寺的文官幾個月都見不到皇帝一面，他們就很難維持信心，認爲皇帝陛下對各種事情仍能充分掌握。此念一開，他們卽會懷疑他對是非善惡可能已經置之度外。信念既失，疑竇卽生，他們就很難再盡忠竭力。這也就是「四書」劈頭所述的「誠意」至此已不能維持。這種情況，就是所謂「上下否鬲，中外睽攜」，如果繼續下去，鋌而走險的農民決不會止於三千，白蓮敎徒也一定會越來越多了。

要影響全體文官，申時行必須首先提供自己的誠意。[24]他寧可被目為大和事佬，甚至被批評為犧牲原則的政客，但他堅持調濟折衷的原則。他確實看透了國家為解決問題而設立文官，但國家的最大問題也就是文官。而奇怪的是，以張居正的精明練達，竟忽視了這樣基本而簡單的事實。

在本朝歷史上，除草創時期的洪武、永樂兩朝外，文官凌駕於武官之上，已成為絕對趨勢，[25]多數的武官不通文墨，缺乏政治意識，他們屬於純技術人員。卽使是高級武官，在決定政策時，也缺乏表示意見的能力，偶或有所陳獻，也決不會受到文官的重視。

在申時行充當首輔的年代，全國文官的總數約為兩萬人，其中京官約占十分之一。[26]當他們朝會集合時，就出現一片令人眼目昏眩的現象。他們的朝服為紵絲羅絹所製，四品以上為紅色，五品以下為藍色。朝冠係紗製，側帶兩翅；朝靴黑色，靴底邊上塗以白色的膠漆。腰帶並不緊束而是輕鬆的懸在腰間，上鑲玉、犀角以及金銀等方塊，所以在陽光之下閃爍不已。

官員們的品級由「文官花樣」表示。此亦卽西方人所稱 Mandarin Square。文官的花樣總是繡著兩隻鳥，鳥的品格和姿態則因級別的高低而異。如一品官的花樣為仙鶴翱翔於雲中；

三品官的爲孔雀，一隻著地，一隻衝天；至九品官則爲鷓鴣二隻，彼此都在草叢中覓食。武官的袍服形色和文官相似，但品級不用鳥而用猛獸來表示，依次爲獅子、虎豹、熊羆等等。監察官員亦稱「風憲官」，雖然也是文官，但花樣卻不標品級而繡以「獬豸」。這是傳說中的一種猛獸，能辨善惡，它對好人完全無害，但當壞人接近，它就一躍而前將其撕爲碎塊。還有極少數的文武官員，包括宦官在內，可以由皇帝特賜繡有蟒、飛魚、鬥牛等形象的袍服，其尊貴又在其他花樣之上，這是一種特殊的榮譽。[27] 申時行於一五八五年即由萬曆賜予蟒袍。

文官絕大多數由科舉出身。最低級的考試合格者稱爲生員；生員應三年一度的鄉試，合格者稱爲舉人；舉人參加在北京的會試、殿試，合格者稱爲進士。舉人得授九品官職；進士得授七品官職。此外尚有監生、貢生等名稱，也都可以經過一定的途徑得到官職。總之，科舉制度以各種的考試辦法選拔人才，考來考去，全國的讀書人被網羅而應試的總數當在百萬以上，其中文理通達的即可由此而登仕途。[28]

明朝一品文官補子「仙鶴」。

科舉制度的重要性又在社會風氣中得到反映。一個讀書人如果不入仕途，則極少有機會表現他的特長，發揮他的創造能力；也極少有機會帶給一家、一族以榮譽。所以一個人的進學中舉，表面上似乎只是個人的聰明和努力的結果，實則父祖的節衣縮食，寡母的自我犧牲，賢妻的茹苦含辛，經常是這些成功的背景。無數的祭文和墓碑，可爲例證。這些文章多有出自兒子或丈夫的手筆，其中歌頌母親或妻子給他們的贊助扶持，文句悱惻動人，情節也眞實可信。皇帝賜給臣下的誥命，也針對這種感情上的需要，恩賜榮典，大多包括妻子以及祖宗三代。[29]即使獲得誥命的先輩早離人世，也無礙於授予。舊的墓碑可以取去，而代之以鐫刻著新的榮譽的墓碑；畫師可以根據生者的口述畫出死者的遺容，畫上的袍服，像主可能一生未曾經眼。這樣對祖先表揚，也是對子孫的策勵。這些誥命又可以傳之百世，作爲後人楷模。所以辭去自身的恩命而轉封於先輩，實爲一舉兩得。

首輔申時行深深了解其內情，他在不久之前就替二輔許國代呈，辭去他本人應得的升遷，而以相等的榮譽表揚他的亡妻及父母。[30]

基於這些社會背景，文官們自應形成一個具有共同思想的集團。京官爲文官中的優秀分子，自然更不必說。他們無例外的從小熟讀「四書」。宋代大儒朱熹的注釋，既爲官方確定，奉爲正宗，則他們也早全盤接受，因之對一切事物的看法，也更爲一致。他們都知道施政出於仁民愛物之心，亦卽同情和憐恤之心。一個有教養的人知道他自己有生活上的需要，又對家人父子具有感情，推己及人，就不能不想到其他人也有這些需要和感情，那麼他也不得不盡力使其他人能獲得他們的需要和發揮他們的情感了。

天下的大道理都可以用常情來度量。卽便是最爲嚴格的教條，也承認因情理而發生的例外。譬如說一個人對自己的嫂嫂應當敬愛而又經常保持距離，但當嫂嫂掉進水裡，那就不是再保持距離的時候，而一定要用手拉她。這種原則和例外，亦卽古人所說經和權，這些關係，文官們也無疑地了如指掌。

因爲他們都是讀書明理之人，他們也具有無悖於聖賢之道的幽默感。這種愛好幽默的情趣，尤其在他們談論揶揄鴻臚寺禮官時表現無遺。他們所謂「元哭王唱，姜辣李苦」，對於這幾位贊禮官古怪的聲調作了很準確的描寫。[31] 雖然在行禮時候，他們個個一本正經，散班之後卻總是有很多令人捧腹的故事在他們中間流傳，譬如說禮官自己忘了轉彎，唱轉而不轉，武臣不等贊禮官唱跪而先行下跪等等。[32]

這些爲數二千的京官，是否都能具備上述的品德，因而形成一個鞏固的集團呢？如果事情眞是這樣，則他們身爲文官中的優秀分子，自應感化其他文官，而後者也就應該具有移風易俗的能力，使全國一千一百多個縣的民風杜絕刁頑而日臻淳厚；本朝刑法中所有駭人聽聞的處罰如凌遲處死，也應當早已廢止了。如果事情眞是這樣，這麼多身穿獅豸服飾的文官監視其他百官也就毫無必要，皇帝也無須乎赫然震怒，廷杖百官了。可見理想與事實，常常不能相符。否則申時行在執行職務時一定會大感輕鬆，而以下所敘的事情也不致發生了。

首輔申時行雖然提倡誠意，他對理想與事實的脫節，卻有一番深切的認識。他把人們口頭上公認的理想稱爲「陽」，而把人們不能告人的私欲稱爲「陰」。調和陰陽是一件複雜的工作，所以他公開表示，他所期望的不外是「不肖者猶知忌憚，而賢者有所依歸」。[33]達到這個低標準，已經需要一番奮鬥，如果把目標定得更高，那就不是實事求是了。

要消除文官中不願公開的私慾是不可能的。因爲整個社會都認爲做官是一種發財的機會，不少的小說和筆記都寫到，一個人得中進士，立即有人前來出謀畫策，如何買田放債，如何影響訴訟，如何利用權勢作額外收入的資本。[34]北京的一些放債人，經常借錢給窮困的京官，一俟後者派任地方官，這些債主就隨同任所，除了取回借款以外，還可以本外加利，利又成本。[35]地方官綜攬民政與財政，致富的機會至多。

至於官員本身，向這種社會風氣投降的程度則各有不同。大多數人覺得在似合法又似非法之間取得一部分額外收入，補助官俸的不足，以保持他們士大夫階級的生活水準，於清操無損。另有相當數量的官員，則聲名狼藉，其搜刮自肥的劣跡令人憤慨。再有一部分極端人物，則屬清高自負，一介不苟取於人，這絕對的道德觀念，可以由古怪的南京都御史海瑞作爲代表。這三者的差別，也就是文官之間不能和諧的一大原因。

中樞的管理又被官僚習氣所掣肘，這是中央集權很難避免的結果。中央對很多邊遠縣分的實際情形無法直接獲知，只能依賴地方官的報告。這種文書從地方送達中樞就常常需要一個月。執筆者鋪陳情事，動輒使用自古以來最爲華麗的辭藻，可是他們卻足不出戶，所引用的統計資料也許已經一百年沒有修訂過。[36]中樞的大廈坐落在無數含糊曖昧所疊砌的基礎之上，於是就必須找出自己的行政管理辦法。

這種辦法，即以「責任」二字爲交代。一個地區發生了問題，府縣官自然責無旁貸。例如三千亡命之徒，叢聚爲盜，當地地方官必受檢舉。他可以被指責爲因循貽誤，缺乏膽識，以致事態不可收拾；有時被檢舉的罪名，也可以完全相反，而被論爲浮躁輕率，以致使亡命之徒鋌而走險。這樣，凡是發生事故，中樞之是否能作深入的調查研究已無關宏旨，上級總可以歸罪於下級地方官。周密的調查既費周折，而如果受罰者又提出證據爲自己辯護，如所出事情，在他到任之前滋生，或者其差錯在於鄰府鄰縣，或者由於上級指示錯誤，則法庭也無法結案。案懸不結，責任不明，必將破壞全部文官機構的規律，失去以後賞罰的標準。

因之我們的政事，注重體制的安定，而不計較對一人一事的絕對公允。犧牲少數人，正是維持大局的辦法。人事考察條例，也就從這裡著眼。按照規定，四品以下的地方官三年任滿應當入京朝覲述職，由皇帝及有關部門核定他們政績的優劣。但是全國有一千一百多個縣，任何精明強幹的人事官員也無法詳細知道他們的具體成績，而只能在大節目上斟酌一二。如果一個地方官所統轄的地區安靜無事，稅收沒有多大虧欠，該地區的民風就是「淳厚」而並非「刁頑」，這一位地方官必爲好官而非「浮躁」或「才力不及」。京官六年一考核，名爲「京察」，考察也很難根據實際能力和成績，而大抵視其人事應付能否得宜而有其上下高低。[37]京官對這種考核總是戰戰兢兢，因爲一旦得到一兩個不良的評語，則一生事業可能立卽付諸東流。本朝歷史上最嚴格的數次考察，曾使兩千多文官停職降級。在當政者來說，沒有這樣的辦法，朝廷上就無法去舊迎新；在被考核的文官來說，這樣大批的斥退的確令人寒心，於是他們更要互相照顧，以作爲保護安全的必要手段。

各式各樣的社會關係也使他們結成小集團。出生於一省一縣，是爲「鄉誼」；同一年考中舉人或進士，是爲「年誼」；同年的舉人或進士就像學校裡的同班一樣，在原則上有彼此關照的義務；他們的考官則不消說是終身的恩師；婚姻關係，包括男女雙方的遠親近屬，是爲「姻誼」。這多種的「誼」是形成文官派系的一個主要原因。各派系的主要人物亦卽後臺老板就有提拔新進的義務；私人的困難，可以協助解決，錯誤也可以掩飾。被提拔的和被幫助的當然會對後臺老板效忠賣力，終身不渝。

申時行既然身居首輔，他不能不感到這種局勢的危險。文官名義上任職於各部院寺，各有其官方的組織，但是背後又有他們的私人派系。他有一次在給朋友的信內提到這個問題，深深感嘆這種公私「陰陽」的區別。可是他有什麼辦法？他自己還不是依靠張居正的栽培才有今天的地位？申時行不是理想家，他深知人類的弱點不能完全避免。張居正一案已成過去，他現在的任務是要竭誠幫助年輕的皇帝治理國家大事，當務之急是增加文官之間的互相信賴。與其暴露各人的陰，毋寧提倡他們的陽。正因爲如此，他被很多人視爲放棄理想以妥協爲前提的政客。然而還有人比他更爲務實，認爲所有倫理道德全是空中樓閣，最多也不過是一種理想和裝飾。對這種看法，申時行也不能同意。理想與裝飾究竟不同於虛僞，一個人仍能以此作爲起點去推行他的誠意。

即算本朝推行倫理道德以作爲治國的標準，收效不如理想，可是也別無更好的辦法。假如沒有這些觀念和原則，我們政府靠什麼而存在？如果放棄「四書」上說的正心誠意，仁民愛物，嫂溺則手援，如何能使兩千名京官對事情有一致的看法？又如何能使一萬八千名地方官和衷共濟，或者無端受罰而仍然歌頌「皇恩浩蕩」？我們還有什麼更好的標準去教育全國約一百萬的讀書人？還有什麼更好的標準去表彰他們的祖先、寡母、賢妻？個人的私心會隨時隨地變遷，只有倫理道德永遠不變。古代的聖賢寫作「四書」的時候如此，朱熹注解「四書」的時候如此，今日仍然如此。正因爲如此，它才可以在經筵上被講解者發揮，也可以在墓誌上被鐫刻，以爲後人的典範。

這種倫理教育所收到的效果，可以用前面提到的鄒元標爲例。鄒元標在一五七七年得中進士，時年二十七歲。當時他還沒有任何官職，然而根據聖賢的教導，他竟上書指出張居正的不肯丁憂的可恥可惡。這一封奏章使他在午門外受到廷杖，進士的頭銜革去，降爲士兵，流放於貴州的窮鄉僻壤。一去五年，直到一五八三年冤案昭雪，他才被召回北京，任命爲給事中，職司監察，穿上了繡有獬豸的袍服。到任不久，他又上書直接批評萬曆不能淸心寡欲。皇帝用朱筆在奏章上批「知道了」三個字，給他面子，免予追究文句的唐突。然而鄒元標不識抬舉，過不多久，他二次上書，奏章上的用語更無忌諱，竟說萬曆扯謊，有過不改，而且引用「欲人勿聞，莫若勿爲」的諺語，揭穿皇帝的裝腔作勢，說他沒有人君風度。這就不能不使萬曆勃然震怒，準備把這個不知感恩的諫官再次廷杖。[38]

一個從七品的下級文官，過去對朝廷的惟一貢獻只是檢舉了張居正，今天居然具有這種道德上的權威，敢於直接指斥皇帝，其憑藉者安在？萬曆的看法是，鄒元標和其他諍諫者並非對他盡忠，而是出於自私自利，即所謂「訕君賣直」。[39]這些人把正直當作商品，甚至不惜用誹謗訕議人君的方法作本錢，然後招搖販賣他正直的聲望。

這種看法不無事實上的根據。有些文官熟讀詩書，深知百世流芳之說。他們可以找到一個題目，寧可在御前犯不敬之罪，今日受刑，明日名揚史冊。這樣的做法，說明了忠臣烈士的名譽，確乎是一種高貴的商品。否則，何以有許多人願意付出這樣昂貴的代價，放棄經過千辛萬苦掙來的進士出身，繼之以血肉甚至生命去追求？

既有這種人物具有這樣看法，則內閣首輔雖然承認現實，卻又不能放棄理想。

申時行決心做和事佬，他的誠意得到了某些文官的尊重，但並不能爲全部人士所諒解。他有時被批評爲張居正的循吏，有時則被指責爲「首尾兩端」，卽遇事左顧右盼，缺乏決心。[40]但是申時行卻並不因這些批評而改變作風。旁人處在他的地位上，可能採取比較直接了當的硬性辦法。申時行之「蘊藉」，半由天賦，另一半則因爲在前任和後臺那裡得到的教訓。張居正死後被參，家產籍沒，子弟流放，如果他仍然按照張的作風辦事，至少也是沒有頭腦。今日他端坐在文淵閣中張居正留下的公案後邊，當然不能忘懷張居正當年的神情氣概。這位烜赫一時的首輔，確乎把他申時行當作門生和屬吏。但也正因他申時行能夠虛心下氣，才有進步成長的機會，而終於成爲張居正的繼任人。

他的前任和後臺是一個聰明絕頂的人物，能夠記憶千頭萬緒的詳情末節，同時又極能了解各種人事的機微。在隆慶皇帝去世的時候，幾乎所有的廷臣都厭惡高拱，而對張居正表示好感。[41]甚至他爲了獲取首輔的地位，不惜與大伴馮保周旋，並以此得慈聖太后的垂青種種情節，也得到同僚的諒解。一五七二年他開始爲文淵閣主人，確實是一帆風順。然而在十年之後竟身敗名裂，成爲歷史上一大悲劇的主角。申時行對這一悲劇的內容十分了然，張居正的根本錯誤在自信過度，不能謙虛謹慎，不肯對事實作必要的讓步。申時行生平不願宣揚別人的缺點，對於提拔自己的人，更不會妄加批判。他只是從這悲劇的內幕中得到了教益。

張居正的十年新政，其重點在改變文官機構的作風。這一文官制度受各種環境之累，做事缺乏條理。張居正力圖振作，要求過於嚴厲，以致抗拒橫生。在他有生之日，他猶可利用權勢壓制他的批評者，可是一旦身故，他的心血事業也隨之付諸流水。

加強行政效率乃是一種手段，張居正的目的，在於國富兵強。理財本來也是他的專長，但就是在此專長之中，伏下了失敗的種子。這其中有很多複雜情況，是爲外人所未能深悉的。

這種複雜性首先見於稅收。本朝一千一百多個縣，表面上看來都是相等的行政單位，但實際每縣稅糧總數不僅不同，而且相去極遠。在多種情形下，總數一經規定，就因襲而不加修改。一個富裕的縣分，其稅糧總數可以是一個窮僻縣的三百倍到五百倍之間。[42]

當一個縣官詳細察看他的轄區時，他更可以發現很多難以置信的事實。這足以證明我們所稱的制度，往往只是一個理想。比如說，官方所用度量衡和民間所用的就有大小的不同。又比如，很多縣分的耕地幾個世紀都沒有作過系統的丈量，其間有的增加，有的減少，甚至該地區的地形都有了改變，過去所定稅糧數額，可能已與現在實際情形大相逕庭。至於土地的所有權，經過幾易其手的典押，有時也難認淸誰是眞正的地主。

有些縣分的稅額很低，粗粗一看，似乎必須提高稅額，至少這樣的縣分再也不應該有稅糧的積欠。但實際情形是，由於原來稅額低，不少農民已升爲地主，而這些小地主，多係自耕農或半自耕農，仍去饑餓線不遠，他們的生活與農村富裕的地主和居住在城市的地主當然不可同日而語。這也就是說，低稅的實惠，早已爲當地人視作當然，成爲生活中不可缺少的因素，欠稅欠糧的事情，不能因全縣稅低而遏止。

有些縣分的稅糧比較高，這就更不可能如數進入倉庫。在一般情況下，收稅達到一定的稅額，例如某縣已徵收了稅額的百分之六十，則再催徵其餘的百分之四十極端困難。卽使富裕的地主也會仿貧窮的自耕農拒不納糧。他們根據多年經驗，知道一個縣官無法長期和成百成千以拖拉方式拒不納糧的戶主抗衡。舊稅未淸常常是新稅之累，所以官方只好用種種名義把未收的部分減免，其後果就等於鼓勵拖欠而拒不納稅。縣官對欠稅的戶主沒有別的辦法，只能拘押一些人在官衙前拷打，以爲其他欠稅者戒。然而這些欠稅人也另有對付的辦法，他們可以賄賂衙役，雇傭一批乞丐代他們挨打，稱爲「倩人代杖」。[43]南直隸蘇州府向稱魚米之鄉，就是這樣的一個典型地區。申時行生長於蘇州吳縣，對這些情況已司空見慣。張居正自然也深知此中積弊，所以他給別人的一封信說蘇州以賴糧著名，「其鄉人最無賴」，此地可稱「鬼國」。[44]

百姓繳納稅糧，在規定數字外尚有所謂「常例」，即各地方官按照習慣收入私囊的附加，縣官如此，以下村長里長甲長也無不如此。地方官向上繳納稅金稅糧，總是先扣常例，至於稅額是否如數，則是另一回事。[45]

張居正擔任首輔的時候，他用皇帝的名義責令各府各縣把稅收按照規定全部繳足，這一空前巨大的壓力爲全部文官所終身不忘。批評張居正的人說，他對京城和各地庫房中積存的大批現銀視而不見，還要用這樣的方式去斂財，必然會逼致地方官敲扑小民，甚至鞭撻致死。這種批評也許過於誇大，但是張居正的做法和政府一貫所標榜的仁厚精神相背，卻也是事實，同時也和平素利用鄉村耆老縉紳所行「間接管制」的形式不符。這種間接管制雖然行政效率極低，實際上卻爲事勢所需，它在成萬成千農民之間解決了官方鞭長莫及的難題。

張居正還有一個錯誤，則是他忽視了文官集團的雙重性格。固然有很多官僚憑藉特權，引用私人，扶植地主和高利貸者的利益。但是「四書」所楬櫫的、爲文官集團所標榜的宗旨，也並不全是口頭禪。如導之以誠意，一些有責任感的年輕人如鄒元標輩，又眞能不顧一己安危榮辱，爲仁民愛物的宗旨拚命。這種自我犧牲的精神，能在存亡於膚髮之間擊退北方游牧民族的內犯，也能在萬苦千辛中修復黃河的決堤。他們經常批評萬曆皇帝，其用心也未必眞是「沽名賣直」，而是他們深知自我犧牲，必須得到皇帝的肯定和合作，才能使億萬百姓沾惠受益。他們之所以攻擊張居正，也正因爲在他們心目中，張居正的措施放棄了古聖先賢的宗旨，而是急功好利，企圖以世俗的行政效率來代替這種偉大的精神，最終必然窒礙難行，落一個引用私人的下場。

從客觀條件來看，張居正之引用私人，是無法避免的。以我國幅員之大，交通通信又極落後，任何有能力的內閣，也不能對各種地方官有周密的了解和實際的控制。張居正一心改弦更張，十年「專政」之後，各地稅額並沒有調整；地方政府仍然無法管理農村；官吏薪給之低，依然如故。總之，這種維新不過是局部的整頓，而非體制上的變革。張居正本人認眞辦事，一絲不苟，他親自審核政府的帳目，查究邊防人馬的數額，下令逮捕犯法的官吏，甚至設計各種報表的格式，規定報告的限期。他所派遣的總督和任命的尚書個個精明能幹，然而他們的誠信仍有問題。因爲撇開他們本身不說，他們屬下的低級機構，依然處於各種各樣不合理條件之下，離開了權術，這些高級官員也無精明能幹之可言，而權術又總是和誠信背道而馳的。[46]

在名義上張居正是皇帝的顧問，並無決策和任免的權力。爲了貫徹自己的意圖，他經常以私人函件的形式，授意於他親信的總督巡撫，要他們如此如此地呈奏皇帝，然後他以內閣大學士的身分票擬批准他自己的建議。爲了鼓舞親信，他有時還在函件上對他們的升遷作出暗示。這種做法，實際上是以他自己作中心，另外形成一個特殊的行政機構，以補助正常行政機構之不及。這在旁人看來，就是上下其手；以氣節自負的人，更不願向他低頭，以免於趨附權勢的譏訕。

張居正的全套措施，徹底暴露了這一大帝國中央集權過度的不良後果。在下層行政單位間許多實際問題尚未解決以前，行政效率的增進，必然是緩慢的、有限度的。強求效率增高，超過這種限度，只會造成行政系統的內部不安，整個文官集團會因壓力過高而分裂；而糾紛一起，實際問題又會升級成爲道德問題。

張居正既不能擲開文官集團而自起爐灶，他的所作所爲也就無法避免矛盾。舉一個例子說，他個人物質生活的奢華惹人議論至多。數年之前，小皇帝萬曆聽說張先生要改建住宅，增修一座閣樓以便懸掛御筆，於是就親自下令由內庫撥發白銀一千兩以爲資助。[47]因爲在小皇帝的心目中，他的老師官俸並不豐厚。但是張居正去世之後，萬曆皇帝才聽說北京張宅的增修費用，竟爲白銀一萬兩。更令人驚訝的是北京張宅剛剛修造完畢，湖廣的江陵立即出現了一座規模相同的張宅，主其事者是錦衣衛的一個龐姓軍官，建造的費用不消說來自官庫。張居正獲悉此事，自稱於心不安，但並沒有毅然拒絕這些小人的阿諛奉獻。

接踵而來的就是湖廣的地方官動用公款先後建造三座石坊以頌揚張居正的功業。次之則張居正以整理驛傳作爲他自己的一大政績：當時政府設立的各個驛站，照例對來往官員供應車馬食宿，他花費了很大的心血，務使眞正有公事的人，才受驛站接待。凡家屬旅行，或以私藉公，需索驛站者，查出後立加嚴懲。但是張家的僕人甚至親友的僕人卻可以任意向地方官需索車馬船隻，並及於扛抬行李的夫役。張居正要求其他官員勵行節儉，但是他卻不能以身作則，這當然不能不貽人以口實。上述情形，也許可以推說爲下人蒙蔽；然而他在私人函件中屢次提到他親信的文官曾向他贈送貴重的「禮物」，包括現金和田地，這就不僅使他無法自解，也使對他同情的人不能置辯。[48]也許在他看來，他自己的奢華和別人的節儉不過是因地位不同而各有本分；但是在他的政敵的心目中，這就是言行不一的一大證據；即在一般人看來，這至少也是道德上的瑕疵。這些地方也使萬曆喪失對元輔老師的一番尊敬，因爲事實具在，不像「謀逆篡位」一套罪狀，雖然嚴重，卻令人難於置信。

張居正的最後幾年裡，對他的批評者非常敏感，而對有名的文士尤甚。這些名士生平只知用華美的文章大言欺人，決不會對他崇實的作風起好感；因之他也就視此種人爲寇讎。如果申時行有機會對他的前任和後臺老板發牢騷，他一定會指出張居正對待這般人的態度未免過分，而且由此而牽累了自己。因爲在這些人眼中，他總是張居正的私人。平心而論。張居正對待一般文人，確乎過於偏激而有失寬厚。這些撰寫文章的專家根據「學而優則仕」的原則，認爲他們的詩詞歌賦是贏得厚祿高官的資本。張居正縱使因爲他們沒有濟世之才而加以擯斥，也不妨採用比較溫和的方法敬而遠之，不去觸怒他們。

例如王世貞，是本朝數一數二的散文大家，又和張居正同年得中進士，按理說應該情誼深厚，然而情形卻不是這樣。王世貞一心想做尚書，多次主動向張居正表示親近，替他的父母作壽序，又贈送了許多禮物，包括一件極爲名貴的古人法書。但是張居正卻無動於衷，反而寫信給王世貞，說什麼「才人見忌，自古已然。吳干越鉤，輕用必折；匣而藏之，其精乃全。」[49]前兩句恭維，其後則把王比作脆弱而不堪使用的武器看待，只能擺在盒子裡讓人讚賞他雕鑄之美，卻不能用以斬將搴旗。王世貞當然不會忘記這段羞辱，他日後爲他的同年作《張公居正傳》時，也就以牙還牙，行間字裡，酸辣兼備；其中提及申時行，也多輕蔑之語。

還有一個文壇健將汪道昆，湊巧也是張居正的同年，他官至兵部侍郎，有一筆由他經手的邊防公款，經監察官查核認爲帳目中有不實之處；而汪提供的報銷，卻用華麗動人的散文寫成。張居正對此事極感不滿，他鐵面無私地在一封信上指出「芝蘭當路，不得不鋤」。[50]汪侍郎雖有芝蘭之美，然而卻開放在衆人行經的道路上，管理公路的員工張居正就不得不把這名花異卉一鋤斫去。這封信剛剛寫完，汪道昆就被迫退休。

張居正開罪於文人有如上述二例。這也表現他雖爲首輔，卻沒有認清文官集團還有另一種雙重性格。在他執政的時代，從名義上說，文官還是人民的公僕，實際上則已包羅了本朝的出色人物，成爲權力的源泉，也是這一大帝國的實際主人。張居正按照過去的眼光仍然把文官集團當作行政工具，對其中最孚衆望的人物不加尊敬，就使自己陷於孤立的地位。直到危機四伏之際，他才發現了這一點，並且引用佛家經義，作爲自己精神上的解脫，說是：「如入火聚，得清涼門。」[51]既能在狂燎烈焰之中有冰凝水靜的感覺，則他雖尙在人間身居首輔，卻已經把自己當作烈士看待了。

申時行沒有做烈士的決心。他坐在前任的書案之後，認爲張居正當年如能避免各種錯誤，他就沒有自我犧牲的必要。申時行記得清楚：在萬曆初年大家對張居正還心存欽慕，但他們並沒有責成這個首輔捨棄舊章，創造一個新的行政系統。他們心目中的大政治家，應當以個人的聲望來調和各種極端。在一般情形之下，他需要用明確而堅定的態度處理公務，但這標準只能維持到一定的限度；事態的發展逾於限度之外，就要用恕道來原諒各人的過失。首輔的最大貢獻，則在於使各種人才都能在政府中發揮長處。大才小才，庸才劣才，全部如是。對他們起感化和領導的作用，卽爲申時行所稱的「誠意」。[52]

除非把全部文官罷免，而代之以不同的組織和不同的原則，身爲首輔的人只能和文官合作，按照他們的共同意志辦事。申時行沒有忽略文官的雙重性格：卽雖稱公僕，實係主人；有陽則有陰。他必須恰如其分地處理此中矛盾。時勢要求申時行充當和事佬，他就擔任這樣的角色，至於別人的評論如「首尾兩端」之類，就只能付諸一笑。

申時行下決心當和事佬，固有以上的理論及經驗作背景，但也與個人利害有關。他在初任首輔的兩年內，曾一再感到風雨飄搖。當日凡被目爲張居正的私人，都要費一番心力，爲自己洗刷。申時行固然有忠厚長者的聲名，但是他與張的密切關係，也早爲人所共知。縱使他是當今皇上老師，亦於事無補。這時候萬曆皇帝年已二十一歲左右。嘴唇上和頷下已長出了稀疏的短鬚，儼然一個成年人了。他聲稱過去被人愚弄，今後當徹底地獨立自主。皇上要振作，當然是好事；然則他的動機卻出於疑忌。這又增加了左右大臣職務上的危險性。

申時行也很清楚地看到，在他前任八個首輔中，只有李春芳和張四維可謂能全始終，其他翟鑾、夏言、嚴嵩、徐階、高拱和張居正六人，或遭軟禁，或受刑事處分，或死後仍被追究。[53]表面看來，所有處分都出自皇帝的旨意，其實所有案件，無一不產生於文官集團中的矛盾。首輔或是在政策上遭到多數人的反對，或是個性太強而引起嫉妒和仇視。技術上的爭端，一經發展，就可以升級擴大而成道德問題，勝利者及失敗者也就相應地被認爲至善或極惡。

在一五八三年的夏天到一五八五年的夏天，申時行似乎感覺到有一個政治上的黑箍套在自己腦袋上，而且一天比一天加緊。反對他的以年輕的京官居多，只是因爲他們還沒有完全摸清皇帝對申先生的眞實態度，一時不敢造次，但是攻擊已經逐漸展開。他們首先質問：張居正的四個兒子，三個得中進士，其中兩個入翰林院，申時行當日爲會試的主試官之一，難道和他沒有關係？這一質問沒有動搖申時行的地位。他們接著又建議，今後大學士的兒子一律不得參加會試，這矛頭顯然是針對申時行的長子申用懋。再接著他們又彈劾吏部尚書楊巍，說他用人辦事都逢迎內閣旨意，言外之意乃是首輔專權跋扈。這兩次攻擊依然無效，但是他們參劾禮部尚書徐學謨卻取得成功，徐被迫去職。參劾者表面上的理由是他在選擇皇帝陵墓的地址時，沒有廣泛地聽取堪輿專家的意見，以致沒有選到眞正的吉穴，但眞正原因乃是徐學謨已被視爲張居正的私人，而他在最近又把女兒嫁給申時行的次子申用嘉。[54]

這種攻擊是經過深思熟慮，按照預定步驟進行的。整個方式可以稱爲「去皮見骨」。攻擊者常常從一些小事開始，諸如一句經書的解釋，一種諧音的諷刺，一張不署名傳單的內容，一個考題的不當等等，有時也可以在奏章上提出一個冤案，參劾一個不知名小官的家庭瑣事，或者以論水利和研究馬尾巴發難引出本題。利用這些小事可以促使公衆注意，引起文官參加，假以時日，使小事積累而成大事，細微末節的局部問題轉化而成爲整個道德問題。

在程序上講，發展中的步伐則須前後銜接，第一步沒有收到效果之前決不輕率採取第二步。而且出場交鋒的人物起先總是無名小卒，直到時機成熟才有大將出馬。這種方式，大凡久在政治圈子裡的人物，都已看透，他們可以從青蘋之末，預測大風暴的來臨。

面對這布置周詳的攻擊，申時行險些垮臺；再加以高啓愚一案，他更被拖到了懸崖邊上。然而出人意料之外的乃是他頂住了這種攻擊，在這危機中搖而不墜，以後重又站穩了腳跟。這是申時行生活史上的一大勝利，使他的政治地位更趨鞏固。

高啓愚出身翰林院，曾任南京和北京的國子監祭酒，相當於國立大學校長。由於申時行的推薦，他以禮部右侍郎的身分充任皇帝的經筵講官。按照過去成例，他之被任爲大學士已是指日間事，和申時行一樣，他還很可能成爲來日之首輔。只是高啓愚命運乖違，正在官運亨通之際，忽然被人檢舉。幾年之前他主持應天府鄉試所出試題「舜亦以命禹」，這時被認爲宣揚禪讓，即是恭維張居正有神禹疏鑿之功；在有德者則君臨天下的前提內，這也就是向張勸進。這一攻擊既陰險又毒辣，因爲它正中皇帝心理上的要害。攻擊者預料，高啓愚爲申時行提拔，在這嚴重罪狀面前，申必然要出面爲高辯護，於是就可以順水推舟地搞垮申時行。果然計出如神，案件一發動，申時行出面爲高啓愚辯護。攻擊者按照原定部署參劾申時行，又如預料申被參離職家居待勘，二輔許國代理閣務。許國又爲申時行辯護，過幾天也被參劾，也同樣在家聽候處理。

只是攻擊者沒有預料到，這一場大風波使萬曆皇帝作了長時間的考慮。他把種種跡象聯繫起來，逐漸明白了這些檢舉參劾的眞實用意。何以這群「保皇黨」當初在高啓愚出題勸進的時候一言不發，今日張居正已經倒臺卻又振振有辭？可見他們也另有其「陰」。他們之中的好幾個組織者都是三輔王錫爵主持會試的門生，如果搞垮申時行和許國，卽可以擁護王錫爵擔任首輔。事不湊巧，王錫爵表示了充分的明智和冷靜，他不接受這樣的擁戴，反而向萬曆皇帝上書稱讚首輔申時行「泊然處中，重國體，惜人才」。

於是聖意乃決，申時行和許國都被挽留。皇帝特遣的宦官到兩位閣老家裡央請他們出來視事。攻擊者因之不能再加置喙。但是爲了保持文官間的平衡，也爲了繼續鼓勵監察官盡忠報國，對攻擊首輔的人也不便過重處罰。直到數月之後風波平息，萬曆才把其中最激烈的分子各降三級，首先參劾高啓愚的御史，也調到外省；至於高啓愚爲生事之端，卽使從輕處理，也不能認爲全無過失，可以令之置身事外，乃以「出題謬妄」的罪名，被褫奪文官身分和以前恩賜的祖先誥命。

張居正一案的餘波，到此才完全結束。故太師的頭銜既然被褫，家產也已沒收，兒子進士翰林的名稱又經一筆勾消，今後卽再暴露他所培植的私人亦不能使皇帝激動，自此朝廷內的文官若還要互相攻擊，則必須另找新的題目來做文章，而不能再在張居正的驕奢無道或窺竊神器上大加發揮了。

等到這一案完全結束之後，申時行才有機會平心靜氣地研究事情的眞相。在所有反對他的人中，眞正關心張居正的兒子如何進入翰林院以及皇帝陵墓風水好壞的恐怕很少，甚至借這個題目可以擁戴首輔以便自己升官的也不會太多。應該注意的乃是張居正本身是一個令人感情激動的題目，只要一提起他的名字，就立刻引起很多人氣憤，因此反對者不一定要費很大的氣力，卽可以利用各文官間對故太師的反感，排斥他所接近的人，如侍郎兼講官高啓愚，禮部尚書徐學謨和他申時行自己。

爲什麼張居正這樣令人痛恨？原因在於他把所有的文官擺在他個人的嚴格監視之下，並且憑個人的標準加以升遷或貶黜，因此嚴重地威脅了他們的安全感。這些官員之間關係複雜，各有他們的後臺老板以及提拔的後進。他們又無一不有千絲萬縷的家族與社會關係，因之得罪了一個人，就得罪了一批人，也就得罪了全國。這正如他同年王世貞所說，張居正一套偏激的辦法，是和全國的讀書人作對。[55]

張居正又錯誤地使用了獬豸這一動物。監察官是徵集輿論、平衡陰陽、在公益和私利中找到折衷的工具，元輔張先生卻用它來推動自己的政策。御史和給事中只檢舉對他不利的人物，不糾察他的行政，這種情況使他們與特務警察無異。因之張居正雖沒有獨裁者的權位，卻有了獨裁者的神通。在他執政之日如果沒有這種普遍被壓抑的恐懼和怨恨，以後的反張運動就不會引起這麼多的同情，動員這麼多的力量，產生這麼多的枝節。

一五八五年，萬曆皇帝決心將張居正一案作爲歷史看待。申時行也決心防止這樣的政治波瀾再來掀動本朝的上下機構，他呈請皇帝停止張居正所制定的考成法。爲了有效地管制全國各府縣，這一考成法規定各科給事中按年月記載各地方官的政績，其標準爲欠稅是否能夠追繳，盜匪是否能夠擒獲。官員前案未結，就不許升遷離職，甚至有些已經退休或正在養病的官員還要被傳詢答覆問題。

現任首輔申時行認爲這種方法有欠公允。因爲稅收能否如額徵足，有許多方面的原因，而不完全決定於縣令府尹的能力和辦事精神；匪盜就擒或漏網，更多出於偶然的機會，如果上官不顧困難，一味逼迫下屬，下屬又逼迫兵丁捕快，就會促成許多嫌犯屈打成招，這也不是清明寬厚的本朝所宜有。萬曆聽罷首肯。[56]這樣，張居正時代惟一有組織性的條例也就此撤銷。

爲了表示胸襟開闊，申時行對參劾過自己的官員概不追究，甚至還建議其中的幾位官員晉級。另一件出人意外之事則是他替鄒元標說好話。這一位鄒元標，除了上書觸怒聖顏以外，還幫助反對申時行的一派逐走了他的兒女親家徐學謨。萬曆本來想重辦鄒元標，申時行出來討價還價，終於使鄒沒有受到廷杖，僅以除籍了事，而在鄒元標離職以後，申時行還在設法使他能第二次被召復職。

一五八七年又值京察之年，這是一個極好的機會可以宣揚他作爲大政治家的誠意。京察每六年舉行一次，全部京官都將被考核。各地巡撫由於帶有都察院御史的頭銜，所以也同於京官在考核之列。與他前任一五八一年的原則相反，申時行力主人事上的穩定。隨卽消息傳來，政府讓大小官員各安其位，於是衆心欣慰。京察的結果，由進士出身的職官只有三十三人降級或罷免，而且這三十三人，[57]沒有一個出於吏部、都察院或翰林院這些傳統上最富敏感的機關。這種恕道穩定了文官集團的情緒，也穩定了首輔自己的地位，他被衆口交譽爲老成持重，有古君子之風。

他和萬曆之間的關係也越來越好，概言之，卽已經由協調進而爲親密。冊封萬曆的寵妃鄭氏爲皇貴妃時，他被委爲正使之一；又奉派爲總攬大峪山今上陵寢的建築工程，並已到施工之處巡視多次，一次在嚴寒，一次在酷暑。一五八七年，他報告一切進行都很順利。萬曆龍顏大悅，特賞首輔申時行織有雙喜字的錦緞一匹，讓他製成新衣，以供閱陵時服用。

在皇帝的心目中既已取得了很高的信用，申先生又能以他高超的勸說能力，委婉地請求今上放棄他禁中內操，即在皇城中訓練以宦官編成的軍隊，並同意不再隨便出城巡閱，管束職掌特務的宦官張鯨。這些事情，如果不是申時行採用恰當的方式調停，很可能造成皇帝與百官間的衝突。因爲在這些地方，文官們有他們堅定強硬的看法，要是他們一定要以道德的名義在御前諍諫，言語衝突之餘，萬曆一動反感，很可能導致一意孤行。申閣老防患於未然，確已盡到從中調濟的職責。

反對申時行的則仍稱他爲妥協，一味只顧目前適用，放棄原則。申時行當然有他的辦法答辯。他表示，要是不恢復百官間的彼此信賴，怎麼可以使他們大有作爲，爲皇上推行開明的政治？

管理我們這樣一個大帝國，在許多問題上一定是要生罅隙的。張居正以整飭紀律自居，而實際上他是強迫要求各人保證不生罅隙。申時行用恕道待人，又鼓勵誠信，就是期望各人自動地各盡其能地補救罅隙。申時行的立論並非沒有理由，但是從他四年內在文淵閣執政的紀錄上看，其成功的希望至爲微小。

推廣誠意的方式是經常不斷地舉行禮儀，講解「四書」和其他經史。然而最近以來，申時行已經不能勸說萬曆皇帝出席他應該主持的禮儀，經筵也久被擱置。申先生內心明白，經過張居正事件之後，皇帝對各種告訐、爭論和答辯已經不感興趣，他對一切都取懷疑的態度。因爲他從小束髮受教，就聽說「王者無戲言」，天子應對一切事物認眞，更要在一句一語之間，相信親信人的話。而現在看來，每個人都是說管說，做管做，兩不相干，這又何怪乎他懷疑一切？他之所謂「訕君賣直」，就表示他已經知道凡事都有其明暗陰陽。他對廷臣要求他爲堯舜之君的說法不加反對，因爲這是「四書」中的準則，又是祖先的訓示，不容置辯。可是以他的聰明敏感，誰又能夠保證他在內心深處，沒有把這種要求當成臣下爲他設置的羈絆？

皇帝放棄誠意，使申時行至爲不安。然而他沒有更好的辦法，只好自己堅持信心，靜待時機的好轉。可是無情的時光，究竟還有多少能讓申時行安排和等待呢？一五八七年，即萬曆十五年的秋天，他作爲首輔已四年有半，今後還有四年，他仍爲文淵閣的首長。在他不知不覺地用盡了命運爲他安排作首輔的全段時間，太傅兼太子太師左柱國中極殿大學士申時行即使想再在文淵閣多留一天，也是不能爲時勢所容許的了。

注釋

1 《神宗實錄》，頁六一一。

2 《穆宗實錄》，頁一五九七～一五九八；《神宗實錄》，頁一五三、九二七、一四三五、九八七七；《國朝獻徵錄》，卷一七，頁一四五。《明史》，卷二一八及《明代名人傳》，頁一一一八，只說明了申時行在翰林院的官職，而未提及他與萬曆間長期的師生關係。

3 萬曆賞賜給申時行的禮物，《神宗實錄》中屢有記載，如頁三四五八、三四七三、三五四九、三五六五。

4 《大明會典》，卷五二，頁一～五；《春明夢餘錄》，卷九，頁一～二二、卷三二，頁一一～一八。

5 有關經筵的各種故事，可參看《春明夢餘錄》卷九。本文的敘述是關於經筵的一般情況，有的且發生在萬曆朝之後，如皇帝交膝即為崇禎的事情，當日講官為文震孟。

6 《春明夢餘錄》，卷九，頁八～一〇。

7 《神宗實錄》，頁三三六～三三七、三四二、三六六九；鄭曉著《今言》，卷一四七，頁一四；《春明夢餘錄》，卷九，頁八～九；《倪文正公年譜》，卷四，頁二五～二六；de Bary, *Self and Society in Ming Thought*，頁四四一。

8 正德對付講官的方法，見《繼世紀聞》，卷九一，頁一〇。

9 《春明夢餘錄》，卷九，頁二、卷二三，頁一；《震澤長語摘抄》，卷一二五，頁一〇；彭時著《筆記》，卷一二六，頁八；Hucker, *Censorial System*，頁一〇九，"Governmental Organization"，頁二二。內閣職責亦見於 *Taxation and Governmental Finance*，頁七。

10 例如本書第七章所提到的耿定向，即以早朝為苦，見《明儒學案》卷三五。

11 《湧幢小品》，卷一，頁一九，所記雖非萬曆朝事，但此種情形則屬普遍。

12 《神宗實錄》，頁三七一八。

13 《神宗實錄》，頁三三二八、三四六〇、三五七二。

14 《神宗實錄》，頁三三三三～三三三六。

15 《神宗實錄》，頁三三六九、三三七六、三四四一。

16 《賜閑堂集》，卷四，頁八。

17 《皇明經世文編》，卷三八〇，頁一一。

18 《神宗實錄》，頁三六三三～三六三四。

19 《神宗實錄》，頁二五三一、三〇三二；《明史》，卷二一九，頁二五三四。

20 《國朝獻徵錄》，卷一七，頁八三～一〇七；《明史》，卷二一八，頁二五二五～二五二六。《賜閑堂集》，卷一九，頁五，申時行也自稱其為人易於和人相處。

21 《世宗實錄》，頁八三六六、八三六九。

22 《國朝獻徵錄》，卷一七，頁八三、一四五。錢穆著《國史大綱》，頁四九三，曾對翰林院的工作有所敘述。

23 《神宗實錄》，頁三三九二～三三九三。

24 《皇明經世文編》，卷三八〇，頁一〇。

25 Hucker, "Governmental Organization"，頁一九；*Censorial System*，頁三四、三五。

26 文官的員額總數，據《今言》，卷一四五，頁四一，所記十六世紀上半的情形估計，京官數額則據各項報告，雜記由筆者估計。

27 關於官員的服飾，見《大明會典》，卷六一，頁一二～一三。申時行賜蟒，事見《神宗實錄》，頁二四四九。

28 何炳棣 *Ladder of Success*。參見 Hucker, "Governmental Organization"，頁一三～一五，*Traditional State*，頁一五～一六。

29 《大明會典》，卷六，頁一一。

30 《神宗實錄》，頁三二九六～三二九八。

31 《治世餘聞》，卷八九，頁二、七。

32 《神宗實錄》，頁二八七一。

33 《皇明經世文編》，卷三八〇，頁一〇～一一。

34 《四友齋叢說摘鈔》，卷一七八，頁九二。

35 《憲宗實錄》，頁一四九九，《日知錄集釋》，卷三，頁八五。

36 *Taxation and Governmental Finance*，頁六〇、六四。

37 《大明會典》，卷一二、一三；《春明夢餘錄》，卷一四；Hucker, "Governmental Organization"，頁一五～一六。

38 《神宗實錄》，頁二六四五～二六四六、二七一一；《明史》，卷二四三，頁二七六四。《明代名人傳・鄒元標》稱鄒之去職係得罪申時行之故，此係據《明史》，與其他資料不符，參見《神宗實錄》，頁二七一二。

39 《神宗實錄》，頁三四三五。

40 「首尾兩端」的批評，原見於《賜閑堂集》，此據謝國楨《黨社運動考》，頁二八轉引。

41 《國朝獻徵錄》，卷一七，頁六七；《賜閑堂集》，卷四〇，頁二一；《明史》，卷二一三，頁二四七九。

42 《日知錄集釋》，卷三，頁六二～六三；*Taxation and Governmental Finance*，頁一五五。

43 《天下郡國利病書》，卷六，頁八九；*Taxation and Governmental Finance*，頁一四七。

44 《張居正書牘》，卷三，頁二一。

45 《海瑞集》，卷四八，頁九；*Taxation and Governmental Finance*，頁一五二、一八五。

46 關於張居正執政的情形，可參看《明代名人傳》；《明史》，卷二一三；《明史紀事本末》，卷六一；朱東潤著《張居正大傳》；唐新著《張居正新傳》。

47 《神宗實錄》，頁四四二。

48 《張居正書牘》，卷一，頁九、卷二，頁五、卷三，頁二、卷四，頁一五、卷五，頁七。

49 《張居正書牘》，卷六，頁二一～二三。

50 《張居正書牘》，卷二，頁一七。

51 《張居正書牘》，卷二，頁一六。

52 申時行的這種態度，他的書牘中即有所反映，見《皇明經世文編》，卷三八〇，頁一〇～一一、卷三八一，頁九。

53 《明史》，卷二一〇，頁一三七六～一三七九；《神宗實錄》，頁四一〇〇。

54 《神宗實錄》，頁二五一一、二五一四、二五一七、二六一八、二六五三、二七四七～二七四八、二七五一～二七五四、二八〇六～二八〇七、二九八六～二九八九。

55 《國朝獻徵錄》，卷一七，頁六九、七五、八七、九四；*Taxation amd Governmental Finance*，頁二九九。

56 《皇明經世文編》，卷三二四，頁二三～二四；《神宗實錄》，頁三〇八四～三〇八五。

57 《神宗實錄》，頁三三九五、三四五六；《明史》，卷二八五，頁二五九七；謝國楨著《黨社運動考》，頁二九～三〇；《春明夢餘錄》，頁三四、五五。

第三章

世間已無張居正

張居正的不在人間，使我們這個龐大的帝國失去重心，步伐不穩，最終失足而墜入深淵。它正在慢慢地陷於「憲法危機」之中。在開始的時候這種危機還令人難以理解，隨著歲月的流逝，政事每下愈況，才眞相大白，但是恢復正常步伐的機會卻已經一去而不復返了。[1]

以皇帝的身分向臣僚作長期的消極怠工，萬曆皇帝在歷史上是一個空前絕後的例子。其動機是出於一種報復的意念，因爲他的文官不容許他廢長立幼，以皇三子常洵代替皇長子常洛爲太子。這一願望不能實現，遂使他心愛的女人鄭貴妃爲之悒鬱寡歡。另外一個原因，則是他在張居正事件以後，明白了別人也和他一樣，一身而具有「陰」、「陽」的兩重性。有「陽」則有「陰」，既有道德倫理，就有私心貪慾。這種「陰」也決非人世間的力量所能加以消滅的。於是，他既不強迫臣僚接受他的主張，也不反對臣僚的意見，而是對這一切漠然置之。他的這種消極怠工自然沒有公然以聖旨的形式宣布，但在別人看來則已洞若觀火。

皇帝決心以頑強的意志和臣僚們作持久的對抗，臣僚不讓他立常洵爲太子，他也不立常洛爲太子，甚至不讓常洛舉行冠禮以便向翰林院的官員就讀。像這樣，雙方堅持達十年之久。迫於強大的輿論壓力，他不得不放棄自己的打算。但是他的屈服是帶著仇恨的。皇長子被封爲太子，皇三子被封爲福王到河南之國，從此皇帝的心靈上就留下了永久的傷痕，他的臣僚再也沒有機會能使他按照他們的意志執行他的任務了。皇帝仍然是皇帝，但是再也不願意做任何事情使他的文官快意。像這樣又二十年。

各種法定的禮儀照常舉行，但是皇帝已經不再出席。高級的職位出缺，他寧可讓它空著而不派人遞補，使那些文官們除了極少數的人以外，已不再有升遷到最上層的希望。臣僚們抗議的奏章不斷向他提出，他也不加答辯。因爲他知道，只要在奏本上一加朱批，不論是激烈的駁斥還是冷靜的辯說，這些朱批和原來的奏摺都要送到給事中的辦公室裡傳抄公布，這就正好中了那批抗議者的下懷，使他們達到了沽名賣直的目的，而暴露了自己缺乏雍容的氣度。最合適的辦法就是把這些可惡的奏本留中，即扣押在宮內不加批示。

於是有良心的官員覺得無法執行他們的任務，只好提出辭呈。萬曆以同樣的態度對付這些辭呈，既不援例慰留，也不准離職。有的官員在忿怒之餘逕自掛冠而去，吏部建議對他們追捕而加以究問，萬曆同樣還是置之不理。到他臨朝的後期，某個文官自動離職就意味某個名位已被廢革，因爲不再有人補缺。

皇帝和他的臣僚熟讀詩書，知道經史典籍贊成臣下向無道之君造反。但這無道必須到達桀、紂的程度，即以極端的殘暴加之於臣僚和百姓。現在的萬曆皇帝卻並非如此，而且除了不理上述性質的文件以外，他照常批閱其他奏章。也就是說，他的消極怠工，放棄自己的職責，是有所選擇的，他自己可以理直氣壯地表示，他是在奉行道家「無爲而治」的宗旨。對於這種情況，臣僚們是找不到任何經典中的訓示來造反的。所以，不滿甚至憤激的情緒儘管不斷滋長，卻始終沒有發展成爲「誅獨夫」或者「清君側」的內戰。

皇帝的放棄職責並沒有使政府陷於癱瘓。文官集團有它多年來形成的自動控制程序。每到屬牛、龍、羊、狗之年，北京的會試、殿試照舊舉行；地方官和京官按時的考核也沒有廢止。派遣和升遷中下級文官，用抽籤的方法來決定。吏部把候補人員的名單全部開列，一個官員除了不得出任原籍的地方官或其父子兄弟的上下級以外，他將要出任什麼官職，決定的因素不是他的道德或才智，而是出於與事實無關的一根竹籤。對於這些例行公事，皇帝照例批准，大多數情況下則由司禮監秉筆太監代作朱批。

在御宇四十八年之後，萬曆皇帝平靜地離開了人間。他被安葬在他親自參與設計的定陵裡，安放在孝端皇后和孝靖皇后即恭妃王氏的棺槨之間。他所寵愛的貴妃鄭氏比他多活了十年。由於她被認定是國家的妖孽，她得不到任何人的同情。這十年，她住在紫禁城裡一座寂寞的冷宮中，和她的愛子福王永遠睽離。福王本人也是一個禍患，據說萬曆生前賜給他的莊田共達四百萬畝。由於成爲衆人怨望之所集，也沒有人敢爲他作任何辯解，證明這個數字已經被極度地誇大，而且大部田土已折銀，每年未逾二萬兩。[2]

奇怪的問題是，皇位的繼承問題早已解決，萬曆皇帝又龍馭上賓，而關於當年延擱立嗣的責任之爭，反較問題沒有解決的時候更加嚴重。每當提及往事，就有許多廷臣被捲入，而且舌戰之後繼以筆戰。這時朝廷中的文臣已經分裂為若干派別，彼此間無數的舊恨新仇需要清算，激烈的爭論則常常肇始於微不足道的衅隙。萬曆皇帝幾十年的統治，至此已經造成了文官集團中不可收拾的損傷。

皇帝是一國之主，他應當盡心竭力以保持文官集團的平衡。做到這一點是很不容易的，除了公正和不辭勞瘁以外，還需要超出尋常的精明能幹。針對文官的雙重性格，需要給予物質上的報酬使他們樂於效勞，也要動員他們的精神力量，使他們根據倫理道德的觀念盡忠國事。這兩項目標的出發點已有分歧，而皇帝能用來達到目標的手段也極為有限，概言之，不出於人事的升降和禮儀的舉行。

而萬曆皇帝的所作所為，正與此背道而馳。他有意地與文官不合作，不補官的做法等於革除了最高名位。他們鞠躬盡瘁，理應得到物質上的酬報，升官發財、光宗耀祖，此時都成泡影，使他們的畢生心力付之東流。再者，他又把倫理道德看作虛偽的裝飾，自然就不在這方面用功夫。很多把孔孟之道奉為天經地義的文官，至此也覺得他們的一片丹心已經成了毫無意義的愚忠。

表面上的寧靜通常是虛幻的，文官集團缺乏應有的和衷共濟，反而集中了無數的利害衝突，形成了一個帶有爆炸性的團體。在萬曆皇帝御宇的四十八年中，特別到了後期，大臣們已經看透了中樞無復具有領導全局的能力，也就不得不以消極敷衍的態度來應付局面。此類態度類似疫氣，很快就在文官中流傳，使忠於職守者缺乏信心，貪污腐敗者更加有機可乘。這種不景氣的趨勢越演越烈，使整個王朝走到了崩潰的邊緣。其所以能勉強維持，實在是因爲替代的辦法尚未找到。而像我們這樣龐大而歷史悠久的帝國，即使在不利的條件之下，僅憑慣性的作用也可以使這個王朝繼續存在若干年月。

這種氣氛，不消說令人悲觀。有一部分文官，即以後被稱爲東林黨的人，發憤要力挽狂瀾。他們的理想是，精神上的領導力量可以在皇帝的寶座之外建立。他們從小熟讀「四書」和朱熹的注釋，確認一個有教養的君子絕無消極退讓和放棄職責的可能，需要的是自強不息的奮鬥。這些以君子自許的人物，不論在朝在野，總是標榜自己的品德，而指斥和他們不合的爲小人。其後，這一派中的若干人被任命爲吏部和都察院的官員，職司百官的考察和彈劾。在定期的考核中，他們大刀闊斧地斥退他們心目中認爲萎靡不振的官員。

這種重振道德的運動，其標榜的宗旨固然極爲堂皇，但是缺少了皇帝的主持，其不能成功已在預料之內。皇帝也是人而並非神，即使他的意志被稱爲「聖旨」，也並不是他的判斷眞正高於常人。他的高於一切的、神祕的力量是傳統所賦予，超過理智的範圍，帶有宗教性的色彩，這才使他的決斷成爲人間最大的權威。如果官員們承認他的決斷確乎出於他自己而非出於佞幸的操縱，那麼卽使有欠公允，也可以使大家絕對服從。

東林黨當然不能具備這樣的絕對權威，更何況當日兩萬名身穿錦袍的文官，作爲一個整體，已經喪失了評定善惡的標準，僅憑這幾十個自許爲品德優秀的官員，反倒能訂出一個大家所承認的標準？這幾十個官員盡了很大的力量，要重新建立一種能爲別人所承認的道德倫理，結果卻事與願違。反對他們的，也同樣地使用了他們的治人之道，卽用道德倫理的名義組織他們的集團以資對抗。

萬曆的去世，失去了最後的緩衝因素。互相猜忌的小團體至此公開地互相責難。一連串的問題被提出來了：當初先皇對繼承人的問題猶豫不決，在中樞任要職的人何以不慷慨直言？王錫爵身爲首輔，居然同意先皇提出的三王並封的主張，卽皇長子常洛、皇三子常洵、皇五子常浩同時不分高下地並封爲王，這是何居心？要不是大臣們缺乏骨氣而作遷就，先皇何至把「國本」問題拖延得如此之久，致使後果難於收拾？據說鄭貴妃還有謀害皇長子的陰謀，何以不作徹底的調查追究？這些問題，沒有法律上的程序可供參照以找到答案，但是在感情上則帶有強烈的煽動性。提出問題的人自己也未必有尋根究柢的決心，而只是利用這些問題作爲控訴的口實，把食指指向反對者的鼻子，借此在黨爭中取得主動。

本朝的制度，應當說是不能聽任這種黨爭發展的。我們的司法制度極爲簡單，缺乏判決爭端的根據。即使是技術上的問題送交御前請求決定，也要翻譯成爲道德問題，以至善或極惡的名義作出斷語。在這種具體情況下，只有使全部文官按照「四書」的教導，以忠厚之道待人接物，約束自己的私心，尊重別人的利益，大事化小，小事化無，朝廷才能上下一心，和衷共濟。要是官員們口誦經典中的詞句，稱自己爲君子，別人爲小人，在道德的掩蓋下奪利爭權，這就是把原則整個顚倒了。這種做法會導致文官集團的渙散，進而導致我們的帝國無法治理。這不必等到一六二〇年萬曆的靈柩抬到大峪山下葬的時候才能明白，一五八七年申時行說的「自古國家未有如此而能長治久安者」，已經把這個道理說得十分淸楚了。

但是當日的申時行並沒有足夠的力量影響輿論，此後的影響則更爲微弱。皇位的繼承問題發生在他擔任首輔的時候，所以很多人都感慨在這緊張的幾個年頭之內，偏偏碰上了這樣一個軟弱無能的人做了文淵閣的首腦。

一五九一年申時行被迫去職的時候，輿論對他已經喪失了同情。這原因需要追溯到上一年，即一五九〇年。這一年之初，皇長子常洛只有足歲七歲半，但按中國傳統的計算方法，他已經九歲。這時他還沒有出閣講學，給很多廷臣造成了不安，擔心他長大以後不能和文官作正常的交往。但是出閣講學，他又必須具有太子的名義，否則就是名不正言不順。問題迫在眉睫，所有的京官集體向文淵閣的四個大學士施加壓力，要求他們運用自己的聲望，促使萬曆冊立常洛爲太子。於是，以申時行爲首的四個大學士向皇帝提出了辭呈，理由是他們無法向百官交代。[3]皇帝當然也不能接受他們的辭呈，因爲他們一去，就不再有人敢接受這個首當其衝的職位。

於是皇帝宣布，他無意廢長立幼，但是他不能接受臣下的要挾。他說，如果一年之內廷臣不再以立儲一事打擾他，他可以在一五九二年立常洛爲太子；如果再有人以此糾纏，立儲就要延後。在這一妥協的條件下，各位大學士回到文淵閣繼續辦公。

在這一年裡，群臣遵照萬曆的意見不再以立儲相催促，但卻都感到了氣氛的沉重，也有很多人懷疑申時行已經爲皇帝所利誘，而在運用他的聲望引導京官，使他們擁護常洵。一五九一年春天，萬曆打算授予申時行以太師，這是文官的最高職銜，即使是張居正，也只是在臨死前才得到了這樣的榮譽。申時行堅決辭謝，萬曆又提議賜給申時行以伯爵的俸祿，這也是沒有前例的。申時行又一次極其惶恐地聲稱他沒有功德可以接受這樣的恩賜。以上提議雖然都沒有成爲事實，但已使申時行感到窘迫。[4]這種特殊的寵信使別人因羨生妒，給他執行皇帝和百官的聯絡職務增添了困難。申時行縱然以長厚著稱，但官員們決不會願意這個位極人臣的首輔再立下擁立太子的新功。

就在這時候，他又成爲輿論攻擊的對象。那一年的陽曆九月，福建僉事李琯參劾首輔，說申時行主持的大峪山陵寢工程出了問題，按照他的情報，地基內已有水湧出。[5]這位遠在數千里外的地方官，冒著丟掉前程的危險來參劾首輔，其目的不外乎公開警告申時行：你雖然深得皇帝的信任，但是文官集團仍然有足夠的力量動搖你的地位——如果你不對全體文官負責的話。這位上書言事的官員在事後被革職爲民，但在文官們看來，這種犧牲決不會是沒有意義的。此人既已博得了忠臣的名聲，而他的計算如果正確，他日復職加官，也是意中之事。

陽曆十月，工部的一位官員因爲皇帝允諾的冊立太子的期限在卽，立儲大典的各項開銷理應由他負責籌備，他就編造預算，呈請皇帝批准。皇帝的朱批使全體文官爲之瞠目咋舌。朱批說，他早已聲明不准臣下在一年之內催促他立儲，這個工部官員借編造預算爲名而行催促之實，這就是違反了他的命令，而他也就必須按照聲明中所說的那樣，把立儲延後。[6]

這種故意的節外生枝不禁使群臣深感憂慮，人君如此缺乏誠意，他將用什麼來維持威信，統治國家？於是他們聯名奏請皇帝收回這一朱批，並希望他親口許諾的明春立儲一事能付諸實現。因爲申時行正在病中，內閣大學士的聯名呈請，由二輔許國執筆，但這分奏章仍由申時行領銜。

這一大規模的抗議，使龍心赫然震怒。申時行獲知皇帝的反應，立卽呈上一分揭帖，說明內閣的聯名奏章雖然列上他的名字，他事先卻並未與聞。被孤立的皇帝親自在朱批中感謝申先生對他的忠愛之忱。事情本來可以在這裡結束，因爲大學士的揭帖係祕密文書，經過御覽以後向例是退回本人而不公布的。但是這一揭帖偏偏爲許國所截獲，他就毫不客氣的送交給事中辦公室抄錄公布。申時行立刻向給事中索回原件，不准公布，但其內容已經在文官中傳遍，而且這種索取已發科抄寫的文件也屬違背成憲。

這樣重大的事件逼得當時值日的給事中參劾申時行，參劾的措辭還十分嚴厲，說他「遁其辭以賣友，祕其語以誤君。陽附群衆請立之議，陰緩其事以爲內交之計」，「陛下尙寬而不誅，高廟神靈必陰殛之」。這意思是說，申時行是一個十足的兩面派和賣友誤君的小人，卽使皇上不加處罰，洪武皇帝的神靈也會對他加以誅戮的。[7]

開始時，萬曆皇帝並沒有體會事情的嚴重性。他降旨勒令這個給事中降級調往外省，並命令申時行照常供職。申時行準備遵旨回到內閣，然而文官們的情緒已經如火如荼，不可遏止，一個接著一個遞上了參劾申時行的本章。很明顯，申時行無法抵禦這些道德上的控訴，他的威信已經掃地以盡，再也無法取得同僚的信任。這種局勢一經明朗，他除了辭職以外，別無他途可供選擇。在這種情況下，皇帝的慰留也無濟於事。要是再戀棧不去，他就必然成爲張居正第二。

在聽任申先生離職之前，皇帝不能沒有必要的措施以重振自己的權威。那個發難參劾申時行的給事中由降級外調而加重爲革職爲民。這是因爲他受到了文官的表揚，而要皇帝收回處罰他的成命；但在皇帝那裡，雖然無法挽留群臣所不齒的大官，卻必須表示有能力斥退他們所欣賞的小官。

其次輪到了二輔許國。多年來他和申時行在表面上似乎同心協力，這一事件暴露了他對申時行的嫉忌，而他故意公開申時行的祕密揭帖，說明了他的秉性並非忠厚，這種人自也不應在御前擔任要職。由此，許國也被參劾，皇帝批准他「回籍調養」。兩天以後，皇帝才接受了申先生的辭呈。

在這一場悲劇性的衝突之中，沒有人取得勝利。立儲一事竟惹起了如許風波，使兩個大學士相繼離職。既然如此，卽使是最激烈的人也不便立卽再提起此事，因爲怕把事情弄僵而不可收拾。萬曆也很淸楚，無論他多麼寵愛鄭貴妃和常洵，這廢長立幼一舉絕不會被廷臣所接受，如果公開堅持自己的主張，最後勢必引起大規模的流血，這是與他所崇奉的佛教宗旨相違背的，而且流血之後也未必就能如願以償。基於雙方的這種考慮，就形成了暫時的僵持局面。

在處理立儲這個問題上，萬曆犯了很多錯誤。他的第一步是冊封鄭氏爲皇貴妃，位於皇后之下而在其他妃嬪之上。子以母貴，常洵超越常洛而立爲皇儲，就可以順理成章。然而在絕大部分文臣看來，這是以幼凌長，自然不合於倫常之道。

萬曆本人也同樣找不到充分的理由以公開自己的意圖，他只能找出種種藉口來拖延。第一個藉口是常洛年紀太小，經不起各種典禮的折磨，第二個藉口就是上面所說的立儲大計屬於皇帝的職權，不容許任何人加以干擾逼迫。在和廷臣往來爭辯之際，他又突然別出心裁，即同日冊封三個兒子爲王而不冊封太子。臣僚們不接受這個辦法，他又找出了第三個藉口，即皇后年紀尚輕，仍有生育的可能；如果皇后生下兒子，那就是當然的太子，而用不著任何爭議了。這種種藉口既表明了他缺乏信用，也暴露了他沒有氣魄，因而官員們的抗議也絕不會就此偃旗息鼓。[8]

這種僵持的局面，應該看作本章一開始所說的「憲法危機」。因爲僵局之不能打破，原因不在於法律。法律的問題始終沒有被人提起，卽皇帝如果一定要廢長立幼，他並不是找不到理論上的依據。假如我們的帝國眞正能夠實行法治，而繼承皇位這個問題又由一個具有獨立性的法庭來作出判決，那麼皇帝委託律師根據成文法和不成文法來作辯護，他是很有勝訴可能的。

第一，常洛並不天生卽具有繼承大統的權利，他的幾個弟弟也同樣沒有這種權利。因爲皇帝的兒子在被冊封以前統統沒有名義，否則就用不著特別舉行封太子或封王的典禮了。

第二，立長而不立幼，只是傳統的習慣而不是強制性的法規，這在永樂登極之後更爲明顯。他以太祖洪武皇帝第四子的身分，用「淸君側」的名義，從他的侄子建文皇帝手中奪得了皇位而根本不考慮他的二哥和三哥兩房的優先繼承權。所以在二百年之後還要堅持繼承皇位必須按出生次序，就等於否定了永樂皇帝的合法性。[9]

第三，根據太祖洪武皇帝的規定，嫡子有繼承皇位的優先權，可見皇子的地位決定於其母親的地位，而出生年月乃屬次要。常洛之母爲恭妃，常洵之母則爲皇貴妃，前述子以母貴的原則在祖訓前仍然大可商酌。

第四，如果萬曆非立常洵不可，他還可以廢去孝端皇后而立鄭氏，使常洵成爲名正言順的嫡子。在本朝歷史上，宣德、景泰、成化、嘉靖四朝都有廢后之舉而並未因此發生政治波瀾。[10]

爲什麼萬曆在這個問題上沒有採取更爲強硬的立場，例如堅決地公開宣布他的主張，而且一口咬定立儲大計屬於他的權力範圍，不容旁人置喙，而且進一步以意圖不能實現即自動退位作爲威脅，這些都已經無法找到答案了。也許有一條理由可以作爲解釋，即本朝不是以法律治理天下臣民，而是以「四書」中的倫理作爲主宰。皇帝和全國臣民都懂得父親對兒子不能偏愛，哥哥對弟弟負有教導及愛護的義務，男人不能因爲寵愛女人而改變長幼之序。正因爲這些原則爲天下所普遍承認，我們的帝國才在精神上有一套共同的綱領，才可以上下一心，臻於長治久安。如果僅憑法律的條文作爲治國的依據，則我們立國的根本就成了問題，一千多個縣令也很難以父母官的身分領導他治下成千成萬的庶民。所以，萬曆要棄長立幼的企圖，縱使在法律上有可以左右遷就之處，但在堅持傳統觀念的臣僚心目之中，卻早已不直於綱常倫理。臣僚們從來沒有聽說法律的施用可以與聖賢的教導相違，即使是皇帝也不得不承認這一點。在這樣強大的道德和輿論的壓力之下，他在公開場合不得不發表違心之論，否認他有棄長立幼的企圖。

心裡的願望難於實現而且無法明言，同時又缺乏可以密商的智囊人物，從此他就成了一個孤獨的君主。他很想把內閣大學士拉到自己這一方面來，但也不敢公然出口。而事與願違，歷屆的首輔都以群臣的發言人自居，不斷地催促皇帝按長幼之序冊立常洛爲太子。催促無效，首輔只能引咎自責，掛冠而去。這樣一來，做皇帝的不得不應付幾個個性完全不同的首輔，應付幾種不同方式的催促，因而搜索出來的理由就前後不能一致，從而使人更淸楚地感覺到他確實缺乏誠意。

雖然形勢對他十分不利，他仍然不放棄他的願望。臣僚們紛紛猜測，究竟是皇帝受到了鄭氏的逼迫，以致一意孤行，還是他想用拖延的辦法，等待皇后自然地死去？孝端皇后的健康情況據說極有問題，如果一旦不諱，皇貴妃鄭氏遞補而為皇后，就足以使任何人找不到根據加以反對。但是孝端皇后偏偏不肯合作，她帶病延年，僅僅比皇帝早死四個月。而這時由於衆意難違，萬曆早已屈服，常洛被封為太子已經二十年了。

分析上述問題，還有一個因素不能排除，就是在萬曆登極以後，雖然坐在他祖先坐過的寶座之上，但他的職責和權限已經和他的前代有所不同。他的祖先，一言一行都被臣下恭維為絕對的道德標準，而他卻是在他的臣僚教育之下長大的。他的責任範圍乃是這群文臣們所安排的。他的感情更需作絕對的抑制。這前後不同之處儘管在形式上含蓄，實質上卻毫不含糊。原因是開國之君主創建了本朝，同時也設立了作為行政工具的文官制度，而今天的文官卻早已成熟，他們所需要的只是一個個性平淡的君主作為天命的代表，其任務就是在他們的爭端無法解決時作出強制性的仲裁。他們要求這位守成之主與日常的生活隔絕，在仲裁爭端中不挾帶個人的嗜好和偏愛以免引起更多的糾紛。坦率地說，就是皇帝最好毫無主見，因此更足以代表天命。這種關係，已經由萬曆的曾叔祖弘治作出了榜樣。弘治皇帝越是謙抑溫和，聽憑文臣們的擺布，文臣們就越是稱頌他為有道明君。

這樣的一個皇帝，實際上已經不是國事的處置者，而是處置國事的一個權威性的象徵。他應該做到寓至善於無形。如果他能夠保持感情與個性的真空，經常演習各種禮儀，以增強抽象的倫理觀念，他就和上述要求恰相符合。

多少年來，文官已經形成了一種強大的力量，強迫坐在寶座上的皇帝在處理政務時擯斥他個人的意志。皇帝沒有辦法抵禦這種力量，因為他的權威產生於百官的俯伏跪拜之中，他實際上所能控制的則至為微薄。名義上他是天子，實際上他受制於廷臣。萬曆皇帝以他的聰明接觸到了事情的眞相，明白了自己立常洵的計畫不能成功，就心灰意懶，對這個操縱實際的官僚集團日益疏遠，採取了長期怠工的消極對抗。

一五八七年以後的內外形勢並不平靜，楊應龍在西南叛變，哱拜在寧夏造反，日本的關白豐臣秀吉侵占朝鮮，東北的努爾哈赤在白山黑水間發難，但內外兵事都沒有像建儲一事能在廷臣中引起這麼多的紛紛擾擾。兩萬名身穿錦袍的文官所最關心的，乃是今上皇帝一旦宮車宴駕，誰將繼他登上寶座。即使在常洛封為太子、常洵去河南之國之後，事情仍然沒有結束。那位掩袖工讒的鄭氏日夜挨在皇帝身旁，誰敢擔保情況不起變化？[11]因之有的忠耿之臣就慷慨陳辭，請求皇帝不要好色，自古以來，美人就是引誘人做壞事的一種因素。[12]跟著就是謠言蜂起，有的繪聲繪色地描述了宮闈中已產生各種陰謀：有人說，在宮中發現了木刻的偶像。人們普遍相信，如果一個精於巫術的人每週七天給這個偶像插上一根針，偶像所摹擬的人就會病入骨髓，百藥罔效。難道貴妃鄭氏眞想用這種方法置常洛於死命？更令人不安的是據說還發現了皇帝和皇后的偶像。

在惶惶不安的氣氛中，又出現了一件奇特的事情。有一個大學士沈鯉，在文淵閣的大門旁邊豎立了一塊木板，上面寫著十項做官的戒律。每天上班的時候，他就站在牌前低聲誦讀，念念有辭。不久，宮中就傳遍了沈閣老的謠言，據說他在一塊寫有怪字的木牌前面施法詛咒。皇帝十分驚奇，叫人把木牌取來過目，看過之後隨即斥責宦官胡說八道，無事生非。[13]

有些謠言還記錄於史書。比如說恭妃王氏是一個年長的女人，在和萬曆邂逅相遇的時候就已經消失了青春，此後她又一目失明，所以不能繼續得到皇帝的寵愛。另外一個故事則說是萬曆病重，自度即將不起，有一天一覺醒來，發現恭妃王氏的胳臂正枕在他的腦袋下，臉上的淚痕未乾，而貴妃鄭氏則無影無蹤。[14]還有一個故事提到了常洛的祖母慈聖太后。她反對皇帝棄長立幼的企圖，為此和他作了一次專門的談話：[15]

皇太后：「如果你眞要這樣做，你將何以向天下臣民交代？」

皇帝：「這容易。我只要說他是一個宮女的兒子就可以了。」

皇太后：「你不要忘了，你自己也是一個宮女的兒子！」

這些捕風捉影的故事在當日不僅口耳相傳，而且刊諸棗梨，印成書籍。關於王氏和萬曆相遇時的年齡問題，在四個多世紀以後定陵的發掘中才得到澄清，因為墓誌上淸楚地記載著她的出生年月，據此，她和萬曆相遇的那一年剛剛十六歲，萬曆則是十八歲。

木板印刷的發達不僅使這些書籍大爲流行，而且還使一些不署名的傳單和署假名的小冊子不斷出現。這些傳單和小冊子增加了北京城內的緊張氣氛，使每一個人都程度不同地捲進了這個繼承大統的漩渦裡。有一張傳單，即所謂「妖書」，竟公然聲稱太子不久就要被廢，福王將奉召回京正位東宮，並且指出這一陰謀的參預者及其全部計畫。[16]皇帝命令東廠錦衣衛嚴密偵緝妖書的作者，致使整個京城爲之震動，不僅名列書中的人驚恐萬狀，其他無關的人也不免惴惴不安。

對文官集團而言，常洛和常洵的爭執，不過是把他們早已存在的衝突更加帶上了感情色彩而已。就算是沒有鄭貴妃，也沒有東林黨，文官集團中的彼此隔閡和對立，已經達到了相當嚴重的地步。要探究它的根本，可以追溯到本朝創建之初。

歷史學家似乎很少注意到，本朝以詩書作爲立政的根本，其程度之深超過了以往的朝代。這在開國之初有其客觀上的可能。洪武皇帝大規模地打擊各省的大地主和大家族，整個帝國形成了一個以中小地主及自耕農爲主的社會。[17]朝廷又三令五申，力崇儉樸，要求文官成爲人民的公僕。在這種風氣之下，人們心裡的物質慾望和嘴上的道德標準，兩者的距離還不致相差過遠，充其量也不足以成爲立政上的障礙。

當張居正出任首輔的時候，本朝已經有了兩百年的歷史。開國時的理想和所提倡的風氣與今天的實際距離已經越來越遠了。很多問題，按理說應該運用組織上的原則予以解決，但事實上無法辦到，只能代之以局部的人事調整。

這種積弊的根源在於財政的安排。在開國之初，政府釐定各種制度，其依據的原則是「四書」上的教條，認爲官員們應當過簡單樸素的生活是萬古不磨的眞理。從這種觀念出發而組成的文官集團，是一個龐大無比的組織，在中央控制下既沒有重點，也沒有彈性，更談不上具有隨著形勢發展而作調整的能力。各種技術力量，諸如交通通訊、分析統計、調查研究、控制金融、發展生產等等則更爲缺乏。一個必然的後果，即政府對民間的經濟發展或衰退，往往感到隔膜，因之稅收和預算不能隨之而增加或減縮。

財政上死板、混亂與缺乏控制，給予官員的俸祿又微薄到不合實際，[18]官員們要求取得額外收入也就是不可避免的了。上面說過的地方官的「常例」是一種普遍的不成文制度。亦即在規定的稅額以外抽取附加稅：徵收白銀，每兩附加幾分幾厘，稱爲「火耗」；徵收實物，也要加徵幾匹幾斗，稱爲「耗米」、「樣絹」。除此之外，一個地方官例如縣令，其家中的生活費用、招待客人的酒食、饋送上司的禮物，也都在地方上攤派。[19]

對這種似合法非合法的收入，中央聽之任之而又不公開承認。在各地區之間，這種收入則漫無標準，因爲一個富裕的縣分，稅收上稍加幾分，縣令就可以宦囊充裕，而一個貧窮的縣分要征收同樣的數字，則已是極爲暴虐的苛政了。這些情形使得所謂操守變得毫無實際意義。

更難於判斷的是京官的操守。他們沒有徵收常例的機會，而全靠各省地方官以禮儀爲名所贈送的津貼。銀兩源源不斷地流入北京，尤其是在考核地方官的那一年爲數更多，這就無怪乎那位特立獨行的海瑞要稱這種年頭爲京官的「收租」之年了。[20] 考核者既然接受了被考核者的津貼，還哪裡談得上一切秉公辦理呢？

財政上的情況既是如此，在文官體制上，普遍使人感到困難的是各級地方官都沒有實際力量足以應付環境的變化。他們沒有完全駕馭下級的能力，因爲各人自抽「常例」，即下級也擁有財政權；人事權則集中於北京，對下級的升降獎罰，上級只能建議而無法直接處理。

體制上有欠周全，文官集團更需要用精神力量來補助組織之上的不足。這有本朝的歷史記載爲證。那些孔孟的信徒，在一旦需要的時候，可以不惜犧牲以完成任務。有的文官從來沒有受過軍事訓練，卻可以領導倉卒集合的民兵固守孤城，最後殺身成仁；有的文官不顧溽暑疫疾，和民夫同飲食、共起居，在洪水的威脅下搶救危險的河堤。這些好處當然不應抹殺，然則它們帶有衝動性質，也多個人成分，而且常常和緊急情況一起出現。一個具有高度行政效率的政府，具備體制上、技術上的周密，則不致接二連三地在緊急情況下依賴道德觀念作救命的符籙。說得嚴重一點，後者已不是一種好現象，而是組織機構違反時代，不能在複雜的社會中推陳出新的結果。

這種局面不打破，文官的雙重性格發展得越來越明顯，這也是精神與物質的分離。一方面，這些熟讀經史的人以仁義道德相標榜，以發揮治國平天下的抱負爲國家服務，以自我犧牲自許；一方面，體制上又存在那麼多的罅隙，給這些人以那麼強烈的引誘。陰與陽的距離越來越遠，找出一個大家都同意的折衷辦法也越來越困難。

以張居正的精明幹練，也沒有解決這個問題。他的十年首輔生涯，僅夠剛把問題看清楚。他的一套改革辦法使文官們感受到極大的壓力而不能成功，而且招致了死後的被清算。申時行不得不把目標降低。他所說的「使不肖者猶知忌憚，而賢者有所依歸」，就表現了他調和這陰陽兩極的方針。他無意於鼓勵不法，但也不能對操守過於認眞。一五八七年京察之放寬尺度就是這種宗旨的具體說明。在他看來，嫂子已經掉進水裡，決不能再像平常一樣保持遠距離的尊敬，而需要「援之以手」了。[21]

就算是降低了標準，申時行也沒有能達到目的。有一些自命爲體現正氣的年少新進，堅持「四書」中所教導的倫理觀念，對一五八七年京察的做法表示了極大的不滿。其中有一個顧憲成，所提出的抨擊尤爲尖銳。他和他的志同道合者決心要檢舉缺乏能力和操守的官員，而不惜重新撕破申時行所苦心縫補的破綻。申時行的對付辦法就是把他調往外省。[22]

所以，在立儲問題還沒有對京官形成普遍壓力的時候，他們的內部關係已經十分緊張了。張居正的強迫命令固然失敗，申時行的調和折衷也同樣沒有成功。在北京的兩千多名文官中間，存在著對倫理道德和對現實生活的不同態度，互相顧忌而又互相蔑視。有的人出身寒微，把做官看作發財致富的機會；有的人家境豐饒，用不著靠做官的收入維持生活，自然就不會同意和允許其他人這樣做。「四書」中的原則，有的人僅僅視爲具文，拿來做職業上的口頭禪；有些人卻一絲不苟，身體力行；另外有一些人徬徨於上述兩者之間；也有一些人由於人事的牽涉參與了對立的陣營。

文官之間的衝突，即使起因於抽象的原則，也並不能減輕情緒的激動。一個人可以把他旁邊的另一個人看成毫無人格，他的對方也同樣認爲他是在裝腔作勢地用聖賢之道掩飾他的無能。而眼前更爲重要的是，立儲一事絕不是抽象的原則，而是關係到文官們榮辱生死的現實問題。因爲，凡是皇帝的繼承權發生爭執並通過一場殘酷的衝突以後，勝利者登上皇帝的寶座，接著而來的就是指斥對方僞造先帝的旨意或是暴戾無道：因爲九五之尊必有天命和道德做背景。如果不經過這一番左右輿論的工作，自己的勝利就不能名正言順，而他手下的擁戴者，也總是要請求新皇帝以各種凶狠的手段加之於他們的對方，才能順逆分明；自己流芳百世，政敵則遺臭萬年，各有分曉。這種情形，在本朝的歷史上至少已發生過兩次。

第三個登上皇位的永樂皇帝，如所周知，是用武力奪取了侄子建文皇帝的江山。在起兵的時候，他就大肆製造了洪武皇帝本來要傳位於他、建文皇帝只是矯詔嗣位的說法。功成之後，他又大批殺戮了拒絕擁戴他的廷臣和他們的家屬。[23]

第六代正統皇帝在和蒙古瓦剌部落作戰的時候被對方俘虜。廷臣和皇太后商量之後，擁立他的異母弟登極，是爲景泰皇帝，俾使瓦剌不能以當今天子被其拘禁而作爲談判的要挾。最後瓦剌由於無利可圖，只好把正統皇帝送回北京。一個國家不能同時存在兩個皇帝，於是正統被稱爲太上皇，表面上在南宮優遊歲月，實則乃係軟禁。七年之後，擁戴太上皇的奪門復辟成功，改元天順。功成之後，擁立景泰的臣僚受到了殘酷的對待。被戮於西市的，就有功勞卓著的兵部尚書于謙。[24]

一五八七年表面上平靜無事，可是很多文官已經預感到如果皇儲問題得不到合理解決，歷史的慘痛教訓必然會在他們身上重演。今天無意中的一言一語、一舉一動，將來都可以被拿來當作犯罪的證據。就算他們謹慎小心，緘口不言，也可能日後被視爲附逆，未必一定能明哲保身。然而並不是所有的人都害怕這樣的危險，有的人卻正好把這危險看成表現自己剛毅正直的大好機會，即使因此而犧牲，也可以搏得捨生取義的美名而流芳百世。因此，除了接二連三地遞上奏章以外，他們還刻印了富有煽動性的小冊子和傳單，鬧得北京城沸沸湯湯。

萬曆在他御宇的後期，已經清楚地看到自己不能避免歷史的指責。他與臣僚不和，同時又是一個不負責任的君主，這已成爲定案。既然無意於做積極有爲的君主，現實又無可逃遁，他只能消極無爲。然而由於他的聰明敏感，他又不能甘心充當臣僚的工具，所以即使消極，他仍然頑強地保持著自己的性格。

身爲天子的萬曆，在另一種意義上講，他不過是紫禁城中的一名囚徒，他的權力大多帶有被動性。[25]他可以把他不喜歡的官員革職查辦，但是很難升遷拔擢他所喜歡的官員，以致沒有一個人足以成爲他的心腹。他對大臣們的奏摺作出決斷，可以超出法律的規定，但是他沒有制訂法律的力量。官僚之間發生衝突，理所當然地由他加以裁奪，但是他不能改造制度以避免衝突的發生，而且他裁奪的權威性正在日益微弱，因爲他被臣下視爲燕安怠惰。各邊區的軍事問題必須奏報皇帝，但是皇帝自己不能統率兵將，在平日也沒有整頓軍備的可能。他很難跨出宮門一步，自然更談不上離開京城巡視各省。連這一點選擇的自由都沒有，居於九五之尊還有什麼趣味？

大小臣僚期望他以自己的德行而不是權力對國家作出貢獻。但是德行意味著什麼呢？張居正在世之日，皇帝在首輔及老師的控制下作爲抽象的道德和智慧的代表，所謂德行大部分體現於各種禮儀之中。他要忍受各種禮儀的苦悶與單調，這也許是人們所能夠理解的，但幾乎很少有人理解的乃是他最深沉的苦悶尙在無情的禮儀之外。皇位是一種社會制度，他朱翊鈞卻是一個有血有肉的個人。一登皇位，他的全部言行都要符合道德的規範，但是道德規範的解釋卻分屬於文官。他不能和他的臣僚一樣，在陽之外另外存在著陰。他之被拘束是無限的，任何個性的表露都有可能被指責爲逾越道德規範。[26]

在他的母親慈聖太后去世以後，禮部立卽鄭重制定了喪儀，宣布全國居喪二十七日，臣民全部服喪，帽子上纏以白布。全部京官一律披麻帶孝，不許穿著朝靴而代之以草鞋，摘去紗帽的兩翅而代之以兩條下垂至肩的白布。大小寺院鳴鐘三萬響，晝夜不息。三日之內，四品以上的官員及其夫人分批整隊前去慈寧宮舉行禮儀上的號哭，號哭十五次，全部人員的動作協調，一哭皆哭，一止皆止，有如交響曲。[27]

人們看得很淸楚，慈聖太后之被隆重追悼，並不是因爲她個人引起了如此廣泛而深沉的哀思。她不過是一個形式上的代表，她的喪儀象徵了全國臣民懷念慈母的養育之恩，也表現了他們對皇室的忠悃。不難想像，這些官員和夫人在號哭完畢以後回到家裡，由於爲這隆重的喪儀所感染，勢必要對長者更為孝敬，而全國的風俗乃能更為淳厚。

然而萬曆皇帝卻早已喪失了這樣的信心。他已經把一切看透，儀式典禮只會產生更多的儀式典禮，作為全國的表率，他又必須在每一種儀式中使用全部精力去表現他的誠意。他在過去的生活裡付出的精力已經太多了，他已經不再有周旋應付的興趣，所以他以近日偶患濕毒，敷藥未癒，行走不便作為理由，免除了自己應該在衆目睽睽之下參加的繁文縟節。[28]但這並不等於說皇帝有虧孝道，根據當日居留在北京的外國教士記載，皇太后入殮時的一切細節，都出於萬曆的親手安排。[29]

把傳統上規定的天子職責置之不顧，時日一久，萬曆懶惰之名大著。有的歷史學家認為他的惰性來自先天，也有歷史學家則懷疑他已經染上了抽鴉片的嗜好。這些歷史學家所忽略的是下面這樣的瑣事：萬曆雖免去了自己參加典禮的麻煩，卻在用一些更為無聊的方法消磨時光。每當天氣晴和，他一高興，就和宦官們擲銀為戲。他自己做莊家，宦官把銀葉投向地上畫出的方形或圓形之中，得中者取得加倍或三倍的償還，不中者即被沒收。[30]這種細碎的事情表現了一個喜歡活動的人物具備著充沛的精力，但又無法用之於作出積極的創造。皇帝的這種苦悶乃是歷史的悲劇。

難道說守成之君就無法改造這些凝固了的制度，改造皇帝的職權進而改造他的帝國？似乎也不盡然。在萬曆之前，他的叔祖正德皇帝曾經試圖這樣做過。兩人之間相隔約有半個世紀，正德的所作所爲，對萬曆自然不是沒有影響的。

正德在一五〇五年即位的時候還不滿十五歲。他有超人的膽量、充分的好奇心、豐富的想像力。這樣的人作爲守成之君，可謂命運的錯誤安排。正德沒有對傳統屈服，他有他自己尋歡作樂的辦法，而且我行我素，毫不爲臣僚的批評所動搖。與書呆子作對，也許正是他引以自娛的辦法。[31]

正德登極未逾兩年，就搬出紫禁城，不再受宮廷內部清規峻律的限制。他新建的住宅名叫「豹房」，坐落於皇城空曠之處，中有精舍、獵房及俱樂部。從此，他就在宦官、倡優、喇嘛以及異域術士的包圍之中。[32]如果興之所至，他也偶然臨朝或出席經筵，但更多的興趣則在於遊獵。有一次，他親自訓練老虎，爲虎所傷，幸賴親信江彬的救援才得免於難。[33]

江彬之見信於正德，也在於他的大膽和機警。他身上有箭痕三處，其中有一處穿過面頰直到耳根。一五一二年，經過皇帝的面試，他就受到寵信，甚至和皇帝形影不離。過去正德已經在皇城裡練兵，自從得到了江彬這樣英勇的軍官作爲侍從，操練就更形頻繁與正規化。士兵們被分成兩營，皇帝親自率領宦官組成的士兵爲一營，江彬率領從邊鎮中精選的將士另

明武宗正德皇帝畫像。

爲一營。部隊的服裝也與衆不同，鮮明的鎧甲上繫以黃色的圍巾，遮陽帽上插天鵝的翎毛，這些都增加了士兵們威武颯爽的氣概。[34]

正德皇帝整天忙於練兵，夜間則在豹房和各式各樣的人物玩樂。對朝廷上文臣和宦官的衝突，他採取聽之任之的態度。在他看來，這種爭端是無可避免的，更何況處理這些事情並不是他的專長。[35]

最富有冒險性的事蹟發生在一五一七年。當時韃靼小王子伯顏猛可屢屢犯邊，這一年又率領五萬騎兵入寇，圍困了本朝一營官兵。皇帝準備御駕親征，借此體會戰爭的實況，並且檢驗幾年來練兵的成效。[36]文官們對這一驚人之舉竭力阻擾，首先是一個視察長城的御史不讓他出關。這樣的事情很容易解決，他隨即下令解除這個御史的職務而代之以一個宦官，他出關之後採取了同樣的辦法，即不讓任何文官出關。前後四個月，北京的臣僚幾乎和皇帝完全失去聯絡。送信的專使送去極多的奏本，但只帶回極少的御批。

當皇帝得勝回朝，一個戲劇性的場面出現了。他在事前命令宦官打開倉庫，取出各種綢緞遍賞百官，要求他們盡一晝夜之力製成新的朝服接駕。由於過於倉卒，文武官員胸前的標誌弄得混亂不堪。原來頒賞給有功大臣的飛魚、蟒袍等特種朝服，這時也隨便分發。官員們所戴的帽子，式樣古怪，出於皇帝的親自設計。接駕的儀式也來不及訂出詳細的規定並事先演習。陳列在大道兩旁、歌頌御駕親征取得偉大勝利的標語布幔，因爲皇帝自稱「威武大將軍朱壽」，官員們只能照寫上款，並且不敢在下款稱臣。偏偏上天不肯作美，那一天雨雪霏霏，百官鵠立直至夜晚，才看到皇帝在無數火把簇擁之下騎在栗色馬上安然駕到。皇帝在城門口下馬，接過首輔奉上的酒杯一飲而盡，然後馳馬赴豹房休息，百官則依舊狼狽地躑躅於泥濘的街頭。[37]

皇帝把俘獲的武器裝備陳列於宮門之前作爲戰勝的實證。宮中的銀作局特製了紀念這次不世之功的銀牌，上附各色彩帶。但是他的興致絲毫也沒有帶給廷臣以鼓舞，翰林院全體官員拒絕向他祝賀，有的監察官責備自己失職而要求解職歸田。[38]雖然前方官軍的圍困因爲御駕親征而得以解除，而且終正德一朝，小王子也沒有繼續入侵，但持懷疑態度的文官卻堅決不承認這次勝利。他們強調說，我軍傷亡達六百人，而韃靼卻僅有十六人戰死。[39]

一五一八年秋天，正德皇帝要求大學士草擬敕旨，命令「威武大將軍朱壽」再次到北方邊區巡視。[40]對這項命令，四位大學士都不肯接受。其中有一位匍匐在地，淚流滿面，說是寧可任憑皇上賜死，也不能做這種不忠不義的事情。正德對大學士的抗議置之不理，一切仍然按照原來的安排進行。在征途中，他又降下敕旨，封自己爲鎮國公，歲支俸米五千石。五個月之後，他又再次加封自己爲太師。至此，他就成了他自己手下最高級的文官，位居大學士之上。[41]

第二次的御駕親征，由於韃靼始終避免接觸，雖然大肆搜索仍然找不到敵人的蹤影，只能無功而返，在一五一九年春天回到京城。這九個月之中，廷臣的抗議先是數以十計，然後是數以百計。廷臣剴切地陳奏，京城無主，隨時可能發生變亂。兩位大學士提出質問說，陛下放著好好的皇帝不做，而自我降級為公爵，如果追封三代，豈非要使先皇三代同樣地降級？首輔的抗議更為直率，他質問說，所謂威武大將軍朱壽究竟是何人？如果並無此人，就是僞造聖旨，依法當處死刑。[42]

對這些諫勸與抗議，正德依然不加理睬。他的性格過於放縱而又具有充分的自信，他的不拘小節已經和這些書呆子的觀念距離過分遙遠，以致再也無法調和。他喜歡和臣下混在一起飲酒玩樂。一個女人如有情趣，那麼不論她過去是娼妓、已經結婚或正在懷孕都毫無妨礙。

在他的巡視途中，他和臣僚上下不分，以致巡撫在設宴時，他的席位竟沒有筷子。事情發覺以後，臣僚們惶恐不已，他卻認為不過是個笑話。有多少次他扔下飾有皇帝標誌的專車專輿不坐，而去和別人擠在一部民用大車上。在他為祖母舉行喪禮的時候，他看到地上滿是泥水，就下令臣僚們免予磕頭。但是他的好心腸並沒有使所有的廷臣感激，有一位翰林院修撰因為沒有機會在泥水中掙扎以表示對皇室的忠誠，就在事後寫了一封奏摺，引用孔子孟子的教訓和皇帝辯論孝道。這篇奏摺立即傳開，執筆者舒芬乃得以名揚史冊。[43]

正德皇帝是否具有大將的才略，現在已經無法判斷，因爲他沒有讓文官參與他的親征隊伍，而武官又不會記錄戰況。可以確知的是，他在一五一七年的那次戰役中曾經親臨前線；一五一八年冬天，他再度親臨西北邊疆，正好遇上大風雪，從者瑟縮委頓，他卻精神煥發，始終自持武器，端乘坐馬，堅持不用舒適的乘輿。[44]這些應該認爲是難得的長處，在文臣的心目中卻變得完全不可理解：爲什麼一個皇帝會放棄九五之尊而把自己降格到一個不識字的武弁的地位？這種惶惑以至憤慨，眞正的原因是皇帝挖空了他們苦心構築的政治體系。這個體系以仙鶴、鵪鶉、獬豸等等標誌、無數的禮儀磕頭和「四書」中的詞句堆砌而成。正德雖然沒有用明確的語言，但卻用實際的行動對它作了全部的否定。

所以，當正德在一五一九年又準備以威武大將軍的名義到南方各省巡視的時候，文官們就再也不能忍

正德皇帝圖。
出自《大明正德皇遊江南傳》。

受了。全體監察官員聯名諍諫勸阻。皇帝照例置不作答，他們就列隊跪在午門外要求答覆。這件事還沒有了結，其他官員已經跟著遞上了奏本，名為諫阻，實則頗有論辯並含有集體示威的味道。皇帝大為震怒，在江彬的建議之下，所有跪勸不去的一百四十六個官員每人受到廷杖三十下，其中十一人當場被打死或事後傷發而死。大學士全部引咎辭職，則為皇帝溫旨慰留。[45]

發生了這些糾葛，南巡的籌備工作拖延了好幾個月，到秋間才得以成行。這次旅行與巡視北方不同，並無軍事上的意義而專為遊樂。江南的秀麗風光使正德樂而忘返。然而樂極生悲，在一次捕魚活動中，皇帝自駕的輕舟傾覆，雖然獲救，但已使聖躬不豫。[46]

一五二〇年年底他回到北京，一五二一年年初在豹房病死。由於他沒有子嗣，於是群臣和皇太后商議，決定迎接今上萬曆的祖父入繼大統，是為嘉靖皇帝。

正德毫不費力地作弄了他的臣僚，顯出了他比臣僚確乎要高出一手。其原因，表面看來在於皇帝具有傳統賦予的權威，他想要做什麼就可以做什麼。其實，事情並不如此簡單。

百官之所以絕對服從皇帝，卽使不說是有條件的，但也絕不是無目的的。君主專制本來與文官制度相輔相成，在這龐大的組織中，下層官員把無數不能盡合事實的書面報告逐級遞送到中樞，以其數量之多和情況之複雜，而要期望中樞事事處置得宜，自然是不可能的。端坐在寶座上的皇帝，他的力量帶有宗教色彩，其神祕之處，就在於可以使不合理的處置合理化，換言之，皇帝的處置縱然不能事事合理，但只要百官都能俯首虛心地接受，則不合理也就成爲合理。正德皇帝不去培養這種神祕力量，反而偏要去表現自己的將才帥略，豈不是破壞了臣僚們對他絕對服從的大前提？

正德自稱威武大將軍，企圖把皇帝和作爲一個富於活力的年輕人的自己分爲兩事。不消說，他的臣下是不能接受這些看法的。以本朝幅員之大，人口之多，僅僅爲了打敗伯顏猛可，動員部隊的力量就可達到這個目的。問題在於，要不是威武大將軍朱壽就是正德皇帝，他怎麼能出入幾個邊鎮，指揮所有軍隊而且有足夠的給養補充？反過來說，要是被任命爲前敵指揮的將領都能有這樣的行動自由，卽使戰勝外敵，我們的內政豈不大受影響？

事實上，我們的機構設計就不允許高級將領具有這樣的自由。各邊鎮的總兵官一定要受該地區文官的監督；在指定的地區內活動。[47] 如果不是這樣，唐朝的藩鎮可能重新出現，成爲重大的禍患。而如上面所一再說明的，本朝的立國以倫理道德爲根本，以文官集團爲支柱，一切行政技術完全在平衡的狀態裡維持現狀而產生。且不用說旁的武官，卽使皇帝親統大軍，以動態作前提，遲早也會使國家的人事、行政、稅收、補給各項制度發生問題。

正德的一生，一意孤行到這種程度，也有其特殊的原因。他的一生幾乎談不上家庭關係。

他的母親給他的影響微乎其微，宮中的妃嬪對他也不具有籠絡的力量。在他登極的時候，三個大學士都以文章道德著稱，而缺乏解決實際政治問題的能力。[48]一個天生喜歡活動的年輕人，看到一方面是他的朝廷逐日在按部就班、調和折衷的原則下辦事，另一方面則是那麼富有刺激性的鼙鼓旌旗、金戈鐵馬，他自然會不加思索地選擇了後者。正德要求實現個性的發展，而帝國的制度則注意於個性的收縮。不論是出於自尊心還是虛榮心，正德利用他皇帝的地位和傳統對抗。協助他在對抗中取得上風的，是過去引誘他注意體育、軍事的宦官和軍官，他們掌握了京城的軍隊和特務，大量排斥反對他們的文官。他們鼓勵皇帝任性放縱，他們自己也因而得以有所作爲。

正德的所作所爲並沒有使以後的皇帝受益。相反地，他使以後的皇帝得到了更多的拘束。他的寵用佞臣、私出宮廷、自任將領，其來勢之迅猛竟使想要反對的文官措手不及。文官們雖然認爲他有失人君的尊嚴，但都無可奈何。天子就是天子，這種神祕的力量出諸天賦。但是說到底，他們的絕對服從也不是完全盲目和沒有限度的。

正德一朝，前後有兩個親王造反，其號召天下的理由，則是皇帝無道，違背了祖宗的成憲。用現代的術語來說，就是破壞了憲法。這兩次造反都沒有成功，其原因一方面是軍事準備不夠充分，另一方面是他們對正德業已衆叛親離的估計超過了當時的現實。然則他們作出這樣的估計，不惜把身家性命押上而作孤注一擲的賭博，一次失敗之後又有第二次，這也未嘗不可說明正德的違背成憲已經使他的皇帝資格發生動搖。要是他不在不到三十一歲的時候就結束了生命，而更加長期的繼續他的所作所爲，其後果究竟會怎麼樣，也確實未可逆料。

他去世以後被謚爲「武宗」。從傳統的意義上講，這是一個明褒實貶的謚號。這時候他的親信江彬仍然掌管京城的軍隊。文官們以召集開會的名義騙他進宮，一舉而將他拿獲。他的下場是凌遲處死，家屬被沒收爲奴婢。宣布的罪狀，除了引誘大行皇帝做壞事而外，還有勒索私人財產、姦污處女和寡婦等等，無疑是惡貫滿盈。[49]

當今上萬曆皇帝在一五七二年登極，他那位富有情趣的叔祖已經去世五十一年了。雖然此如，正德的一生所爲仍然沒有被人忘記。如果說過去由於文官們沒有防備而讓正德任意妄爲，那麼這一教訓正好成了歷史的殷鑒。他們決心不再讓朝廷的大權落在一個年輕人手裡，聽憑他任意使用，而是要設法把皇帝引進他們所崇奉的規範裡。文官們讓他從小接受翰林的教育，注意他的家庭生活和私人活動，尤其防止他接受武官和宦官的不良影響。在後來鬧得滿城風雨的立儲問題，其實也是把他納入規範的一種節目，其目的在於使他懂得皇位的繼承乃是國本，必須取得衆人的公認而不能憑一己的好惡作出不合傳統的決定。

萬曆皇帝缺乏他叔祖的勇氣、積極性和尋找快樂的情趣。他從小開始就沒有一天體會到自由的意義，也不是憑藉自己的能力而獲得臣下的尊敬，所以就難怪乎他不能向臣下提出明確的主張了。他讀過有關他叔祖的記錄，深知文臣集團只要意見一致，就是一種很強大的力量。既然缺乏堅強的毅力，這個孤立無援的皇帝只好一再向臣下屈服。然而他又不是一個胸襟開闊足以容物、並以恕道待人的皇帝，他的自尊心受到損傷，他就設法報復。報復的目的不是在於恢復皇帝的權威而純係發洩。發洩的對象也不一定是冒犯他的人，而是無辜的第三者。積多年之經驗，他發現了最有效的武器乃是消極抵抗，即老子所謂「無為」。[50]

這樣一來，皇帝找不到更合適的事情可以消磨時光，只好看宦官擲銀為戲。他的消極怠工使帝國陷於深淵。現在危機已如此之嚴重，不論皇位的繼承問題如何解決，文官集團失去的平衡已經難於恢復。

只有少數最接近皇帝的人，包括首輔申時行，才了解到不同的環境可以為萬曆的性格和行為帶來多大的差別。[51]他從小早熟，在皇太后和張居正的教育之下，他的生活已經有了一定的目的。當初他對於臣僚的腐化感到憂慮，自己草擬手詔，禁止官員之間互相饋贈禮物。他對於各種典禮也頗為注重，早朝的官員缺席過多，他會提出質問；掌禮官的動作有欠嫻雅，他會表示不快。[52]其後他的懶名一著，臣僚們就誰也記不起他當初的勵精圖治；命令大學士把各朝實錄抄送給他閱覽，經常和內閣學士討論歷史上治亂興亡之跡，[53]甚至在炎熱的夏天親臨觀看官兵的射箭比賽而使陪同他的宦官有好幾個人因爲溽暑而暈倒。[54]但目前既已如此，過去的一切就統統不在話下了。

他身上的巨大變化發生在什麼時候，沒有人可以做出確切的答覆。但是追溯皇位繼承問題的發生，以及一連串使皇帝感到大爲不快的問題的出現，那麼一五八七年丁亥，亦即萬曆十五年，可以作爲一條界線。現在要回到本書一開頭所說的，這一年表面上並無重大的動盪，但是對本朝的歷史卻有它特別重要之處。

注釋

1 以下敘述的萬曆與群臣的嫌隙，有關的通史或者專著都曾作過論述。例如孟森著《明代史》第五章〈萬曆之荒怠〉，錢穆著《國史大綱》則以為制度之不良甚於個人之過失，並引用顧炎武的意見，指出明末道德不振，見冊二，頁五〇一～五〇二。其實，長期的道德淪亡，即已標誌社會形態和其組織制度的脫節。參見《明代名人傳·朱翊鈞》。

2 關於福王莊田的若干情節，中外學者多有誤解。當時萬曆指令湖廣、山東、河南三省以田土四萬頃作為福王莊田。四萬頃為四百萬畝，接近全國耕地面積的百分之一，為數十萬人耕食之資，如為一人占據，則確屬駭人聽聞。

對於這些田地，如果按照傳統的封建主義方式的控制，則福王必當封茅裂土，層層分割，由各級親信掌握管理，例如日本的中世紀，大地主的各個莊園即由武士管理。因為以私人而占有大量耕地及農民，必須有私人的武裝和法庭，否則就不能有效地管理。這些權力通常也為自上而下的各個世代所繼承。

然而福王並未具有這樣的力量。一個明顯的證明是，當李自成起義，福王並沒有能夠組織他的武力作有效的抵抗，而是一籌莫展，束手被擒。

因此，對研究者來說，不能只看到一些明文的記載，而應該透過資料，徹底考查事實的眞相。

萬曆指令以四萬頃為福王的莊田，不過是和群臣討價還價的辦法。討價還價之餘，萬曆就減價而為二萬頃，福王本人也再三表示「推辭」。而萬曆所眞正為福王索要的，則不在田土而在佃金。因為河南在明初地廣人稀，其後民間開墾所增田地，稱為「白地」，其所有權常常發生問題。地方官對這種田地所徵取的賦稅，既不歸入一般的田賦，也很難視為官田的地租。山東由於黃河河道的變遷，被淹後的田地重新開發，情形亦復類似。湖廣則因河流湖泊衆多，昔日之湖沼成為圩田，河岸瘠土僅徵「蘆課」者至此也有成為良田的趨勢。此外，各省還有被抄沒的莊田等等，情況極為複雜。這些土地的賦稅收入，縱未盡入地方官之私囊，但也從未作公開而詳盡的交代。萬曆的意圖，即要三省地方官從這筆收入中每年繳納銀四萬六千兩，以作福王府的開支。遲至一六一七年，湖廣官員只表示承擔銀三千六百五十九兩。福王本人，曾因為不相信各地的報告，而派人在河南丈量上述田土，以致與當地官民發生衝突。請參閱《神宗實錄》，頁九七七一、九七七三、九八二五、九八八一、九九〇一、九九二〇、

九九二四、九九四二、九九四六、九九五七、一〇〇八九、一〇三九、一〇五二六、一〇六一一。

3 《神宗實錄》，頁四二一二、四二一六、四二一九、四二二五～四二三三、四二三六～四二四三。

4 《神宗實錄》，頁四二七四、四三一九。

5 《神宗實錄》，頁四四一九～四四二〇。

6 《神宗實錄》，頁四四四〇～四四四一。

7 《神宗實錄》，頁四四五一～四四五四、四四五七～四四五八、四四六一～四四六三。《明史》，卷二一八，頁二五二六，所摘述大致正確。申時行自己的解釋，詳《賜閑堂集》，卷四〇，頁九。

8 除本章的敘述外，尚可參看《神宗實錄》，頁四四五七～四四七〇、四七七七～四七八一、四七八七～四七八八、四九四九～四九五三、四九五七～四九五九、四九六三～四九六八、四九八二～四九八五、六七六五、六七七二、六七八七、六七八九。

9 《皇明祖訓》，頁二八。

10 《明史》，卷一一三，頁一四七二、一四七五、卷一一四，頁一四八一。

11 謝國楨著《黨社運動考》，頁二一，就提到過這一問題。王錫爵一疏也認為咎在鄭氏，見《神宗實錄》，頁四九五七。

12 雒于仁一疏具有代表性，見《神宗實錄》，頁四〇八六、四〇九八。

13 《明史紀事本末》，卷六六，頁七一八、卷六七，頁七四三～七四六。

14 參看《明史紀事本末》，卷六七，頁七七五。這一類傳聞或出杜撰，但史書中多加記載，如《明史》，卷一一四，頁一四八三，就說王氏「初為慈寧宮人，年長矣。帝過慈寧，私幸之，有身」。

15 《先撥志始》，頁二；《明史》，卷一一四，頁一四八三。謝國楨著《黨社運動考》，卷一七，頁一九；孟森著《明代史》，頁二九二，均曾引用。

16 《明史紀事本末》，卷六七，頁七四三；謝國楨著《黨社運動考》，頁二一；孟森著《明代史》，頁二九三；《明代名人傳》，頁二一〇。

17 參看吳晗著《朱元璋傳》；《明代名人傳．朱元璋》。

18 *Taxation and Governmental Finance*，頁三一五～三一六、三三一。

19 參看 *Taxation and Governmental Finance*，頁一五二、一八五、二一九、二三五。這些辦法到清代仍被沿用，稱為「陋規」，見瞿著 *Local Government*，頁二六。

20 《海瑞集》，頁四〇。

21 《國朝獻徵錄》，卷一七，頁一五五～一五六；《澹園集》，卷一八，頁六。

22 《春明夢餘錄》，卷三四，頁五五；謝國楨著《黨社運動考》，頁三一；《明史》，卷二二〇，頁二五四六、卷二三二，頁二六四七；《神宗實錄》，頁三四三一～三四三五；《明代名人傳》，頁七三九。

23 參看《明代名人傳．朱棣》。

24 參看《明代名人傳．朱祁鎮、朱祁鈺》。

25 這一點似乎尚未引起歷史學家的注意。讀者如查閱全部《神宗實錄》並特別注意萬曆與申時行的對話，當可得出這一印象。

26 參看本書第一章關於張居正不令其研習書法、第四章申時行勸諫其停止內操的敘述。

27 《神宗實錄》，頁九七四六；Samedo, *History*，頁七八～八四；Gouveia，《筆記》，第一七章。

28 《神宗實錄》，頁九七五八。

29 當時的神父 Diego de Pantoja 和 Sabatino de Ursis 曾向朝廷致信，詳 Gouveia《筆記》，第二〇三節。專家相信 Samedo 和 Gouveia 根據同一的原始資料，可能是一六一四年的 Carta Annua。對這一問題作深入的研究，當參閱葡萄牙 Ajuda 圖書館所藏文件及羅馬天主教的檔案。

30 與宦官擲銀為戲，見《酌中志》，卷一六，頁一一五。關於萬曆吸食大煙，對此問題作考證的有鄧之誠《中華二千年史》和黎東方《細說明朝》。但筆者從未在原始資料中發現這方面的記載。這一問題關係到醫藥史，需要慎重對待。

31 參見《明史》，卷一六，頁一一三；《皇明經世文編》，卷五三，頁五；《細說明朝》，頁二九三。

32 《武宗實錄》，頁七四二、一九八一、二八〇七；《明史》，卷三〇七，頁三四七一。

33 《武宗實錄》，頁二三四八、二八〇七、三四七一、三四七三、三九六〇。

34 《武宗實錄》，頁二〇二七；《明史》，卷一八六，頁二一七二、卷三〇七，頁三四七一。

35 《明史紀事本末》，卷四三；《明史》，卷三〇四；《皇明經世文編》，卷九七頁七～八、卷一一三，頁九～一一。

36 正德親征伯顏猛可，見《明史》，卷一六，頁一一四、卷二一五，頁三七六二；《武宗實錄》，頁二九三七、二九五一、二九六八、二九七〇。兩軍交戰於一五一七年一〇月一八日。正德自稱親手格殺蒙古兵，見《武宗實錄》，頁三〇三〇。《明代名人傳．伯顏猛可》的有關敘述與《武宗實錄》，頁二九六九～二九七〇所載不符。

37 《武宗實錄》，頁三〇二八～三〇三〇。

38 《武宗實錄》，頁三〇三五～三〇四二。

39 關於明軍在是役的損失，《武宗實錄》，頁二九七〇，記：「死者五十二人，重傷者五百六十三人。」《明史》，卷三〇七，頁三四七一，記：「死者數百人。」

40 《武宗實錄》，頁三一五一、三二四六三；《明史》，卷一九〇，頁二一三〇；《國朝獻徵錄》，卷一五，頁一〇、五一。

41 《武宗實錄》，頁三二一五、三三〇五。

42 《武宗實錄》，頁三一六〇～三一六一、三一九八、三二〇八；《明史》，卷一九〇，頁二一三〇。

43 《武宗實錄》，頁三二七一、三四〇四、三四七一；《明史》，卷三〇七，頁三四七二；《皇明經世文編》，卷一七一，頁一～九。舒芬，見《明史》，卷一七九，頁二一〇二；《繼世紀聞》，卷九五，頁二。

44 《武宗實錄》，頁三一八五；《明史》，卷三〇七，頁三四七二；《繼世紀聞》，卷九五，頁二。

45 《武宗實錄》，頁三三一八～三三二一、三三二四～三三二六、三三二九～三三三〇、三三三二～

三三四四、三三四七、三三五二～三三五四、三三六三；《明史》，卷一六，頁一一四、一一五。受杖而死的人數則史籍記載各有不同。又，江彬掌握祕密警察及警衛軍，見《繼世紀聞》，卷九六，頁一～二。

46 《武宗實錄》，頁三六〇二、三六〇六；《明史》，卷一六，頁一一五。

47 對於這種重文輕武的現象，萬曆曾經表示不同意見，見《神宗實錄》，頁四一八七，錢穆著《國史大綱》，冊二，頁五〇二，亦曾對此現象有所指摘。對正德的態度，黎東方著《細說明朝》即持同情的看法，見該書頁二九三。

48 正德登極時的三位大學士為劉健、李東陽及謝遷，見《明史》，卷一〇九，頁一三七二。《明代名人傳》對此三人均有傳。

49 《明史》，卷一九〇，頁二二一七，卷三〇七，頁三四七二。《世宗實錄》，頁一二二一～一二二三記，抄出黃金十萬兩，白銀四百萬兩，此數字過於龐大，恐難盡信。

50 萬曆中年以後日形消極，沉潛於釋道經籍，見《神宗實錄》，頁六一〇七～六一〇八。對萬曆的性格持另一看法者為鹿善繼。此人為戶部官員，因截留萬曆的金花銀作遼東軍費被降級外調，但他仍然說皇帝對臣僚過於寬大。見鹿著《認眞草》，卷一，頁一〇。

51 這在《賜閑堂集》的字裡行間可以看得很清楚，例如卷四〇，頁七。

52 《神宗實錄》，頁二四〇二、二七九五、二八七〇、二九二九、二九八一、三一四七、三二一五、三二四一、三四六三。

53 《神宗實錄》，頁三六六四～三六六八、三六八〇、三六九〇～三六九一。

54 《神宗實錄》，頁二七七二。

第四章

活著的祖宗

解職歸田二十三年以後，申時行在原籍蘇州度過了他按中國習慣計算的八十壽辰。萬曆皇帝已多年不見他的老師和首輔申先生，他特派專使赴蘇州祝賀存問，隨帶紋銀五十兩、繡蟒彩緞一匹、其他綢緞四匹作爲賀儀。當時申時行的健康情況已經不佳，但仍然掙扎著北向行禮如儀。他在奏本裡表示感謝說，祝賀壽辰的聖旨已經供奉保存，以爲子孫傳家之寶，銀緞則全部璧還，因爲他無顏接受這樣隆重的禮物。他身爲皇帝的蒙師和首輔，但是未能克盡自己的職責，如果不是這樣，何至理應繼承大統的皇長子到現在還沒有在翰林院的官員那裡就讀？又何至京內外大量的缺官無人遞補？據說，萬曆讀完奏章以後感到悵惘，但仍然無意接受這含蓄的勸諫。[1]

申時行把他的書房命名爲「賜閑堂」。上天已經賜給他閑暇，他就用來遊山玩水，寫字吟詩。可是很顯然，不論是站在太湖之濱看著無情的浪濤拍擊已被溶蝕的崖岸，還是坐在書房裡用典雅的韻文描寫著煙雨霏霏的江南暮春，他都沒有能忘情於世事。這二十三年中，他留下了一大批作品，在身後由家人結集鐫版，是爲《賜閑堂集》。書中詩文內容涉及的各方面很廣泛；但是一有機會，對往事的回憶和感慨總是很自然地在筆下流露。[2]詩文中有不少曖昧、隱晦甚至前後矛盾的地方，然而我們並不能草率地認爲他的著作有意欺人。從字裡行間可以看出，他對他的一生功過有自己的看法，並且對這種看法具有信心。

生當末世而身居首輔，他的困難帶有時代性，其中情形特別，不是從組織上和技術上可以解決的。他沒有明確的法律條文可資遵循，他只能依靠道德習慣和人事的手腕來應付一切。其中有內外參差之處，已不待言。在退職閑居以後，這位昔日的首輔對自己的過去毫無懺悔之意。他的思想平靜，他的良心沒有遺憾，因爲形格勢禁，他只能用調和折衷的辦法來解決問題。他自信他在執政期間的所有措施均出自誠意，這一大前提使他捫心無愧，至於成敗利鈍，那又並非他個人的力量所能左右。

他當然聽到過別人的批評。有人說張居正雖然剛愎自用，畢竟還有所成就；而忠厚長者申時行的記錄卻如同一張白紙。對這些抹殺事實的意見，申時行自然不爲所動。在他看來，以道德力量作爲施政的根本，關鍵在於防止壞事發生，而不在於瑣屑地去解決問題。如果眞像批評者所說，他的施政記錄是一張白紙，這反倒證明了一切都已納入規範，機構運轉正常，因此無事可記。然則申時行自己明白，他沒有能達到這個最高目的。至少，他這個皇帝的最高顧問，沒有能找到一個大家都能接受的方案去解決繼承問題，他竟爲此而去職。對於這個問題，如果說有些人犯了錯誤，那他申時行的差失，也不會比旁人更嚴重，最低限度不會與二輔許國的錯誤相提並論。他身居首輔，處心積慮地想在幕後不動聲色的解決這個難題，而許國偏偏不能體恤時艱，將折衝於樽俎之間的底細，全盤托底公布，以至弄到不可收拾。

申時行雖然號稱謙虛抑讓，但畢竟沒有達到唾面自乾的境界。他無意於接受那些在他看來是不中肯的批評，否則，他又何必把過去的事實和自己的看法來回反覆地寫入自己的詩文裡，而且囑咐兒子們在他身後結集刊印？顯然，他期望後來的讀者稍一思索，就能理解他施政措施的眞正意義，並且承認他的成就超過了表面上的平凡。

今天重讀《賜閑堂集》，恐怕多數讀者可以承認，申時行在文淵閣的八年半時間裡並非完全尸位素餐。他在行政上的成就，往往得力於微妙的人事安排。這樣的方式本來就帶有間接性，而他在執行時既不採取大刀闊斧的方式，也不多加渲染，這樣，他的成績就很少爲人所理解，也更少爲人所仰慕。舉一事卽可爲證：假如他眞是除了忠厚和平以外就一無可取，那麼在他執政時期發生的黃河泛濫問題，一定比實際情形要嚴重得多。

自古以來，治理黃河就是我們帝國的一大難題。由於河水流經黃土高原，疏鬆的黃土隨著河水順流而下，沉積於河床；河床過高，一旦遇到洪水，就極易沖決河堤，造成嚴重的水災。每次決口，生命財產的損失均不可勝記。

可是對於這一問題，中樞的唯一辦法，就是責成總理河道的御史妥善處置；其中技術上的問題和人力物力的動員，都需要這位欽差大臣在他職責範圍之內就地解決。根據過去的經

十九世紀水利工程圖，洪水是帝國長期存在的問題。〈引河搶紅圖〉，出自《鴻雪因緣圖記》。

驗，大規模整理河道，地區往往涉及數省，有時塡高鑿低，等於改造地形。在這樣巨大的規畫之中，自然會有意見紛紛，莫衷一是。有時尚未開工，爭執已起。所以中樞雖不直接領導工程的設計和進行，但是它所採取的立場，卻必然對全盤形勢產生決定性的影響。如果一個總理河道的御史執行他的規畫尚未及半，突然被參免職，而他的繼任者又採取完全相反的主張辦事，則百萬生靈就可能犧牲在這種官僚政治之下。

首輔申時行所賞識的治河專

家是潘季馴。這位專家提倡「河道緊縮說」。黃河所以爲害，原因是河沙淤積，河道不通。對於這一點專家們都無異說，但在解決的方案上則有截然不同的主張。有人建議加寬河道，他們認爲河道寬則水流暢；潘季馴則以爲河道寬則流速小，流速越小則泥沙沉澱的機會越多，經過若干年月之後，河床就會越積越高。他主張，應該選擇重要的地段把河道收緊，同時把附近的清水河流用人工疏鑿引入黃河，以增加黃河的流速，照這樣的辦法，可以不需要經常疏浚而可以「自浚」。「建堤束水，以水攻沙」，就是他歸納上述方針而概括成的八字箴言。他又建議，河堤不能幾十哩、幾百哩相連不絕，應該預先在河水洶湧的地方留出缺口，而在缺口之後築成第二、第三道的「遙堤」，和第一線的河堤之間構成「含水湖」。大量河水在缺口處突破第一線，流至遙堤，流速已經降低而儲蓄在這些人工含水湖中，就不致擴大其危害。[3]

在河堤合攏和迫使河水改道的工程中，潘季馴使用「柳輥」作爲有力的工具。這種柳輥通常長一百五十尺，圓周二十尺，製作的方法是先用植物和泥土像織地毯一樣構成長塊，再用大樹和繩索造成中心捲架，然後把這塊「地毯」捲在架上，用大樹枝和大繩索四周捆緊。這一用泥土、樹枝製造的大圓柱體遇水可以膨脹，因而不致被急流沖走。每一柳輥由成百上千的民工拖運到選定的地點，當地尚有上裝大石塊的舢板，早已準備停當。柳輥就位，舢板鑿沉。隨著一聲號令，大批的民工把他們已經扛在肩上的泥土，以最快的速度堆放在這倉卒搶護而成的土堤上。待到決口堵塞，再逐步把堤壩加固。很多地段日後還加砌花崗石，遠望一線白色，頗爲美觀。

對這樣規模浩大的工程，中央政府無力支付所有的費用。通常發給的款項，僅能在初步設計時作籌組全局的辦公費。茲後總理河道的御史被派爲當地的總督，有的還帶有尙書、侍郎的頭銜，以便於他在許多府縣徵用人力物力。所有的民夫、工具、糧食、醫藥和交通、通訊等等都要就地通盤籌措。所以，這一位總理河工的大臣除了工程經驗之外，還必須要具有操行無可疵議的記錄，這才能深孚衆望，動員這許多府縣的地方官，指揮如意。

潘季馴過去治河多年，無論經驗或者聲望都符合上述條件。他在一五八四年已官至刑部尙書，當時爲了代張居正的家屬求情，觸犯聖怒，因而被革職爲民。一五八七年黃河幾處決堤，開始的時候委派了一個沒有多大聲名的官員採取了若干緊急處置。一五八八年，在討論總理河道大臣一職人選的時候，潘季馴的名字有人提到，但沒有人敢向皇帝作堅決請求。正好這時候皇帝自己提出這一職務應當由「老成才望」的人充任，所以申時行才示意給事中薦舉起復潘季馴，事情得以順利通過。申時行還怕有人議論，又正好萬曆召見他面詢其他政務，他就在談話中插進了「皇上留意河道，擬用舊人，一時在任，皆稱諳練」這些話。這談話紀錄一經給事中辦公室抄寫公布，潘季馴之出任「總督河道兼理軍務」一職，也就等於出自皇帝自己的主意，反對他的就不能隨便議論了。自此在申時行任首輔的年月中，潘季馴一直負責治河，成績卓著。而到申時行離開文淵閣以後不久，他也被參劾而再度罷官。[4]

在文淵閣的八年半中間，北方邊防沒有發生重大事件，也是申時行引以自豪的政績。其實當時危機並未消失，只是依靠他處理得當，才未釀成大變。

一五九〇年，本朝的一員副總兵李聯芳在甘肅、青海交界的地方陷於蒙古軍隊的埋伏，力戰身亡。北京的文官大部分主張應當興兵討伐。這時候萬曆皇帝已很少在公開的場合之下露面，由於這一重大事件，他破例舉行早朝，朝罷以後繼續和各位大學士討論對付的辦法。萬曆同意多數廷臣的意見，認爲應當採取強硬態度，然而申時行則持有不同見解。

申時行的看法是這樣的：五十年前，北方蒙古各部落在俺答的號召下組織成一個同盟，勢力所及，東西聯亙兩千哩，與本朝軍隊屢屢作戰，殺傷軍民不計其數。到了一五七〇至一五七一年冬天，俺答改變宗旨，願意約束各部不再犯邊，而以賞賜給他的津貼和互市的權利作爲交換條件。廷臣討論之後鑒於和平的局面對本朝有利，所以接受了他的提議，還封俺答爲順義王，其他部落首領也分別給予不同的名義。

俺答對這修好的條約忠實履行不渝。他去世以後，兒子黃台吉尚能維持現狀，到了孫子撦力克，就已經沒有約束各部落的能力，全蒙同盟名存實亡。在甘肅、青海間活動的卜失兎和火落赤兩部，尤其不受節制，經常向西南方向騷擾。一旦被質問，他們就聲稱是「搶番」，即搶劫這一帶的回、藏諸部，而並非侵犯天朝。這種做法使他們既保持了賞賜和互市的利益，又保持了行動的自由。[5]

一五九〇年，本朝一個被稱爲「方大醉」的下級軍官，聽到軍士報稱蒙古騎兵侵掠邊境，他就單人獨馬衝到出事的地方。蒙古人準備答話，此人乃一介武夫，一言不發，舉刀就砍。蒙古人在退走時拔箭射中了這位莽漢，致使他第二天創發身死。於是軍中群情激憤，堅決要爲他報仇。洮泯副總兵李聯芳追逐敵軍，遇伏陣亡。報告送到北京，議論就哄然而起，大都主張停止互市，出兵作戰。順義王撦力克也作了戰爭的準備，度過黃河，即將陷洮河，入臨鞏。情勢如箭在弦上，一觸即發。[6]

然而在申時行看來，情況並非沒有緩和的可能。他不能相信撦力克已經下定了全面戰爭的決心，因爲他的同盟並不團結，並不是每個部落都願意放棄互市的利益而與本朝作戰。如果和平的希望沒有斷絕就決心接受全面戰爭，這不能說是明智的辦法。

邊境上發生這樣的事件，確實暴露了本朝的弱點，增加了蒙古人的野心。但補救的辦法不在於發動戰爭而在於鞏固內部的力量。如果邊防軍的空額都已補足，各邊鎮的倉庫充實，以游牧民族耳目之靈通，他們是斷乎不敢輕易挑釁的。如果邊防的情況依然故我，而本朝與蒙古人貿然交兵，縱使在局部地區取得勝利，這連綿幾千哩的邊防線，終歸是要被對方衝破的。說到底，卽使本朝的軍隊獲捷一百次，也不能宣布占領了大沙漠；而對方取得一次決定性的勝利，則可以使本朝徹底垮臺。

這一次處理邊境危機的經過，更清楚地闡釋了我們帝國的特質，從此中看出：軍事機構受文官控制不是沒有理由的。

邊防需要作出全面計畫和長久打算，動員的程度則既不可過低也不可過高。一般說來，全國的情況有千差萬別，不容許中樞凡事過問。因之皇帝的領導多少帶有抽象性，應當集中全力鼓舞臣工，而不必在每時每事上加以處處干預。然則在緊要關頭，皇帝左右全局決定和戰的領導力量，卻又千萬不能等閒視之。

就在這燥熱的一五九〇年夏天，申時行因爲有了萬曆皇帝的支持，終於避免了一場以國運爲賭注的戰爭。[7]這使他更進一步的體會到了本朝傳統的優越性：讓年輕的太子受傅於翰林學士，實在是高瞻遠矚。日後太子登極，翰林學士也被擢升，初爲內閣中的副手，再遇機緣遂成首輔，這不僅保持了中樞人事的連續性，而且憑著老師和學生的親切關係，可以使許多棘手的事情輕易而圓滿地得到解決。

首輔和萬曆在一五九〇年陽曆八月二十五日的談話，是記錄中的最後一次。表面上看來，師生君臣間的討論似乎散漫無重點，而實際上申時行以極爲謙卑的語調，達到了當面稟奏的目的。磋商的結果，所有的總督巡撫都供職如故，沒有人因爲這次邊境出事而被撤職或受到其他處罰，這表明皇帝對邊區各地方官的信任並未動搖：同時與俺答所訂立的和平條約至此已二十年仍然有效，不因局部衝突而廢止。首輔又提出，所有官軍的防禦不可鬆懈，並應對卜失兎和火落赤兩部特別戒備。再之則建議派遣一個重要的文臣去各邊區協調全部戰略處置。這次在御前的談話既經送交午門傳抄公布，則中樞的決心已定，不容置喙。因之摩拳擦掌的主戰派乃不得不稍事收斂。（詳附錄《神宗實錄》卷二二五）。

四天之後，原來掌管京軍訓練、帶有兵部尚書銜的鄭雒被派爲北方各鎮的經略。這時甘肅、青海邊境的形勢已經穩定，本朝的軍隊沒有發動攻擊，蒙古鐵騎大舉內犯的可能性也沒有成爲現實。一五九一年初，鄭雒乘卜失兎企圖與火落赤會合的時候，突然襲擊其側翼，截獲了大批牛羊和其他給養，同時又按照申時行「清野」的指示，讓青海的很多回藏部落他移，並把蒙古人所建造的喇嘛廟和最近運來的木材付之一炬，很多草地也以「燒荒」的方式加以破壞。撦力克看到繼續往西南移動沒有前途，也就率領主力返回黃河東北。此後蒙古人還將與本朝的將士在各處作小規模的交鋒，但是，合併長城以外各部並征服回藏以構成一個游牧民族大集團的計畫，就只能永遠放棄了。[8]

首輔申時行的執政紀錄相當複雜。他對邊境問題的處理是否全部合適，卽令時至今日，也是不易判斷的。但有一件事情總應該提到，就在這一五八七年卽萬曆十五年，遼東巡撫注意到一個建州酋長正在逐漸開拓疆土，吞併附近的部落。他覺察到養虎將要貽患，就派兵征討，但是師出不利。他認爲失敗的原因，在其部下開原道參政不照命令行事，而堅持其個人改剿爲撫的主張。巡撫參劾這參政的奏摺一到北京，被參者反而得到了京中監察官的同情，他們又出來參劾這位主剿的巡撫。申時行認爲這完全是一件小事，不值得引起內外文官的不睦；所以他又以和事佬的身分出面調停，建議皇帝視雙方的互相參劾業已彼此對消，也不再作是非可否的追究。[9]於是這位酋長今後得以爲所欲爲，而且還能夠繼續利用本朝內外官員的不和來發展他自己的千秋大業，此是後話，也不在本書敘述範圍之內。

這位酋長並非別人，據當日記錄稱，他名叫努爾哈赤，若干年之後，他的廟號則爲淸太祖。

很多歷史學家沒有提到申時行和擔力克之間的這段糾葛，更想不到他和下一個王朝的創業人還有過這一段因緣。在歷史學家看來，申時行一生做官執政的最大功罪都應以萬曆年間的立儲問題爲始終。

多數文官對申時行深感不滿。最初萬曆皇帝起了廢長立幼的念頭，就已經是不德不義了，申時行身居首輔，自應以去就力爭，不得已就應當以生死力爭。他是第一個可以在御前說話的人，如果採取了這樣堅決的態度，即使因此而去職甚至犧牲，他的繼任者也會不得不仿效他的做法，加上廷臣的輿論又是如此一致，皇帝就會被迫接受公議，以後的僵局也就不會發生了。[10]

作這樣評論的人完全忽略了申時行的性格和他的處世方針。正由於態度溫和，申時行才獲得皇帝的信任並建立了親切的關係。多年來，這位首輔正是巧妙地利用這種關係，促使皇帝的一舉一動接近於文官集團的期望。天子既要使用自己人間的絕對權威，而又不能摻進他個人的愛憎，這本來就不容易恰到好處，而要申時行採取硬性辦法督促，事實上也是無法做到的。

指斥申時行有意讓皇帝拖延立儲的說法是毫無根據的。官方記錄所載，還在常洵剛剛出生的時候，他就曾呈請皇帝早立常洛爲太子。[11]在問題剛剛露頭的時候就以明確的方式提了出來，見微而知著，不可不謂爲遠見卓識。

立儲問題會成爲萬曆朝中的一大難關，申時行在受命冊封鄭氏爲皇貴妃的時候可能就有所預感。他當時位居文臣之首，這隆重的冊封儀式自然需要他的參加和領導。[12]他和定國公徐文璧在御前接受了象徵權力的「節」，在禮官樂師的簇擁之中向右順門進發。主管的宦官在門口恭迎。他們兩人以莊嚴穩重的態度把「節」、金印以及制冊交付給宦官，然後再由宦官捧入宮中授與貴妃本人。這一套安排等於宣告全國臣民，封妃的典禮既由朝廷中最高的文武官員主持，則被封的鄭氏已非僅閨房之寵幸，而實爲國家機構中的一個正式成員。[13]連帶而及的則是皇貴妃的地位僅次皇后而在其他妃嬪之上，那麼來日她的兒子常洵可能繼承皇位，就不能說是全在廷臣預聞之外了。

但是萬曆皇帝卻堅決否認這種關係。他說冊妃與立儲是兩不相干的事。申時行在冊妃之日，曾奉萬曆之命，作詩歌詠其事。詩中有云：「漢殿俱矜寵，秦臺早得仙，今朝穠李賦，參和《小星》篇。」[14]他深感天子雖爲天子，仍不免有閨房兒女之情，因之萬曆提及他和鄭貴妃的關係（詳附錄《神宗實錄》卷二一九），申先生不置一辭。他還理解，皇帝仍然是一個有血有肉的「人」，也有他理智和感情的交戰。關於立儲一事，申時行自始至終主張忍耐，等待萬曆改變主意。他的皇上兼學生不是一個沒有理智的人，假以時日，他自己必然會對這問題找到合理的解決，而施加壓力則於事無補。

日後事態的發展證明首輔的估計並不正確。時間並沒有成爲有利因素。他在文淵閣八年半的任期中，接觸過各種複雜的人和事。他的「大事化小，小事化了」的辦事方針，並不能永遠做到弭患補闕，相反，有時造成的嚴重後果，竟會大大超出他的始料所及。

申時行在一五八三年擔任首輔。開頭的兩年，他的前任張居正一案得到解決，這個問題一天不弄得水落石出，萬曆和他的老師就一天不知道彼此的眞正意圖；到了一五八五年，這一大案件才被徹底了結，於是此後有好幾個月太平無事。到了一五八六年初，常洵出生，鄭氏被冊爲皇貴妃，立儲的爭執已經肇始。但就在這前後，萬曆已經發現他想做的事情統統不能做到，於是他想勵精圖治的念頭就一天天減退。隨之而來的是臣下的奏疏中指斥他荒怠的字眼也越來越無忌諱。有一本奏摺上說，如果皇帝不接受他的意見，天下臣民必將視之爲無道，而列祖列宗也必將痛哭於九泉。皇帝剛剛批示說此人語無倫次，應當降級外調，另一個人跟著奏上一本，內稱皇上的朱批不甚合適，那位進諫的人乃是忠臣，不但不應降級，而且應當表揚獎勵，以表現虛懷納諫的人君風度。這種「上下否鬲」的情形既已開端，至一五八七年就更加惡化。

申時行是一個敏感的人，他具有窺測旁人心情的能力。他辦事的原則基於對本朝政治制度的深刻了解。在這種特殊的制度之下，人君和人臣務必互相遷就互相讓步，倘不如是，一方面堅持大義所在，絲毫不放鬆，則只有逼使對方採取消極態度。臣僚可以請求辭職，首先由個人「乞骸骨」而延及集體，如果被革職，反倒被視爲榮譽；皇帝不能讓位推賢，他所能採取的方式是怠工，即不出面主持禮儀，不見群臣。一五八七年，當首輔申時行還只是顧慮到有這種可能性時，萬曆的朝廷已經朝這個方向邁進了。

在這一年還未到歲暮之際，皇帝所使用監視內外的祕密警察遭到了攻擊。東廠直屬於司禮監，下轄錦衣衛，其祕密情報爲皇帝處理政務所不可或缺。情報的內容非常廣泛，包括市場上重要商品的價格、各個城門的進出人員和交通工具、北京市內火災的情形等等，其中萬不可少的一部分，乃是從各處竊聽得來的談話。這種情報機關在本朝已有兩百年的歷史，早已成了政治體系中之一環。

平心而論，在本朝歷史上，萬曆皇帝不能算是過分地運用廠衛箝制臣僚的君主，[15]然則對百官來說，特務機構總是無形的枷鎖。政治上的迫害先不說，即使「家人米鹽猥事，宮中或傳爲笑謔」，[16]也大大地損害了他們的自尊心。他們早想動手制裁廠衛而苦於沒有找到恰當的機會。

其後衝突的導火線出人意外。北京城在本朝爲大興、宛平兩縣所轄。是年任職的大興縣縣令，因爲一件小事責打了太常寺供奉祭祀的樂舞生，而樂舞生有其不可侵犯的地方，責打他們，也就是蔑視祭祀大典，因之這個大興縣令被發交三法司審問。所謂三法司，即刑部、都察院和大理寺三個官署混合組成的法庭，通常只受理覆審。這次之所以破例，是由於太常寺提出了冒犯宗廟的重大罪狀。文官們雖然覺得這罪狀近於小題大做，但如果經過三法司這一機構審問，事情倒可以早日了結。[17]

事情又牽涉到了東廠。東廠下設鎮撫司，凡屬觸犯皇帝的案件和牽涉到官員們的刑事案件，這個鎮撫司同樣具有訊問以至拷打之權。當得知三法司已經受理大興縣令這一案，他們表示不再爭執審訊權，只要求派出兩名錦衣衛校尉出席旁聽，以便把經過情況向皇帝報告。

刑部尚書李世達認為這一案件屬於文官內部的糾紛，用不著東廠錦衣衛的干預。[18]但是東廠提出要派兩個校尉參加旁聽，他又沒有嚴辭拒絕，而只是托辭推諉，說什麼人犯未齊，尚未審問。及至開庭審問之日，這兩個校尉則給維持秩序的文官所阻擋，不得入內參與旁聽。

如是情狀據實報告到皇帝跟前，致使龍顏大怒。萬曆對於太常寺和大興縣的衝突並無樂趣，他之所以震怒，乃是文官們拒絕校尉旁聽，明明是故意和他過不去，因之已不能對此表示沉默。於是他一面讓宦官口傳聖旨向文淵閣提出質問，一面聲稱他要把這一案件移交東廠鎮撫司審問。這時，首輔申時行又以和事佬的身分出現，勸說李世達向皇帝賠禮道歉。李世達照此辦理，皇帝因而得以保全面子，取得了精神勝利。可惜的是這精神上的勝利維持的時間未免過短，幾個月之後，文臣們又找到了管理東廠宦官張鯨的差錯，群起而攻之。

檢舉張鯨的奏章中指斥他與某些文官勾結，並且接受賄賂。[19]其所列舉的罪狀看來都鑿鑿有據，只是當時勾結爲奸，納賄貪財的一段罪狀也可以加之於許多高級廷臣身上，寫奏呈的人似乎全未計及。張鯨事後感慨，由於他的嘴巴說話太多，所以才招致了那麼多的攻擊，不能算是事出無因。只是根本的原因還是在於機構本身，其職務與文臣的利害相違。萬曆一朝的衝突，文臣占優勢，與天啓朝廠衛跋扈、緹騎氣焰沖天的情形恰爲尖刻的對照。

起初，萬曆皇帝還沒有意識到事態的嚴重，他以爲對張鯨作一番口頭申斥就足以了事。廷臣見參劾無效，索性一不做二不休，準備參劾全部的大學士，以造成張鯨不除、內閣也別想安生的輿論壓力。由於群情鼎沸，萬曆只好承認失敗，把張鯨免職。據當時接近皇帝的人透露，這件事曾使皇帝大爲傷心。

但就在張鯨將去未去之時，尙有一個下級官員不知道皇帝已經屈服，竟然又上了一個奏本，說張鯨如此難去，想必是皇帝陛下也接受了他的賄賂。[20]這種無禮的奚落使這位官員挨了六十廷杖，但是年輕的皇帝卻爲此而更加心灰意懶。他本來已經對早朝和經筵感到極度厭倦，至此他拿定主意，今後再也不願意公開接見這些不誠實的、口是心非的臣僚了。他隱居在深宮裡，唯一能和他呼吸相通、憂患與共的就是貴妃鄭氏。

多年之後，申時行辭職家居，追思往事，他既不埋怨皇上，也不指責自己。他在著作中只是提到了年輕人不知世務，輕舉妄動，以致弄得事情不可收拾。[21]他回憶起在他擔任首輔八年半的時間中，曾經有過一個絕好的機會襄助皇帝成爲堯舜之君。此即一五八五年張居正一案落實之後、一五八六年初常洵尚未出生之前的幾個月。然而這機緣卻又這樣地短暫，他稍一忽視，就一去而不可再得。

當時的萬曆皇帝眞是精神煥發、勵精圖治，對申先生提出的要求也全力以赴，極爲難得。在我們形式化的政府中，表面卽是實質。皇帝既能熱心參與各種典禮，就充分表示了他的誠意，足以策勵臣工趨向勤儉篤實。申時行只要閉起眼睛，就立刻會在記憶中浮起當年皇上步行祈雨的一幕情景。這件事發生於一五八五年，歲次乙酉，卽當日「萬曆之治」可能成爲現實的短時間內。

這次祈雨與往常不同。在經過的儀式中，萬曆第一次也是最後一次向普天之下表示了他關心民瘼的誠意。

一五八四年入冬以來，北京一帶就缺少雨雪。次年春夏之間亢旱更甚，河流見底，井中無水可汲。御前對此極爲焦慮，在命令各個地方官求雨無效之後，他決定親自向上天祈禱。所採用的祈禱儀式，一部分由禮部在檔案中參考成例草擬，但具體細節卻出於皇帝御制，比如要求全體人員徒步走赴天壇圜丘而置轎馬於不用，就完全是他自己的主意。[22]

儀式舉行的前三天，皇帝已經齋戒。前一天，他又在宮中奉先殿默告祖宗，隨後又面稟慈聖太后。致上天的表文則親筆稱臣，簽上朱翊鈞的名字，先一日送至南郊神庫。

陽曆五月十六日黎明，皇帝駕到皇極門，他的衛士和隨從排開成爲一個長方形的隊伍。此時禮官報告，各官在大明門整隊已畢，皇帝就開始步行出發。

北京的居民從來沒有看到過這樣莊嚴而樸素的儀式。所有的人員，包括皇帝、文武百官和宦官，一律穿藍色布袍，頸部和下緣以黑布鑲邊，平日的金銀玉帶此時全部不用而代之以牛角帶。旗幟和樂隊也概行免去。大街左邊是兩千名文官，右邊是兩千名武官，都列成單行兩相對稱，浩浩蕩蕩，和皇帝一起步行前往天壇。這些幸運的居民得到了一生中唯一的機會，親眼看到了當今天子。

祈雨的隊伍經過大街，一切交通當然需要暫停。但是天子平時出行時採取的「除道」措施，卽要求全部店鋪關門、行人斂跡的規定，這次卻免予執行。[23]這也是皇恩浩蕩，允許小民有一睹天顏的機會。

居民們所看到的萬曆皇帝是一個相貌端正的年輕人，臉圓鬚短，身材稍胖。他以如此虔誠的姿態邁著穩重的步伐，使看到的人無不爲之感動。

對萬曆皇帝來說，這四哩之遙的長途步行當然不是一件輕鬆的事情，因爲這是他有生以來第一次的如此跋涉，而且當時的天氣已越來越熱。

天壇圜丘在北京城南，爲今上的祖父嘉靖皇帝在一五三〇年所建。[24]萬曆皇帝在這同心圓的最下一層石階上跪下祈禱，上香之後，又向上天叩頭四次。文武百官列隊站立在南牆之外，當皇帝跪拜時，贊禮官在昭亨門傳贊，百官也依樣跪拜如儀。

行禮既畢，皇帝召集大學士、六部尚書和其他高級官員在左櫺星門外所設的帳篷內發表訓辭。萬曆聲稱，天時亢旱固然是由於他本人缺乏德行，但同樣也是貪官污吏剋

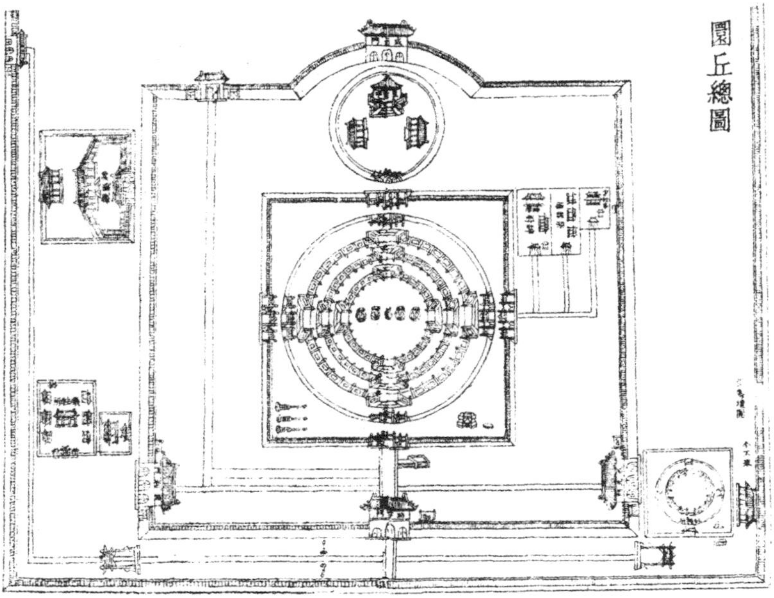

天壇圜丘，萬曆帝祈雨處。〈圜丘總圖〉，出自《欽定古今圖書集成．經濟彙編．禮儀典》。

剝小民、上干天和的結果。現在務必要改弦更張，斥退壞人，引用好人。

申時行卽席代表全體官員致答辭，聲稱臣等奉職無狀，以致天降亢旱，皇上代表全體臣民祈禱，當然會上格天心，如果還有官吏不能仰體皇上的誠意，臣等一定要嚴加申飭。

萬曆當卽指示把這種要旨公之於天下。

一五八五年五月十六日的敕文就體現了這個指示。敕文告誡貪贓枉法、酷害百姓的官吏必須痛加改悔，絕不能再把中樞的命令視爲具文，如有違不奉行者，定當嚴懲不貸。[25]同時萬曆又命令戶部在災害嚴重的地區免徵賦稅一年。

儀式結束，準備起駕回宮，宦官們讓御轎抬到萬曆跟前，但他堅決不坐，仍和百官步行回宮。

這支隊伍人數衆多，起止需時，到達大明門已經是下午最炎熱的時候，隊伍剛剛解散，兵部的一個主事就迫不及待的從袖子裡抽出一把摺扇使勁地揮動。負責糾察的御史發現這一情狀，認爲其時雖然已經散隊，但此人如此不能忍耐，仍然屬於失職。爲此，這位主事被罰俸半年。[26]

申時行侍奉皇帝到皇極門，然後叩頭退下。臨行時他向萬曆致以慰問，萬曆則答稱「先生勞苦」。[27]這時候首輔固然既飢且渴，極度疲憊，但是相比之下皇帝的任務要更爲勞累，他還要到奉先殿去向列祖列宗匯報，匯報完畢還要參見慈聖太后。

申時行不能算是一個迷信的人，從各種記錄上都看不出他相信通過占卜祈禱的方式就可以和宇宙的神祕力量有所來往。他在一次給萬曆的奏章上說，「臣等不習占書，不知事驗」，足以清楚地說明了他的態度。[28]同時，也不能認爲萬曆是一個過度迷信的人，在選擇皇帝陵寢的過程中，廷臣曾因風水問題，展開了激烈的爭辯。最後萬曆表示「當日秦始皇在驪山築陵，何嘗不講究風水」？[29]從這一達觀的態度來看，他對風水的信仰，也只能在若有若無之間。

但是迷信與非迷信，其間的分野也可能極爲模糊。例如，當一個人強迫自己對一件事情、一種前途建立信念，則其與宗教式的皈依就相去極微。因爲凡是一個人處於困境，他就不願放棄任何足以取得成功的可能性，即使這種可能性極爲渺茫，沒有根據，他也要把它作爲自己精神上的寄託。[30]

在這一五八五年亢旱的初夏，朝廷上下的情形就和此種情況極爲接近。當時一天過去又是一天，仍然是驕陽酷日，人們的焦慮也就達到了最大限度。因爲每一個人都知道，皇帝的宮廷不能永遠建立在一個土地乾得發裂的京城裡。皇帝親自出動，以最虔誠的態度和最莊嚴的儀式向上天求雨，不論是出於迷信，或者其動機是維繫人心，最低限度表示了事情並未絕望。希望就產生於這種人爲的奮鬥之中。他的掙扎，他的自我責備，以及他對臣僚所作的愛民的訓示，都可以安慰困窘中的人心，有如一服清涼劑。他的政府一向認爲精神的力量超過實際，因此他這次求雨卽是做皇帝克盡厥職的最高表現。

最後，一場甘霖有如千軍萬馬，突然降臨到人間。最初是雨中帶雹，旋卽轉爲驟雨，稍停以後又是一陣驟雨，雨勢一直延續到第二天。這場雨發生在陽曆六月十二日，距離皇帝徒步天壇求雨已將近一個月，但是任何人也不敢妄議這不是聖心感動上蒼的結果。皇帝自己也當仁不讓，興高采烈地命令百官感謝上蒼的恩典。[31]首席大學士也爲他感到高興，因爲在這時候，萬曆皇帝可以在精神上引以爲自慰和自滿的機會已經不是很多了。

申時行理解萬曆的感情，同情他的處境，但是他和其他大臣一樣，仍認定皇帝的職分應當在宮殿之內，除了行禮如儀之外，他不應當置身於其他事情之中，以生輕妄的觀感。比如說萬曆想親自操練兵馬，申時行就會和其他文官合作，竭力阻止。朱翊鈞是否有軍事天才？這一問題沒有歷史家能夠解答，我們所知道的，則是他卽使有任何創造的能力，也因爲他身著龍袍，貴爲天子，而無法施展表現。而在阻止他發揮個性的群臣中，首席大學士申時行的力量雖不顯著，卻極爲重要。

文官們阻止萬曆親自操練兵馬，他們自認有歷史上的先例，因爲本朝除了開基創業的祖宗以外，御駕親征的事例極少。最近一百年內僅僅有一個正德皇帝做過這樣的事情，而正德的行動，又被公認爲離開了傳統的軌道。

爲人君者，就應該安居垂裳，所以不僅練兵要遭到反對，就是外出旅行也應該在限制之列。今上的祖父嘉靖皇帝一生，僅在一五三九年一度回到湖廣承天府巡視過他的出生之地，[32]此後的二十七年中就沒有離開北京一步。父親隆慶在位五年餘，僅僅到京郊謁陵一次，而且爲時只有四日。[33]而萬曆在一五八三年春天到一五八五年夏天卻已謁陵四次，這毫無疑問是過於頻繁了。[34]

尤其使群臣爲之不安的是，謁陵這個莊嚴的典禮竟成了皇帝督視內操的藉口。謁陵的隨從武裝是御林軍。這支軍隊當年經過張居正的同意而在一五八一年建立，駐在京城東北角，受御馬監太監的節制。[35]

近年來，這支部隊的兵員倍增，訓練加緊，每天黎明以前，馬隊在街上的鐵蹄聲每每把居民的好夢驚醒。一五八四年夏天，一個溽暑蒸人的日子，皇帝親自在皇城內觀看御林軍的射箭比賽，比賽延續到傍晚才宣告結束。好幾個宦官因爲受不了酷日的煎炙而暈倒，而皇帝卻依舊神清體健。[36]

文官們對皇帝過人的精力毫不欣慰，反而接二連三地送上奏本，指責內操的不當。勸說無效，他們就對申時行施加壓力，希望首輔運用他的影響使這種操練停止。

從法制上講，廷臣所提出的諍諫是否具有成憲的根據很難概說。本朝從沒有宣布過皇帝不能親率禁軍。永樂皇帝所用過的長矛一直供奉在午門樓上，就是皇帝帶兵的實證。[37] 正德皇帝的行動雖然大干物議，然而他始終沒有向輿論低頭。而且以前皇帝的御林軍都歸宦官管轄，就此一點，今上的措施也就無法直接批判。因此，文官們只能舉出一些道德上的理由，例如兵凶戰危，皇上舞劍弄槍有損承平氣象等等，其所用辭語顯然不能中肯。

然而文官們的意見又豈能完全忽視？他們是本朝政府的支柱。全部文臣既以倫理哲學作爲基礎推行了現今的統治方式，當然討厭皇帝親率禁軍，造成文武均衡甚至武高於文的局面。只因爲他們個個都是忠臣，不便站在對等的地位去和皇帝談判，更不能借勢要挾。然則這些不便不能之處卻沒有使他們放棄初衷，即作諍諫時，他們胸中有數，意志堅決，目的不達，決不甘休。

老成練達的申時行善於洞察事情的陰和陽。他知道，道德不過是藉口，問題的癥結是廷臣的安全感。真相既明，他就採取最有效的方式來解決問題。他不事張揚，悄悄地和宦官們談判。

他後來寫下的文章，闡述了此中奧妙。申閣老此時質問御馬監的諸宦官：幾千個官兵帶著武器在皇帝身旁，誰能保證他們中間沒有人參與做壞事的陰謀？萬一有變，其他警衛人員救護不及，誰負得起這樣重大的責任？諸位身爲將領，又豈能置身事外？首輔還可能在此時提出江彬的先例，用本朝的歷史，引證凡是和文官集團公開作對的人，沒有一個能得到善終。即使是皇帝最親信的人，遲早也會被大衆清算。這一番危言聳聽的遊說取得了預期的效果，用申時行自己的話來說，就是「諸璫竦然」。[38]

帶兵的宦官既已爲申時行的言辭所震懾，他們不再願意參與內操，轉而勸說皇帝放棄親率禁軍。這種釜底抽薪的辦法，爲效極顯；而且皇帝不是一個沒有理智的人，他知道如果堅執己意，他和臣下的衝突勢必與他叔祖正德一朝的情況相類似。他既不願意走此極端，遲早就得讓步，所以從這時起他就對禁軍逐漸不加過問。一五八五年之後，御馬監勇士相次爲人遺忘，禁軍這一組織也就逐漸於無形中瓦解。[39]

申時行以辦理外交的方式來主持內政，御林軍事件的順利結束，更證明了這種方式確實卓有成效。他欣賞自己「從中調劑，就事匡維」這一處世和執政的原則，對待皇帝的辦法則是「顯諫者不若潛移爲妙」。因爲這種辦法既對皇帝的權威無損，而臣下的目的又可以達到，這比之於臣下在奏章上奚落昏庸的皇帝，而皇帝用荊條痛打犯上的群臣總要高明得多。

申時行所始料未及的，就是萬曆皇帝比他申先生又更高一手，他看透了這種鬥爭的眞情實相，知道自己生氣都屬無效，莫若用「無爲」的辦法，對付所有的糾纏，因之他的消極也越來越徹底了。

自從一五八五年以後，萬曆除了僅僅於一五八八年對自己的定陵再度視察過一次以外，三十多年，他沒有走出過紫禁城一步，創造了自古至今的最高紀錄。[40]

皇帝離開京城不到五十哩竟然會成爲一個嚴重問題，也是當日國家組織的特別現象。萬曆於一五八三年至一五八五年之間的四次謁陵，其眞正的目的是在尋覓及視察他自己的葬身之地。然則既要經過祖墓的附近，謁祭卽不可免。既爲謁陵，種種儀式自然應當周到齊備。因之每次出發以前，禮部必須斟酌成例，擬訂各種詳情細節，有的陵墓由皇帝親自祭謁，有的則由駙馬等人代爲行禮。御駕每次出動，京城立刻戒嚴，每一座城門都由一位高級文臣和武將共同把守。皇弟潞王當時尚未成年，他的任務是把鋪蓋搬到德勝門的城樓上居住，密切監視御駕必經之路。[41]

這支謁陵隊伍聲勢十分浩蕩顯赫，其中有陪同皇帝的兩位皇太后和皇后皇妃，加上隨從的宦官宮女、文官武將、大漢將軍、御馬監勇士、京軍等等，人數多達幾千。到了郊外，皇

明〈入蹕圖〉（局部）。國立故宮博物院。

帝及其家屬住在佛寺裡，其他隨從人員則臨時搭蓋帳篷以供休息住宿，這一切要先期準備周詳，不能稍有差錯。

在這幾十哩的道途上，一些地方官、耆老以及學校的教官被引導在御前行禮。皇帝對他們慰勉有加，並宣布他所經過的地區免稅一年，以酬答當地居民對他這一行所作的供奉。

這樣的隊伍和排場，兩年半之內要組織四次，廷臣就感到過於頻繁了，於是，使皇帝掃興的事情紛至沓來。北方邊鎮馳報蒙古部落頗有蠢動的徵象，叩請御駕謹慎小心；禮部的官員據此堅請皇帝縮短出行的時日。有一次，皇帝的侍衛旁邊發生逸馬狂奔的非常事件，又有一次有若干文官誤入禁地，這些都由御史據實奏報御前，以期引起應有的警惕。經過這些周折，本來應該是很愉快的小事遊憩已全無樂趣之可言。[42] 一五八九年萬曆曾經表示還想出巡一次，監察官聽到以後立刻上書諍諫。他們說，皇上已經感到自己火氣過旺，必須放棄早朝以事休養，那麼就更不應該出城遊玩而使火氣增加。皇帝讀完這些奏章，從此就沒有再提出巡一事。[43]

萬曆所巡視的爲自己預築的陵墓動土於一五八四年的夏季。[44]這項巨大的工程微妙地體現了把皇帝不當作一個有血有肉的人，而把他當作一種機構的看法。萬曆皇帝缺乏堅強的意志和決心，但並不缺乏清醒和機靈的頭腦，然而他竟欣然接受了這種精神上的活埋。

陵墓內的葬室築有停放梓宮的石床。石床上留出來的位置共有三個，除了皇帝和皇后以外，還有一個位置留給下一代皇帝的生母。萬曆目睹之餘，不禁感慨系之。他所心愛的女人卽使不能在生前成爲皇后，在死後也應當陪伴在他的身旁。否則，他和世界上唯一能夠心心相印的女人在皇城的寺院裡雙雙祈禱又所爲何來呢？朱翊鈞在生之日有妃嬪數十，宮女無數，但與皇貴妃鄭氏始終形影不離。可見生死同心，是他們的宿願。這樣美好的宿願又是否能成爲現實呢？當日皇帝想到這些，這大峪山的工程，就又和立儲一事相始終而不可分割了。

皇帝在世之日預築陵寢，在本朝有洪武、永樂、嘉靖三朝的成例可援。[45]其不同之處，在於定陵竟然預築於萬曆皇帝的青年時代。據申時行後來說，這一建議始創於一五八三年張四維做首輔的時候，當時皇帝還不足二十歲。但這建議一經提出，他立卽欣然同意，並親自參與地址的選擇和工程的設計。[46]他當然不是認爲自己去死不遠，而是躊躇滿志地感到他已經不折不扣地取得了列祖列宗的地位，足以讓千秋萬歲之後的人們崇敬。同時，他雖然年未二十，但是已爲人父，而且御宇已經十年，具有足夠的資格承當這一光榮。

這次預築陵寢的工程和別項工程不同，差不多完全沒有廷臣勸諫。[47]惟一的爭執在於風水問題，已如上文所述。最後由於皇帝宸衷獨斷，才平息了這場糾紛。爭論者沒有想到，平日他們以道德的名義解決技術問題，現在卻要用技術的名義去解決道德問題，只是皇帝以秦始皇和驪山爲例，不肯過於講究，以致堅持風水的人，不能繼續用這個名目作黨爭的根據。[48]

築陵是本朝大事，有司職責所繫，於是組成了一個類似於委員會的機構，成員有尚書三人、司禮監太監和高級軍官數人，總其成的是定國公徐文璧和首輔申時行。軍官之所以參加這個機構，是由於大量的土木工程需要兵士的體力。徐文璧是開國勛臣徐達之後，各種重要的禮儀都少不了由他領銜，而全部的擘畫經營無疑還要由申時行一力承擔。[49]到一五八七年，申時行已親赴大峪山督工多次，其盡瘁王事的忠忱，當然會被年輕的皇帝所體會並因此增加對於申先生的信任。

定陵的建築經過詳見於當日工部的記錄報告之中，其建築結構則因一九五六年的發掘而爲四百年後的人們所了解。整個看來，玄宮的宗教色彩農厚，其石製椅案綴飾以帝后的標誌如龍鳳，其下緣則爲蓮瓣，乃是佛家傳統。[50] 其懵懂於下世超生的觀念，實際上是一種希望，一種幻想。內中埋藏的金銀和瓷質的面盆固然予人以現實化的感覺；可是木雕的人俑馬匹卻又只有玩具一樣大小，顯示著築陵的人將「長生不死」的觀感，認作一種心理狀態，只能於半信半疑間得之。

今天，有思想的觀光者，走進這座地下宮殿的玄宮，感觸最深的大約不會是這建築的壯麗豪奢，而是一個躺在石床中間、面部雖然腐爛而頭髮卻仍然保存完好的骷髏。

它如果還有知覺，一定不能瞑目，因爲他心愛的女人，這唯一把他當成「人」的女人，並沒有能長眠在他的身旁。同時，走近這悲劇性的骸骨，也不能不令人爲這整個帝國扼腕。由於成憲的不可更改，一個年輕皇帝沒有能把皇帝的創造能力在政治生活中充分使用，他的個性也無從發揮，反而被半信半疑地引導進這烏有之鄉，充當了活著的祖宗。張居正不讓他習字，申時行不讓他練兵，那麼他貴爲天子並且在年輕時取得了祖宗的身分，對事實又有什麼補益？富有詩意的哲學家說，生命不過是一種想像，這種想像可以突破人世間的任何阻隔。這裡的地下玄宮，加上潮濕霉爛的絲織品和膠結的油燈所給人的感覺，卻是無法衝破的凝固和窒息。他朱翊鈞生前有九五之尊，死後被稱爲神宗顯皇帝，而幾百年之後他帶給人們最強烈的印象，仍然是命運的殘酷。

至於首輔申時行，他在監督定陵工程的時候究竟產生過多少感想，又產生過多少感慨，在留傳到今天的官方文件上自然是查不到的。我們所能看到的是申時行在參與了破土典禮以後給皇帝的祝辭：「永綏列聖之神靈，預卜萬年之兆域。」[51]

我們還能看到的是他在一五八六年舉行正殿上梁典禮以後給皇帝的祝辭：「爰諏升棟之辰，適應小春之候。先期則風和日暖，臨時則月朗星輝。臣工抃舞以揚休，民庶歡呼而趨事。」[52]

這些辭藻上的對偶和華麗表現了想像中的至美至善，但是皇帝和他的老師彼此也都明白，對這樣的文字不能過於認眞。因爲其時陵墓工程已延續多年，其耗用的財力已使國庫受到影響，而徵用的軍民人力，也應當使「歡呼而趨事」者感到了難以解脫的痛苦。一五八七年即萬曆十五年，國史上記有這麼一條：「賜壽宮工人湯藥及老弱饑號難以回鄉者路費。」[53]這條通令不可能未經皇帝和總攬工程的首席大學士過目，但是所謂賞賜是否確實發下，發下的數字又是否足敷使用，則無人證實了。

明十三陵之一，萬曆帝陵寢明定陵。

注釋

1 《神宗實錄》，頁九八〇五、九八六三~九八六四；《賜閑堂集》，卷六頁三〇~三一。申時行於此後不久即謝世，見《神宗實錄》，頁九八七七。《明史》，卷二一八，頁二五二六，所稱萬曆「四十二年，時行年八十，帝遣行人存問，詔書到門而卒」，是簡略的記載。

2 《賜閑堂集》，卷二，頁一、四、五、卷五，頁一諸詩，都是這一類作品。

3 申時行對河患的敘述及潘季馴的治河理論，見《神宗實錄》，頁三七九九。反對潘季馴的理論，請參看《明史》，卷八三、八四、二二三及岑仲勉著《黃河變遷史》。Needham 所著《中國科學技術史》（英文原版）第四冊，第三章，頁二二九、二三七、三二五、三四四有生動的記載。《明代名人傳》中關於潘季馴和劉大夏的傳記亦可參閱。

4 潘季馴總督河道及其經理工程，見《神宗實錄》，頁三七〇六、三七二二、三七九八；《皇明經世文編》，卷三七五及潘季馴著《河防一覽》。申時行對潘季馴具有信心，見《賜閑堂集》，卷一八，頁六。關於治河的財政措施，見 *Taxation and Governmental Fianance*，頁二七九~二八一。

5 《明史》，卷三二七，頁三七六九。

6 《明史》，卷三二七，頁三七六七；《神宗實錄》，頁四一七三~四一七四；《皇明經世文編》，卷三八一，頁二一。

7 《神宗實錄》，頁四一八六~四一九一。

8 《神宗實錄》，頁四一九三、四一九七~四一九九、四二五三~四二五四、四二八一~四二八三；《明史》，卷二〇，頁一三九；《皇明經世文編》，卷二八一，頁二。

9 關於努爾哈赤的這些情況，見《神宗實錄》，頁三六一一~三六一二。

10 《明史》，卷二一八，頁二五二六；謝國楨著《黨社運動考》，頁一六、二八；《明代名人傳》，頁一一八九。

11 《神宗實錄》，頁三〇九四~三〇九五。

12 《神宗實錄》，頁三二一七，參看頁二六〇七、二八一四。

13 冊妃的儀式，見《大明會典》，卷四六，頁二六～三三。一五八四年秋冊立鄭貴妃的經過，見《神宗實錄》，頁二八〇五～二八一一。

14 《賜閑堂集》，卷一，頁一二。

15 丁易著《明代特務政治》；《明史》，卷九五，頁九九三～九九五；《酌中志》，卷一六，頁一〇四；Hucker, "Governmental Organization"，頁六〇。但萬曆在明代並非是以聽用特務而著名的君主，參看孟森著《明代史》，頁二八七。

16 《明史》，卷九五，頁九九五。

17 《神宗實錄》，頁三六一三～三六一四。

18 李世達，《明史》，卷二二〇有傳。《明代名人傳》誤刊作李士達。

19 《神宗實錄》，頁三八二八、三八三三～三八三七、三八四〇～三八四四、三八四六、四一〇三；《明史》，卷三〇五，頁三四二七。關於文官與此事的牽涉，見《明代名人傳》，頁五〇，但該書將張鯨誤刊為張黥。

20 此人為李沂，事見《神宗實錄》，頁三八四八、三九七一。

21 《賜閑堂集》，卷一四，頁五，卷三八，頁一七，卷四〇，頁七。

22 《神宗實錄》，頁二九三三～二九三五；《大明會典》，卷八四，頁一七、二〇～二二。

23 《大明會典》，卷八四，頁二一。

24 天壇圜丘建於一五三〇年，見《大明會典》，卷八二，頁二二～二四；《春明夢餘錄》，卷一四，頁一～二。一五八八年曾加修葺，見《神宗實錄》，頁三七九九。

25 《神宗實錄》，頁二九三五。

26 《神宗實錄》，頁二九三五。

27 《神宗實錄》，頁二九三五。

28 《神宗實錄》，頁三一七一。

29 《神宗實錄》，頁三〇一二。

30 關於這個問題，利瑪竇曾經作過觀察。他說：「他們（指當日的明朝官紳——筆者）認為放任錯誤，不直接指斥其荒謬，乃係一種高度的宗教作風。」在另一段裡，又說：「他們大多數公開承認沒有宗教信仰，在假裝著存信心的時候，他們實際陷於深度的無神論。」見 *China in the Sixteenth Century*，頁九八～九九、一〇五。此書有 Gallagher 的英譯本，其譯文錯誤頗為評論者所非難，原因或恐係自一六一五年拉丁文版翻譯之故。筆者曾請同事 Gianni Azzi 教授口譯義文原本，這兩段譯文並無錯誤。這兩段文字載在義大利文 Fonti Ricciane，冊一，頁一二〇、一三二。但利瑪竇似乎不能理解，當日官紳的「放任錯誤」具有實用的價值。本書下一章戚繼光摻合迷信一事，就多少可以說明這一問題。

31 《神宗實錄》，頁二九四八～二九四九。

32 《世宗實錄》，頁四五九八～四六三〇。

33 《穆宗實錄》，頁四八九～四九一。

34 萬曆在一五八〇年謁陵一次，一五八三年二次，一五八四及一五八五年各一次，見《神宗實錄》，頁二四九八～二五〇一、二六二四～二六二七、二八三五～二八三七、三〇一〇～三〇一一。

35 《皇明經世文編》，卷三八一，頁一〇～一一。

36 《神宗實錄》，頁二七七二、二七七四、二七九四、二八八二、二九一八、二九三七。

37 萬曆曾親登午門門樓瞻仰永樂之矛，見《神宗實錄》，頁九四二。

38 《皇明經世文編》，卷三八一，頁二二；《國朝獻徵錄》，卷一七，頁一四八曾加節錄。

39 《神宗實錄》，頁二九一九。

40 此係一五八八年之謁陵，見《神宗實錄》，頁三七九六～三七九八。

41 《神宗實錄》，頁二四九三、二四九八～二五〇一。

42 《神宗實錄》，頁二四九九、二六一四、二六二五、二八三五、二八三七。

43 事在一五八七年，見《神宗實錄》，頁三八九三～三八九四。

44 《神宗實錄》，頁二八四一。

45 《神宗實錄》，頁二四六二。

46 《賜閑堂集》，卷四〇，頁一七；《神宗實錄》，頁二四六二、二八四七。

47 唯一的例外是，一五八五年有一位御史因為旱災而建議停工，但這一建議未被接受，也沒有惹起糾紛，見《神宗實錄》，頁二九一七。

48 當時由於風水問題而致使禮部尚書徐學謨辭官，但其實際則與反對張居正的情緒有關，見《神宗實錄》，頁二五四〇、二五九四、二六一六～二六一八、二六六九，《明史》，卷二一八、二二五、二三六、二四三。風水問題的背景為人事問題，請參看謝國楨著《黨社運動考》，頁一五，《明代名人傳·徐學謨》。萬曆表示大峪山地點係他親自決定，反張集團才無法再在這一問題上做文章，見《神宗實錄》，頁二九八三、三〇一三。

49 這個類似委員會的機構，見《神宗實錄》，頁二八四七，參與者共十人。

50 《考古通訊》，一九五八年七期，頁三九～四四；《考古》，一九五九年七期，頁三五八。

51 《神宗實錄》，頁二八三七。

52 《神宗實錄》，頁三三四三。

53 《神宗實錄》，頁三四七四。

第五章

海瑞——古怪的模範官僚

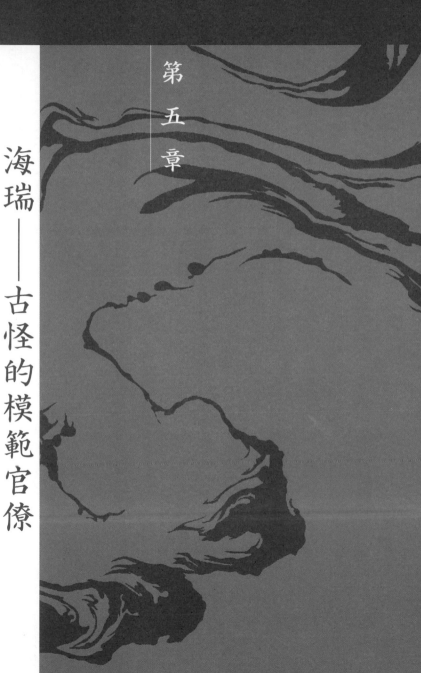

一五八七年陽曆十一月十三日，南京都察院右都御史海瑞在任所與世長辭。[1]他是一個富有傳奇性的人物，對他的生平行事應該如何評論，人們曾經發生過尖銳的爭執。這爭執一直延續到多少年以後還會成爲問題的焦點。

和很多同僚不同，海瑞不能相信治國的根本大計是在上層懸掛一個抽象的、至美至善的道德標準，而責成下面的人在可能範圍內照辦，行不通就打折扣。而他的尊重法律，乃是按照規定的最高限度執行。如果政府發給官吏的薪給微薄到不夠吃飯，那也應該毫無怨言地接受。這種信念有他自己的行動作爲證明：它官至二品，死的時候僅僅留下白銀二十兩，不夠殮葬之資。[2]

然則在法律教條文字不及之處，海瑞則又主張要忠實地體會法律的精神，不能因爲條文的缺漏含糊就加以忽略。例如他在南直隸巡撫任內，就曾命令把高利貸典當而當死的田產物歸原主，因而形成了一個引起全國注意的爭端。

海瑞從政二十多年的生活，充滿了各種各樣的糾紛。他的信條和個性使他既被人尊重，也被人遺棄。這就是說，他雖然被人仰慕，但沒有人按照他的榜樣辦事。他的一生體現了一個有教養的讀書人服務於公衆而犧牲自我的精神，但這種精神的實際作用卻至爲微薄。他可以和舞臺上的英雄人物一樣，在情緒上激動大多數的觀衆；但是，當人們評論他的政治措施，卻不僅會意見分歧，而且分歧的程度極大。在各種爭執之中最容易找出的一個共通的結論，就是他的所作所爲無法被接受爲全體文官們辦事的準則。

海瑞充分重視法律的作用並且執行不阿，但是作爲一個在聖賢經傳培養下成長的文官，他又始終重視倫理道德的指導作用。他在著作中表示，人類的日常行爲乃至一舉一動，都可以根據直覺歸納於善、惡兩個道德範疇之內。他說，他充當地方的行政官而兼司法官，所有訴訟，十之六七，其是非可以立即判定。只有少數的案件，是非尚有待斟酌，這斟酌的標準是：

凡訟之可疑者，與其屈兄，寧屈其弟；與其屈叔伯，寧屈其侄。與其屈貧民，寧屈其富民；與其屈愚直，寧屈刁頑。事在爭產業，與其屈小民，寧屈鄉宦，以救弊也；事在爭言貌，與其屈鄉宦，寧屈小民，以存體也。[3]

用這樣的精神來執行法律，確實與「四書」的訓示相符合。可是他出任文官並在公庭判案，上距「四書」的寫作已經兩千年，距本朝的開國也已近兩百年。與海瑞同時的人所不能看清楚的是，這一段有關司法的建議恰恰暴露了我們這個帝國在制度上長期存在的困難：以熟讀詩書的文人治理農民，他們不可能改進這個司法制度，更談不上保障人權。法律的解釋和執行離不開傳統的倫理，組織上也沒有對付複雜的因素和多元關係的能力。

海瑞的一生經歷，就是這種制度的產物。其結果是，個人道德之長，仍不能補救組織和技術之短。

海瑞以舉人出身而進入仕途，開始被委任爲福建某個縣的儒學教授，任期四年。到一五五八年升任浙江淳安知縣的時候，他已經四十五歲。

這淳安縣乃是往來三省的孔道，交通發達，本縣人民的負擔也隨之加重。原因是按照本朝立國時所訂立的財政制度，政府中的預算並無旅費一項，全國一千零四十個驛站，名義上由兵部掌管，實際上一切費用，即過境官員本人及其隨從所需的食物、馬匹和船轎挑夫，全部由該地方負責。兵部只發給旅行人員一紙勘合，驛站所在之處，即須按照規

海瑞畫像。

定供應。[4]七品官海瑞的聲名開始爲人所知，就是因爲他能夠嚴厲而巧妙地拒絕了官員濫用這種權力而增加地方上的負擔。

這一段故事說，當日以文官而出任總督的胡宗憲，兼負防禦倭寇的職責，居官風厲，境內的官民無不凜然畏懼。一次，他的兒子道經淳安，隨帶大批人員和行李，作威作福，對驛站的款待百般挑剔，並且凌辱驛丞。縣令海瑞立卽命令衙役皂隸拘捕這位公子押解至總督衙門，並且沒收了他攜帶的大量現銀。他在呈報總督的公文內聲稱，這個胡公子必係假冒，因爲總督大人的節望清高，不可能有這樣的不肖之子，也不可能擁有這麼多的金銀財物。[5]

如果這段故事夾雜了誇張和渲染，那麼，海瑞對付鄢懋卿的經過則屬確鑿無疑，因爲有他收入文集中的緘牘可以爲證。[6]

一五六〇年，左副都御史鄢懋卿被任命清理鹽法，南北各省的食鹽徵收專賣都歸他節制，以期增加政府收入，加強抗擊倭寇的財力。對於這位欽差大臣，地方官自然畢恭畢敬，不敢有絲毫怠慢。而欽差大臣本人也不能避免標榜儉樸以沽名釣譽的時尚，先期發出通令，內稱本院「素性簡樸，不喜承迎。凡飮食供帳俱宜簡樸爲尙，毋得過爲華奢，靡費里甲」。這樣的官樣文章早已爲人所司空見慣，不過視作一紙具文，卽在欽差大人本身也不會想到會有人認眞對待。

淳安縣縣令海瑞對這一通令可是毫不含糊。當鄢都院的節使尚未到達淳安，他已經接到一個稟帖。稟帖的一開頭規規矩矩地寫著「嚴州府淳安縣知縣海謹稟」，緊接著就把通令的原文節錄於後，再接著就說臺下奉命南下，浙之前路探聽者皆曰，各處皆有酒席，每席費銀三四百兩，並有金花金緞在席間連續奉獻，其他供帳也極爲華麗，雖溺器亦以銀爲之云云。最後要求欽差大人摒棄奢華的排場和搜刮，並且說，如果不能拒絕地方官這樣的阿諛恭維，將來勢必無法做到公事公辦，完成皇上委托的任務。據說，鄢懋卿接到稟帖以後，就沒有敢進入淳安，而是繞道他去。[7]

這種直言抗命的精神，可能使海瑞失掉了一個升官的機會。[8]他於一五六二年調任江西興國，官職仍是知縣，不升不降。以他這樣的性格和作風，上司當然銜恨在心，如果不是他本人言行如一，清廉正直，十個海瑞也早已罷官免職。他的節儉的名聲遐邇皆知，據說有一次總督胡宗憲竟然以傳播特別消息的口吻告訴別人，說海瑞替母親做壽，大開宴席，竟然買了兩斤豬肉。[9]此事的眞實性無法得到證明，但海瑞飯桌上的蔬菜出自他親自督率別人在衙後栽種，則屬毫無疑問。

基於道德觀念的驅使，下級官員反抗上級，歷來也並不罕見，但大多引不起特別的注意，事情發生後不久，隨卽爲人遺忘。然而海瑞卻屬例外，他得到命運的幫助，歷史站到了他這一邊。一五六二年，歷任首輔幾達二十年的大學士嚴嵩爲嘉靖皇帝免職，他所扶植的私人也不免相繼倒臺，其中包括胡宗憲和鄢懋卿。[10]他們既被確定爲壞人，海瑞在他們當權的時候敢於和他們作對，當然可以算得上特行卓識，爲此他的聲望大增。這四十九歲的海瑞，雖然不是進士出身，官階也僅爲正七品，可是已經獲得了在大衆心目中成爲英雄的可能性，只須再加以機緣，就可以把這一地位鞏固下來。

一五六五年，海瑞再次表現了他直言的膽略。當時他已經升任戶部主事，官階爲正六品，這是一個接近於中級官員的職位。當時的北京，並沒有出現什麼令人振奮的氣象。相反的，南北兩方都連連告警，急待增加收入以備軍需。然而政府別無新的途徑籌款，可行的辦法還是不外挪借和增加附加稅。前者並不增加收入，也沒有緊縮支出，而僅僅是此項彼用；後者則使稅收制度更加複雜和實際執行更加困難。戶部是國家的財政機關，但是主事一類的官兒卻無事可做，大政方針出自堂官尚書侍郎，技術上的細節則爲吏員所操縱。像海瑞這樣的主事，根本不必每日到部辦公，不過是日漸一日增積做官的資歷而已。[11]

嘉靖皇帝當日已御宇四十年。他的主要興趣在於向神仙祈禱和覓取道家的祕方以期長生不死。他住在皇城中的別墅裡，然而又不能以一般的荒惰目之，因爲他除去不在公開場合露面以外，對於國家大事仍然乾綱獨斷，有時還干涉到細節。這位皇帝的喜愛虛榮和不能接受批評，世無其匹，他只接近少數佞臣，聽到的是各種虛假的情況。當他發現大事已被敗壞，就把昔日的一個親信正法斬首，以推卸責任而平息輿論。這種做法使得廷臣但求自保而更加不去關心國家的利害。[12] 一五六五年，嚴嵩去職雖已三年，但人們對嘉靖的批評依然是「心惑」、「苛斷」和「情偏」。然而他對這些意見置若罔聞，明明是爲諛臣所蒙蔽，他還自以爲聖明如同堯舜。

經過慎重的考慮，陽曆十一月，海瑞向嘉靖遞上了著名的奏疏。奏疏中指出：他是一個虛榮、殘忍、自私、多疑和愚蠢的君主，舉凡官吏貪污、役重稅多、宮廷的無限浪費和各地的盜匪滋熾，皇帝本人都應該直接負責。皇帝陛下天天和方士混在一起，但上天畢竟不會說話，長生也不可求致，這些迷信統統不過是「繫風捕影」。然而奏疏中最具有刺激性的一句話，還是「蓋天下之人不直陛下久矣」，就是說普天下的官員百姓，很久以來就認爲你是不正確的了。

這一奏疏的措辭雖然極端尖辣，但又謹守著人臣的本分。海瑞所要求於皇帝的不過是改變自己的作爲，而這改變又非常容易，只需要「幡然悔悟」，由亂致治，不過「一振作間而已」。言下之意是，如果皇帝能夠眞正振作，選擇合宜的道路，赴之以決心，他還是有機會成爲堯舜之君的。[13]

這樣的奏疏確乎是史無前例的。往常臣下向皇帝作諍諫，只是批評一種或幾種政策或措施，這種指斥皇帝的性格和否定他所做的一切，等於說他這幾十年的天子生涯完全是尸位素餐，而且連爲人夫及人父的責任也沒有盡到，其唐突之處，眞的是古今罕有。

嘉靖皇帝讀罷奏疏，其震怒的情狀自然可想而知。傳說他當時把奏摺往地上一摔，嘴裡喊叫：「抓住這個人，不要讓他跑了！」旁邊的宦官爲了平息皇帝的怒氣，就不慌不忙地跪奏：「萬歲不必動怒。這個人向來就有痴名，聽說他已自知必死無疑，所以他在遞上奏本以前就買好一口棺材，召集家人訣別，僕從已經嚇得統統逃散。這個人是不會逃跑的。」[14]嘉靖聽完，長嘆一聲，又從地上撿起奏本一讀再讀。

嘉靖沒有給予海瑞任何懲罰，但是把奏章留中不發。他不能忘記這一奏疏，其中有那麼多的事實無可迴避，可是就從來沒有人敢在他面前那怕是提到其中的一丁點！皇帝的情緒顯得很矛盾，他有時把海瑞比做古代的忠臣比干，有時又痛罵他爲「那個咒罵我的畜物」。有時他責打宮女，宮女就會在背後偷偷的說：「他自己給海瑞罵了，就找咱們出氣！」

此時嘉靖的健康已經欠佳，他曾經動過退位爲太上皇的念頭，可是這種放棄天子職責的做法，在本朝又並無先例。在一五六六年陽曆二月底，他左思右想，氣憤難平，終於下令錦衣衛把海瑞逮捕到東廠禁錮。刑部議決把海瑞按兒子詛咒父親的律例處以絞刑，然而嘉靖皇帝在以前雖然批准過許多人的死刑，在這時候卻沒有在刑部的建議上作任何的批覆，因此，海瑞就在獄中住了十個月。

有一天，獄中忽然設酒餚相待。海瑞以爲這是臨死前的最後一餐，他神色不變，飲食如常。提牢主事悄悄告訴他，皇帝業已升遐，新君不日卽位，你老先生乃是忠臣，一定會得到重用。海瑞聽罷，立刻放聲號哭，號哭之餘，繼以嘔吐。[15]

一五六七年年初隆慶皇帝登極，海瑞被釋出獄。對他的安排立卽成了文淵閣大學士和吏部尚書的一個難題。他的聲望已爲整個帝國所公認。他當然是極端的廉潔，極端的誠實，然而從另外一個角度來看，也可能就是極端的粗線條，極端的喜歡吹毛求疵。這樣的人不會相信爲人處世應該有陰陽的分別，他肯定會用他自己古怪的標準要求部下和上司。

對他應該怎麼分派呢？看來比較穩妥的辦法是讓他升官而不讓他負實際的責任。於是，在不長的時期內，他歷任尚寶司丞、大理寺右寺丞、左寺丞、南京通政司右通政，官至正四品。[16]這樣一個閑曹自然不能令海瑞滿意，因爲他是倫理道德的堅決信奉者和實行者，對國家和人民具有高度的責任感。

一五六九年年初的京察，按照慣例，凡屬四品以上身服紅袍的官員都應當作出自我鑒定。於是海瑞在奏摺中說：陛下既然赦免了我的死罪，又對我破格擢升，在所有的文臣之中，沒有一個人會比我更迫切地要求報答陛下的恩典。接著，他謙虛地聲稱自己才淺識疏；又接著，他表示自己現任的職務只是專管查看呈奏給皇帝的文書，看罷以後原封發送，既無財政責任，又用不著下左右全局的決心，但是連這樣的一個位置還不稱所職，所以不如乾脆把我革退。[17]

這樣看來，海瑞並不是完全不懂得陰陽之道的精微深奧。他陽求罷免，陰向管理人事的官員要挾：如果你們眞的敢於罷黜我這樣一個有聲望的、以諍諫而名著天下的忠臣，你們必然不容於輿論；如果不敢罷黜我，那就請你們分派給我能夠實際負責的官職。

文淵閣和吏部終於向他低頭。當年夏天，海瑞被任命爲南直隸巡撫，駐紮蘇州。且不說這裡是全國最富庶的地區，卽使是一般地區，任命這樣一位不由進士出身的人擔任巡撫，也已屬於罕見。但是這一地區歷來號爲難治，以海瑞的性格而就任斯職，有識見的人早就料到必然引起不良的後果。事實不出所料，八個月之後，他遭到參劾而被迫退休。

海瑞的新職一經發表，南直隸的很多地方官就已估計到將會不見容於這位古怪的上司，因而自動離職或請求他調。縉紳之家紛紛把朱漆大門改漆黑色，以免炫人眼目而求韜光養晦。駐在蘇州的一個宦官把他的轎夫由八人減至四人。[18]舉出這些瑣事，就可以證明新巡撫大人聲勢之迅猛，足以使人震懾。

海瑞下車伊始，就把他的「督撫條約」三十六款在所治各府縣公布。條約規定：境內成年男子一律從速結婚成家，不願守節的寡婦應立即改嫁，溺殺嬰孩一律停止。巡撫出巡各地，府縣官不得出城迎接，但巡撫可以傳詢耆老聽取他們的控訴。巡撫在各府縣逗留，地方官供給的伙食標準爲每天紋銀二錢至三錢，雞魚肉均可供應，但不得供應鵝及黃酒。境內的公文，今後一律使用廉價紙張；過去的公文習慣上在文後都留有空白，今後也一律廢止。自條約公布之日起，境內的若干奢侈品要停止製造，包括特殊的紡織品、頭飾、紙張文具以及甜食。[19]

這些規定，有的不免失之瑣碎苛細，本來就會生問題的。而他最後的垮臺，則是因爲他干預了境內的農田所有權所致。

本朝開國之初，太祖洪武皇帝使用嚴厲的手段打擊豪紳富戶，兩千年來社會的根本問題卽土地問題，因而得以暫時緩和。中葉以來，這一問題又趨尖銳。高利貸者利用地方上的光棍青皮大量放款於自耕農，利率極高，被迫借款者大多不能償還。一旦放款的期限已到而又無力償還，其所抵押的土地卽爲放款者所占有。雖然官方曾規定利率不得超過三分，而且不論借款時間之長短，利息總數不得逾本金之半，但這種規定從未能認眞執行。與上述規定同時，官方還規定土地因不能還貸而被放款者占有，五年之內，仍可用原價贖回，這也就在書面上更增加了事情的複雜性。[20]

海瑞之下決心改變這種狀況，不僅是出於保持法律的尊嚴，而且是爲了維護道德的神聖。從他的文集中可以看出，他有限制富戶過多地占有土地、縮小貧富差別的願望。這種衝動使他一往直前，義無反顧。因此，他毫不猶豫地接受了大批要求退田的申請。

南直隸境內的豪紳富戶，最爲小戶百姓所痛心疾首的是徐階一家。此人曾任首輔，後爲高拱排斥而退休閑住。他的家庭成員，據稱多達幾千，其所占有的土地，有人說是二十四萬畝，有人說是四十萬畝。上述數字無疑的有所誇大，但徐家爲一大家庭，幾代沒有分家，放高利貸的時間也已頗爲長久。海瑞把有關徐家的訴狀封送徐階，責成他設法解決，最低限度要退田一半。從他們往來的緘牘中可以看到，徐階被迫接受了海瑞的帶有強迫性的要求。[21]

徐階於海瑞有救命之恩。在他任首輔期間，海瑞因爲上書而被繫獄中，刑部主張判處絞刑，徐階將此事壓置。他退職家居以後，聽任家裡人橫行不法，根據當時的法令，他可以受到刑事處分。海瑞強迫他退田，並且逮捕了他的弟弟徐陟，一方面顯示了他的執法不阿，另一方面也多少可以減緩百姓的不滿，體現了愛人以德的君子之風。這種兼顧公誼私情的做法大大增加了海瑞的威信。

如果海瑞採用懲一儆百的方式，把徐家或其他幾家有代表性的案件廣事宣傳，以使藉富欺貧者知所戒懼，而不是對類似的案件一一追究，那麼，他也許會在一種外張內弛的氣氛中取得成功。然而他的熱情不可收斂，他指定每月有兩天專門收受這一類案件。據他自己的文章中說，他每天要收到三千至四千件稟帖。[22]牽涉面如此之廣，自然一發不可收拾。

南方的農村大多種植水稻。整片田地由於地形和灌溉的原因劃爲無數小塊，以便適應當日的勞動條件。這樣，因爲各小塊肥瘠不同，買賣典當又經常不斷，所以極少出現一個地主擁有連綿不斷的耕地。王世貞和何良俊都記載過當時的實況是，豪紳富戶和小戶自耕農的土地互相錯雜，「莫知所辨析」。海瑞自己在海南島的田產據估計不到四十畝，卻分成了九十三塊，相去幾哩。[23]這些複雜的情況，使解決農田所有權的問題變得更加困難。

除此以外，利用高利貸以侵蝕獲取他人的產業，還並不限於富戶及其代理人青皮光棍。因爲信用借貸的機構並不存在，一個自耕農如果稍有積蓄，他就會設法把積蓄貸之於親戚鄰舍以取得利息，借方卽以其田產的一部分作爲抵押品。在開始的時候借貸雙方的貧富程度往往相去無幾，然而當借方由於急需，而以這種利率極高的貸款來飲鴆止渴，在多數的情況下就難於自拔，所抵押的田產也爲貸方接管。這種情形在當時已經成爲社會風氣。[24]海瑞捲入了大量這樣的紛爭之中，孤軍奮鬥，遂使自己陷於不能自主之境。

以個人而對抗強大的社會力量，加之在具體處理這些訴訟的時候又過於自信，師心自用，既沒有對地方上的情形作過周密的考察，也沒有宣布法律的準則，更沒有建立專門的機構去調查案情、聽取申辯，以作出公正的裁決，海瑞的不能成功已不待言而自明。

除此之外，他雖然承認明文規定五年以上不得贖還的條文，但卻要求有書面契約作爲依據，否則這一條文就不能適用。這個理由表面上似乎並無不妥，然而揆諸實際，農民間的借貸，卻通常很少有書面契約。據他自己說，對這樣的案件，他所批准贖還的僅占二十分之一。[25]但正如上面所說的，他不是依靠一個強有力的機構而只憑個人的判斷去裁決爲數衆多、頭緒紛繁的爭執，其是否能一一做到合情合理，無疑是一個極大的疑問。

還在海瑞受理田產紛爭之前，他已經受到了監察官的參劾。參劾的理由是他不識大體，僅僅注意於節約紙張等細枝末節，有失巡撫的體統。[26]

隨後，給事中戴鳳翔以更嚴厲的措辭參劾海瑞，說他但憑一己的衝動隨意對百姓的產業作出判決，在他的治下，佃戶不敢向業主交租，借方不敢向貸方還款。[27]這種明顯的誇大之辭不免使人懷疑這位給事中是否已經和高利貸者沆瀣一氣。更爲聳人聽聞的是，戴鳳翔竟說，七個月之前，海瑞的一妻一妾在一個晚上一起死去，很可能出於謀殺。儘管海瑞答辯說他的侍妾在陽曆八月十四日自縊，而妻子則在八月二十五日病死，但是給事中的參劾已經起了預期的效果，不論眞相如何，許多人已經懷疑海瑞確係怪僻而不近人情，所以才會發生這樣的家庭悲劇。

事情極爲分明，戴鳳翔所代表的不僅是他自己。要求罷免海瑞的奏疏繼續送達御前。吏部根據各種參劾的奏疏提出意見，說南直隸巡撫海瑞實爲「志大才疏」，應該調任閑曹。[28]

這情形是如此微妙，一年之前沒有人敢於非議這位朝廷上最正直的忠臣，一年之後他卻成了衆矢之的；一年之前文淵閣和吏部還因爲海瑞的抗議，對他另眼相看，一年之後他們卻建議皇帝讓他去重新擔任不負實際責任的官職。憤憤不平的海瑞終於在一五七〇年春天被迫辭職回鄉，在辭職的奏疏中，他痛斥「舉朝之士，皆婦人也」。[29]這種一概罵倒的狷介之氣，使他在文官集團中失去了普遍的同情。

兩年之後，萬曆皇帝登極，張居正出任首輔。這位文淵閣的首腦和海瑞一樣，尊重法紀而討厭蘇松地區的地主。由此，海瑞曾經和張居正作過接觸，希望他主持公道。

張居正給他的覆信中說：[30]「三尺之法不行於吳久矣。公驟而矯以繩墨，宜其不堪也。訛言沸騰，聽者惶惑。僕謬忝鈞軸，得參與廟堂之末議，而不能爲朝廷獎奉法之臣，摧浮淫之議，有深愧焉。」

這種以委婉的語句陽作同情、陰爲責備的修辭方式，正是我們的文人所擅長的技巧。張居正認爲海瑞輕率躁進而拒絕援之以手，使海瑞賦閑家居達十五年之久，一直要到一五八五年，他才被重新起用爲南京右僉都御史。

對於張居正，批評者認爲他峭刻、矯飾而自奉奢侈；對於海瑞，則稱之爲奇特、怪僻而執拗。批評者沒有看到他們那種上下而求索的精神，卽希望尋找出一種適當的方式，使帝國能納入他們所設計的政治規範之內。尤其重要的是，如果張居正的措施多少帶有變法的意味，那麼海瑞的做法卻是力圖恢復洪武皇帝擬定的制度，這些看來似乎是古怪的政令，都有成憲和理論的依據。

洪武皇帝兩百年以前創建本朝，並確立了整套的政治和經濟制度，其主要的著眼點在於保存一個農業社會的儉樸風氣。當時全國的文官僅有八千人，所有辦理文牘和事務的技術人員稱之爲「吏」，和文官屬於兩個不同的階層，如涇渭之分明。官可以罰降爲吏，吏卻很少能上升爲官。這些吏的薪給極爲微薄，僅足以供一家糊口。[31]

卽使對於官員，立法上的限制也十分嚴格。比如有一條最爲奇特的規定是，所有的官員如果未經一定的手續批准，則不能越出城門一步，違者以擾民論，按律處死。他們和百姓接觸的方式是派皂隸票傳當事人前來官衙，三傳不到，才能下令拘捕。洪武皇帝還親自著成一本名爲《大誥》的小冊子，通過具體的案例以闡述他實行嚴刑峻法的原因。百姓每家每戶都必須置備一冊，如果遭受官府欺壓而沉冤不能昭雪，有必要叩闕鳴冤，這本《大誥》可以代替通行證。[32]

農村的組織方式是以每一鄉村爲單位，構成一個近於自治的集團，按照中央政府的規定訂立自己的鄉約。[33]一村內設「申明亭」和「旌善亭」各一座，前者爲村中耆老仲裁產業、婚姻、爭鬥等糾紛的場所，後者則用以表揚村民爲人所欽佩的善行。一年兩度，在陰曆的正月和十月，各村都要舉行全體村民大宴，名曰「鄉飲」。在分配飲食之前，與會者必須恭聽年高德劭者的訓辭和選讀朝廷法令。主持者在這一場合還要申飭行爲不檢的村民，如果此人既無改悔的決心而又規避不到，那就要被大衆稱爲「頑民」，並呈請政府把他充軍到邊疆。

在爲全國農村規畫這樣一張藍圖的同時，洪武皇帝又連興大獄，打擊官僚、縉紳等地方高級人士，從朝廷內的高級官員直到民間的殷實富戶，株連極廣。據有的歷史學家估計，因之喪生者有逾十萬。[34]沒收了犯案者的家產並把其中的土地重新分配，加上建國以來大批的移民屯田開荒，就使全國成了一個以自耕農爲基礎的農業社會。一三九七年，據戶部統計，全國仍能保有田產七百畝以上的地主計有一萬四千三百四十一戶。[35]他們的名單被備案呈報御前，洪武皇帝批准他們保持自己的產業，但同時加之以很多服役的義務，俾使其家產不致無限擴大。

洪武皇帝所推行的農村政策及一整套的措施，對本朝今後的歷史，影響至爲深遠。其最顯著的後果是，在全國的廣大農村中遏止了法制的成長發育，而以抽象的道德取代了法律。上自官僚下至村民，其判斷是非的標準是「善」和「惡」，而不是「合法」或「非法」。

在財政制度上，政府規定了按面積徵收田賦，除浙西（當時的浙西包括今日的蘇南）而外，其他地區的稅率都比較低。徵收不分貧富，其限制富戶的辦法即上述的服役。這種服役名目繁多，而且按累進稅的原則分派，即家室越是殷富，其負擔也越是繁重。比如各地驛站所需的馬匹、船轎和飲食，完全出自大戶供給，一年中的供應量又沒有限額，旅行的官員越多，他們的負擔也越重。

地方支出中數字最難固定的項目，即來往官員的旅費。這筆費用既由各大戶分攤，所以大部分的地方政府，其財政開支大都根據固定的數字。同時又因爲開支涉及的範圍很大，多數地區均可自給自足。其有特殊情況不能自給的，按規定應由距離最近而有贏餘的地區直接補貼。[36]這種地方自給的財政制度推行到這樣的程度，即在洪武末年五千名金吾衛軍士的軍餉不是由國庫支出，而是指定應天府內五千個納稅人把他們應交的稅米直接送到這五千名軍士的家裡。[37]這種以贏補虧，而不由上級機關總攬收支以節約交通、通訊、簿記、倉庫管理等各項後勤支出的財政制度，貫徹於本朝的始終。全國滿布著無數的短途運輸線，缺乏統一的組織和管理，到後來稅收已由實物折爲現銀。這種原始的方式也由於積重難返，而且中級機構又缺乏組織，而無法完全改變。

顯而易見，這種財政制度的弊病在於缺乏彈性，不能適應環境而調整。各府縣的稅率、稅額長期凝固，即便耕地的收獲量增加，其利益也爲業主和高利貸者分潤，於國庫則無所裨益。在傳統經濟中的主要成分——農業的稅收情形尚且如此，對視爲末業的工商業，自然也是照此辦理。

造成這種財政經濟凝固化的主要原因，是爲了維持文官制度的統一和協調。各個地方官既已根據洪武皇帝所制定的原則，以農村的簡樸爲行政的著眼點，那麼少數文官想要刺激較爲活躍的經濟部門，例如商業，或者是想改革供應制度以總收專發，保持收入和支出的合理彈性，則勢必要在整個文官集團中另起爐灶，培養一批技術人員。其甄別、訓練、管理、考核、升調也都要和一般行政人員不同。這樣，勢必演變而爲兩套不同的法令和兩個不同的組織。

而在事實上，文官集團只能有一種傳統的性格，由於這個集團是本朝實際上的統治者，它就必然會以自己的性格作爲標榜，而責成全社會向它看齊。儉樸本來是一種美德，然而在這種條件下提倡儉樸，充其量也不外是一種手段，意在使行政問題簡化，以適應政府本身的低能。

現在又要回到海瑞。他把洪武皇帝提倡的原則奉爲金科玉律，不准民間製造奢侈品，諸如忠靖凌雲巾、宛紅撒金紙、斗糖斗纏、大定勝餅桌席等等，都在嚴禁之列。他一意重農，力追往古，強調「兩漢力田孝弟並科之意，隆禮相愛，惟上意向，惟民趨之，一歸本業，力返貞純」。[38]希冀以個人的力量，領導社會回復到歷史上和理想中的單純。

但是他和洪武皇帝都沒有想到，政府不用技術和經濟的力量扶植民衆，而單純依靠政治上的壓力和道德上的宣傳，結果只能是事與願違。政府的絕大部分收入出自農民，而在海瑞出任巡撫的時候，大部分農民又都身受高利貸的壓迫和威脅。政府缺乏資金，農民無法從政府機構獲得低利率的貸款。當時民間的借貸機構是當鋪，[39]貸款利率之高自不待言；卽便是親戚鄰右的貸款，也絕不會溫情脈脈地降低利率。既然如此，政府所規定的限制高利貸的條文就只能是一紙空文。

自洪武開國到海瑞出任巡撫，其間已歷二百年。很多的變化已經在這二百年間發生。當年送達御前以備乙覽的一萬四千多家富戶，已經爲新的富戶所代替。這些新興的富戶，絕大多數屬於官僚、士紳或在學生員，而得以享受「優免」，不再承擔「役」的責任。政府中的吏員，也越來越多的獲得了上下其手的機會。因爲全國的現金和實物不是總收集發，財政制度無從以嚴密的會計制度加以考察，從罅隙中漏出來的錢物就落於這些人的手裡。[40]更爲重要的是，文官集團已經成熟。洪武時代的八千官員，現在已經擴大爲兩萬人。當年不准下鄉的禁令早已廢止，但事實上他們也極少再有下鄉的需要，因爲很多人對民生疾苦早已視而不見，而是更關心於保持職位以取得合法與非法的收入。

然則像大地主徐階那樣無限地擴充家產，巧取豪奪，則不能不與文官集團的整體利益發生衝突。他的所作所爲已經激起民憤，威脅了整個的官僚政治。無論出於陰還是出於陽，文官集團都不能允許他如是地獨占利益，爲所欲爲。案情一經揭發公開，立卽爲全部輿論所不容，而使徐階失去了防禦的能力。文官們可以用皇帝和法律的名義加給他以種種罪名，使他無法置辯。他在海瑞罷官之後仍然遭到清算。他家裡的全部土地最後據說落實爲六萬畝，全部被沒收。他的一個大兒子遠戍邊省，兩個小兒子降爲庶民。[41] 如果不是張居正的援手，徐階本人都會難於倖免。

然而對於農民的剝削，絕非只限於這種突出的案件。剝削是一種社會現象，綿延數千載，代代相傳，在當日則爲文官集團家庭經濟的基礎。官僚家庭用做官的收入放債買田，構成農村經濟的一個重要環節。「君子之澤，五世而斬」，富家的沒落和貧家的興起，其間的盛衰迭代，消替流轉乃是常見的現象。但這種個別成員之間的轉變，無礙於整個階級的面貌，社會依然穩定地保持著剝削和被剝削這兩個集團。[42]

海瑞的干預土地所有權，其倫理上的根據和法律上的是非，姑且置之不論，只說他以個人的力量，只憑以不怕死的諍諫得來的聲名作爲資本，而要使整個社會機器停止轉動，也就無怪乎不能避免「志大才疏」的評語了。

使這位好心的巡撫所更加無法理解的，則是農村的信用貸款不能合理解決的癥結。我們的帝國缺乏有效的貨幣制度和商業法律。這兩個問題不解決，高利貸就無法避免。

幣制的問題肇始於兩百年前。開國之初，洪武皇帝下令發行的大明寶鈔，既不能兌現，也不能用以交納田賦。其發行的方式也不是通過商業機構，而是通過發放官俸、賞賜官軍和賑濟災民等方式流通於社會。

而且，最根本的問題是在這種通行票據發放的時候，政府並沒有任何準備金。如果這種發行貨幣的辦法能夠成功，那確乎是重新分配財富的最簡便的辦法了。然而事實上，其中的奧妙在一開始就被識破，雖然政府嚴令禁止以金銀物貨交易，違者治以重罪，民間卻置若罔聞。寶鈔在最初就沒有能按照面額使用，數十年後即等於廢紙。

洪武即位以後，政府曾經鑄造過洪武通寶銅錢。由於銅錢使用不便，洪武八年乃發行寶鈔作爲法幣。這一生財之道既經開闢，政府就不再願意繼續鑄錢，以免和法幣發生競爭。其後由於形格勢禁，再度感到鑄錢的必要，但許多問題又隨之而產生。官方沒有充分的現金收入，只能少量鼓鑄，而所鑄成的銅錢又有欠美觀和整飭，其後果就只能爲私鑄大開方便之門。

各種雜有鉛錫、形制濫惡的劣質銅錢充斥於人民的經濟生活之中，用者怨聲載道，有些人就拒絕使用。

這種情形造成了通貨緊縮，致使商業蕭條，失業者不斷增加。面對這一嚴重的社會危機，政府不得不承認失敗。於是無需鼓鑄的碎銀，乃不可遏止地成爲公私交易中通用的貨幣。[43]

碎銀通貨君臨於全國人民的經濟生活之中，其「政績」自然也不能完美無缺。首先，碎銀沒有足夠數量的銅幣作爲輔助，零售業極受限制。其次，這種貨幣既非政府的財政機構所統一發行，主管當局就無法作必要的調節，以伸縮全國貨幣的流通量。更爲普遍的情況乃是一般富裕的家庭如不放債買田，必將金銀埋於地下，或是製成金銀器皿首飾（其方便之處，乃是隨時可以復原爲貨幣）。可是這種趨勢，必更促使通貨緊縮，使農民借貸更加不易。

以上種種因素刺激了高利貸者的活躍，而追本溯源，卻仍然要歸之於政府的無能。好心的巡撫想要用一時的政治力量去解決這些財政和經濟政策上的問題，無疑是捨本逐末，其結果必然是事與願違。

如果存在有效的商業法律，在信用貸款中還可以使用商業票據，以補足貨幣的流通量。但是本朝法律的重點在於對農民的治理，是以很少有涉及商業的條文。合資貿易、違背契約、負債、破產等等，都被看成私人之間的事情而與公眾福利無關。立法精神既然如此，法律中對於這一方面的規定自然會出現很大的罅漏，因而不可避免的使商業不能得到應有的發展。44

本朝的官僚政治把這種情形視為當然。因為立國以來的財政制度規定了財政收入由低級單位側面收受為原則，無需乎商業機構來作技術上的輔助。地方官所關心的是他們的考成，而考成的主要標準乃是田賦之能否按時如額繳解、社會秩序之能否清平安定，扶植私人商業的發展，則照例不在他們的職責範圍之內。何況商業的發展，如照資本主義的產權法，必須承認私人財產的絕對性。這絕對性超過傳統的道德觀念。就這一點，即與「四書」所倡導的宗旨相背。海瑞在判決疑案時所持的「與其屈兄，寧屈其弟」等等標準，也顯示了他輕視私人財產的絕對性，而堅持維繫倫理綱常的前提。

可是我們的傳統經濟也另有它的特點。財產所有權的維護和遵守契約的義務，不能在大量商業中徹底維持，卻最有效地體現於農村中的租佃及抵押上。這些契約所涉範圍雖小，其不可違背已經成為社會習慣，農村中的士紳耆老就可以保證它們的執行，只有極少數的情況才需要驚動官府。因為如果不是這樣，整個帝國的農村經濟就無從維持。所以，海瑞無視於這些成約在經濟生活中的權威意義，單憑一己的是非標準行事，如果不遭到傳統勢力的反對，那反倒是不可設想的事了。所以戴鳳翔參劾他的奏疏中說，在海瑞的轄區內佃戶不敢向業主交租，借方不敢向貸方還款，雖然是站在高利貸一方的片面之辭，然而如果把這種現象說成一種必然的趨勢，則也不失爲一種合理的推斷。而這種現象一旦發生並蔓延於全國，則勢所必然地可以危及全帝國的安全。戴鳳翔的危言聳聽所以能取得預期的效果，原因卽在於此。

在被迫退休之後，海瑞編印了他從政期間的記錄，其中包括各種公私文件。流傳到今天的這部文集，反映了海瑞確實是一個公正而廉潔的官員，具有把事情辦好的強烈願望，同時還能鞠躬盡瘁地去處理各種瑣碎的問題。

使讀者首先注意到的，是他處理財政問題的篇章。在洪武時代制定的賦役制度，流弊已如上述。其最爲百姓所苦的，厥爲名目繁多而數額無限的「役」。大戶人家可由官僚的身分而蠲免，這些沉重的負擔就不可避免地落在中小地主身上，並往往使他們傾家蕩產。在推行了近二百年之後，帝國政府已深深感到窒礙難通，而不得不加以改革。改革派的辦法是把各種名目的賦役折合成銀兩，以附加稅的形式遍加於全境的土地上，不分貧富，計畝徵銀。這種新的稅制稱爲「一條鞭法」。[45]地方政府就用這些附加收入以支付各種力役。

一條鞭法有其簡明易行的優點，也多少限制了花樣百出的舞弊營私。但過去按田畝數量而以累進稅方式而分派的各種賦役，此時以平均的方式攤派，本來屬於富戶的一部分負擔從此卽轉嫁於貧家小戶。這也就是放棄了理想上的公允，而遷就事實。出於對農民的同情，海瑞廢除了自己應收的常例，並以種種方法限制吏胥的舞弊。但是這些改革，仍然收效甚微。因爲本朝的財政制度雖然技術簡陋，牽涉面卻十分複雜，如果加以徹底改革，必須釐定會計制度，在中上級機構中，實行銀行管制的方式，亦卽無異於徹底改組文官集團，這當然是無法辦到的。再則海瑞的著眼點也過於瑣屑，他被政敵攻擊爲不識大體，也不盡是鑿空構陷之辭。比如說，他的節約到了這種程度，除非吏員送上一張繕正的公文，他決不另發一張空白的文書紙。

《海瑞文集》中有關司法的部分，雖然易於被讀者忽略，但它的歷史價值卻至爲重要，因爲它所闡述的這一龐大帝國的社會背景，較之任何論文都更爲簡捷明白。從這些文件可以看出，地方官縱使具有好心，他也決無可能對有關人權和產權的訴訟逐一做出公正的判決。因爲在農村裡，兩兄弟隔年輪流使用一個養魚池，或者水溝上一塊用以過路的石板，都可以成爲涉訟的內容。[46]如此等等的細節，法律如果以保護人權和產權作爲基礎，則一次訴訟所需的詳盡審查和參考成例，必致使用衆多的人力和消耗大量的費用，這不僅爲縣令一人所不能勝任，也爲收入有限的地方政府所不能負擔。而立法和司法必須全國統一，又不能允許各個地方政府各行其是。既然如此，本朝的法律就不外是行政的一種工具，而不是被統治者的保障。

作爲行政長官而兼司法長官的地方官，其注意力也只是集中在使鄉民安分守己，對於他們職責範圍外沒有多大影響的爭端則拒不受理。[47]這一類案件照例由族長村長或耆老士紳調解仲裁。爲了鼓勵並加強這種仲裁的權力，我們帝國的聖經「四書」就爲讀書人所必須誦習，而其中亙古不變的觀念又通過讀書人而滲透於不識字的鄉民之中，卽幼者必須追隨長者，女人必須服從男人，沒有知識的人必須聽命於有教養的人。帝國政府以古代的理想社會作基礎，而依賴文化的傳統而生存，這也是洪武皇帝強調復古的原因。

爲耆老士紳所不能解決而必須由官方處置的，絕大多數爲刑事案件。判決這類案件，政府的態度常常堅定而明確。如果發生人命損失，則尤其不能有絲毫的玩忽，一定要求水落石出。「殺人者死」這一古老的立法原則在當時仍被沿用，過失殺人和謀殺之間區別極微。

這種一方面認爲人命關天，一方面又主張以眼還眼的原則，自然具有相當大的原始性，但對於本朝的政治經濟制度來說，其間的互相配合則極爲恰當。這樣的立法意在避免技術上的複雜，簡化案情中的疑難，而在大衆之中造成一種淸官萬能的印象，卽在有識見的司法官之前，無不能決斷的案件。換言之，這種設施也仍不離以道德代替法律的途徑。其方便之處則是一個地方官雖然缺乏法律上的專門訓練，但是在幕僚和吏員的協助下仍然可以應付裕如的兼任司法官。司法從屬於行政，則政府的政治得以保持一元化，而使文官集團的思想行動趨於一致。

這種制度的原始性和簡單性，在大衆之中造成了很多不幸的後果。官府衙門除了對刑事案件必須作出斷然處置外，很少能注意到對日常生活中的種種糾紛維持公允。鄉村中的士紳耆老，雖然被賦予了這方面的仲裁權，然而他們更關心的是自己的社會地位和社交活動，對這些瑣碎乏味的糾紛大多缺乏熱情和耐心。至於開發民智這一類概念，在他們心目中更不占有任何地位。在我們這個古老的禮儀之邦裡，絕大多數的農民實際上早被列爲頑民愚氓，不在文化教養之內；卽使在模範官員海瑞的筆下，這些鄉民也似乎只是一群動物，旣渾渾噩噩，又狠毒狡詐，易於衝動。[48]日常生活中爲小事而發生口角已屬司空見慣，打架鬥毆以致死傷也時有發生。糾紛的一方有時還憤而自殺以傾陷仇家；卽或由於病死，家屬也總要千方百計歸之於被毆打致死。海瑞在做縣令的時候，有一次下鄉驗屍，發現村民竟以顏料塗在死者的身上來冒充血跡。這些殘酷的做法，除了洩憤以外，還因爲訴訟一旦獲勝，死者的家屬就可以取得一部分仇家的產業。[49]

刑事案件需要作出斷然處置，不論案情多麼複雜，判決必須毫不含糊，否則地方官就將被視爲無能。於是他們有時只能依靠情理上的推斷來代替證據的不足，草菅人命的情形也不乏其例。下面是海瑞親身經歷的一件案子。

有夫婦二人在家中置酒招待一位因事過境的朋友，並留他住宿。正好在這個時候，妻子的哥哥即丈夫的姻兄，前來索取欠款白銀三兩。姻兄弟一言不合，遂由口角而致毆鬥。姻兄在扭打之中不愼失手，把丈夫推入水塘淹死。人命關天，誤殺也必須償命，所以妻子和住宿的朋友都不敢聲張，丈夫的屍體則由姻兄加繫巨石而沉入水底。

一個人突然失蹤，當然會引起鄰里的注意，事情就不可避免地被揭露。審案的縣官以洞悉一切的姿態，斷定此案乃是因姦而致謀殺。死者的妻子與這位朋友必有姦情，不然，何以偏偏在這位隨帶僕從、遠道而來的客人到達的那天，丈夫突然喪命？又何以興高采烈地置酒相慶？理由既已如此充分，女人就被判凌遲處死，朋友作爲姦夫理應斬決，姻兄參與密謀應被絞死。

這件案子送交杭州府覆審，審判官的結論中否定了姦情，認爲確係毆鬥致死，動手的人應按律處絞。

本朝政府在法律技術上雖然遠不能譽爲精密周到，但在精神上卻對這類人命案件頗爲重視。按照規定，這一案件要由北京的都察院、大理寺作出覆核。

審判者細核府、縣兩級審訊記錄，發現了根本上的出入，乃再度發交鄰近三個縣的縣令會審。

這三位縣令維持初審的判決。當這一批人犯送抵本省巡按使的公堂，被判凌遲罪的女人當堂哭訴喊冤。於是案件又送到海瑞那裡作第六次的訊問。

海瑞的結論和杭州府審判官的結論完全相同。他的理由是這位妻子和他的丈夫生有二子一女，絕不會如此忍心。而這位朋友家境並非富有，並且早已娶妻，假令女人確係謀死親夫而企圖再嫁，也只能成爲此人的一名小妾。所以從情理而論，謀殺的動機是不能成立的。再則，既屬傷天害理的謀殺，參與密謀的人自然是越少越好，又何必牽扯上這位朋友所攜帶的僕從？

淳安縣縣令海瑞如何解釋初審時的供辭？答案是：「皆是畏刑揑招，恍惚成獄，殊非情實。」[50]

被迫退休回到原籍閑居，對海瑞來說，是一種難於忍受的痛苦。這位正直的官員，他畢生精神之所寄，在於按照往聖先賢的訓示，以全部的精力爲國盡忠和爲公衆服務。現在，他已經面臨著事業的終點，就再也沒有任何東西足以填補他心靈上的空虛。

他的故鄉在南海之濱，和大陸上一些人文薈萃的城市是兩種截然不同的環境。在那些城市裡，退職的官員可以寄情山水，以吟詠自娛，並且有詩人墨客時相過從，有的人可以出任書院的山長，以弘揚聖賢之道，造就下一代的人才來繼續他的未竟之業。而在這天涯海角的瓊州，沒有小橋流水、荇藻游魚的詩情畫意，收入眼底的是單調一色的棕櫚樹和洶湧的海濤，吞噬人畜的鱷魚是水中的霸主。海峽中時有海盜出沒，五指山中的黎人則和漢人經常仇殺。

退隱在荒涼瘴癘之區，如果有一個美好的家庭生活，也許還多少能排遣這空虛和寂寞。然而海瑞不能在這方面得到任何安慰。他曾經結過三次婚，又有兩個小妾。他的第一位夫人在生了兩個女兒以後，因爲和婆婆不和而被休。第二位夫人剛剛結婚一月，也由於同樣的原因而被逐出家門。第三位夫人則於一五六九年在極爲可疑的清況下死去。第三位夫人和小妾一人先後生過三個兒子，但都不幸夭折。按照傳統觀念，不孝有三，無後爲大，這是海瑞抱恨終天的憾事之一。[51]

海瑞是忠臣，又是孝子。他三歲喪父，孀居的母親忍受著極大的困難把他教養成人。她是他的撫養者，也是他的啓蒙者。在海瑞沒有投師就讀以前，她就對他口授經書。所以，歷史學家們認爲海瑞的剛毅正直，其中就有著他母親的影子。

然而，同樣爲人所承認的是，海太夫人又是造成這個家庭中種種不幸事故的重要因素。當海瑞離開南直隸的時候，她已經度過了八十壽辰。而出人意外的是，海瑞的上司只是呈請皇帝給予她以四品夫人的頭銜，而始終沒有答應給她以另外一種應得的榮譽，即旌表爲節婦。[52]是不是因爲她的個性過強，以致使他的兒子兩次出妻？又是不是她需要對一五六九年的家庭悲劇承擔責任？儘管今天已經缺乏實證的材料，但卻有足夠的跡象可以推想，由於海太夫人而引起的家庭糾紛，不僅已經成爲政敵所攻訐的口實，也已爲時論所不滿。海瑞可以極容易的從倫常綱紀中找出爲他母親和他自己辯護的根據，然而這些根據卻絲毫不會增加他家庭中的和睦與愉快。

離職的巡撫已經走到了生命中退無可退的最後據點。他必須忘卻別人加之於他的侮辱，克服自己的寂寞和悲傷。他失望，然而沒有絕望。他從孔子的訓示中深深懂得，一個有教養的人必須抱有任重道遠的決心。老驥伏櫪，志在千里，他雖然閑居在貧瘠的鄉村，屋子裡掛著的立軸上，卻仍然是「忠孝」二字。[53]這是儒家倫理道德的核心，在他從小讀書的時候已經深深地印刻在他的靈魂裡，至今仍然用它來警惕自己，務使自己晚節保持完美。

他的政治生涯，已經充分表示了爲人臣者盡忠之不易；而他的家庭經歷，也恰恰說明了爲人子者盡孝的艱難。但是除此之外，他沒有別的道路可走，我們的先儒從來就把人類分成君子和小人，前者具有高尚的道德教養，後者則近似於禽獸，這種單純的思想，固然可以造成許多個人生活中的悲劇，可是也使我們的傳統文化增添了永久的光輝。從海瑞家族的這個姓氏來看，很可能帶有北方少數民族的血統，[54]然則這位孔孟的眞實信徒，在今天卻以身體力行的榜樣，把儒家的偉大顯揚於這南海的盡頭！

安貧樂道是君子的特徵。家境的困窘過去既沒有損害海瑞的節操，今天也決不再會因之而改變他的人生觀。他有祖傳的四十畝土地足供糊口，在鄉居期間，他也接受過他的崇敬者的饋贈。他把這些饋贈用來周濟清寒的族人和刊印書籍，自己的家庭生活則保持一貫的儉樸。

散文作家海瑞的作品表明，他單純的思想不是得之於天賦，而是來自經常的、艱苦的自我修養。既已受到靈感的啓發，他就加重了自我的道德責任；而這種道德責任，又需要更多的靈感才能承擔肩負。如果不是這樣，他堅持不懈的讀書著作就會變得毫無意義。

他的作品中再三闡明這種道德上的責任。一個君子何以有志於做官，海瑞的回答是，無非出於惻隱和義憤。他看到別人的饑寒疾苦而引起同情，同時也看到別人被損害欺壓而產生不平。在君子的精神世界裡，出仕做官僅僅是取得了爲國家盡忠、爲百姓辦事的機會。一個人如果出於牟利，他可以選擇別的職業，或爲農，或爲工，或爲商。如果爲士做官，則應當排除一切利己的動機。[55]在這一點上，海瑞和創建本朝的洪武皇帝看法完全一致。

海瑞在一五八五年被重新起用。他不加思索地接受這一任命，無疑是一個不幸的選擇。這一次，他就眞的走到了生命的終點和事業的最低點。

當時張居正已經死後被清算，朝廷中的人事發生了一次大幅度的調整。海瑞雖然不是當面反對張居正的人，卻爲張居正所不喜，因而得以在反張的風潮中東山復起。[56]然而，這位模範官僚的政治主張在十五年前尚且窒礙難行，在這十五年後又如何能暢通無阻？

文淵閣大學士申時行以他的明智和通達，自然不難理解這一點。所以他在致海瑞的書信中說到「維公祖久居山林，於聖朝爲闕典」，就含蓄地表示了這次起用只是俯順輿情，需要這位享有聲譽的直臣作爲朝廷的點綴。[57]這個時候的海瑞已經七十二歲，雖然銳氣並沒有消減，但多年的閱歷卻使他不再像當年那樣樂觀。

當嘉靖年間他犯顏直諫的時候，曾經充滿信心地鼓勵皇帝，說朝政的革新，不過是「一振作間而已」。而現在，在他離開家鄉以前，給朋友的信上卻憂心忡忡地說：「漢魏桓謂宮女千數，其可損乎？廏馬萬匹，其可減乎？」[58]借古喻今，明顯地影射當今的萬曆皇帝喜歡女色和馳射，而且對皇帝的是否能夠改過毫無信心。

在起復之初，他的職務是南京右僉都御史，不久升任南京吏部右侍郎。[59]自從永樂皇帝遷都北京以後，這個名義上稱爲陪都的南京，除了正德皇帝一度在此駐蹕以外，從來沒有舉行過全國性的大典。這裡的各種中央機構，實際上等於官員俱樂部，他們的官俸微薄，公務又十分清閑，於是就殫思竭慮地設法增加額外收入。最常見的方法是利用職權，向市井商人勒索，其公行無忌有如搶劫。[60]這種種怵目驚心的情形，使稍有良心的官員無不爲之憂慮。

海瑞在一五八六年升任南京右都御史。[61]在命令發布之前，他已經向萬曆提出了一個惹是生非的條陳。他提議，要杜絕官吏的貪污，除了採用重典以外別無他途。條陳中提到太祖皇帝當年的嚴刑峻法，凡貪贓在八十貫以上的官員都要處以剝皮實草的極刑。[62]這一大干衆怒的提議在文官中造成了一陣震動。誰知一波未平，一波又起。有一位御史在家裡招了一班伶人排戲，海瑞得悉此事，就宣稱按照洪武的祖制，這位御史理應受到杖責。其實這類事情在南京已屬司空見慣，海瑞卻以爲有壞風俗人心而加以反對，結果只能被大衆看成膠柱鼓瑟，不合乎時代的潮流。

海瑞的再度出山以及一如既往的言行，對當時的南京地區來說，有如一塊巨石投進了一池死水，對他的批評和讚揚同時出現。不久，就有一位巡按南直隸的監察御史上疏參劾右都御史海瑞。下級監察官參劾上級監察官，雖不能說背於法制，畢竟是有逾常情，卽此一端，就不難窺見反對者的憤慨。這位御史的奏疏一開始就對海瑞作了全盤否定：「蒞官無一善狀，惟務詐誕，矜己誇人，一言一論無不爲士論所笑。」接著就採用莫須有的老辦法，說海瑞以聖人自許，奚落孔孟，蔑視天下，最後又用海瑞自己的話來說明他既驕且僞，說他被召復官，居然絲毫不作禮貌上的辭讓，反而強調說他還要變賣產業，才能置備朝服官帶。這位御史負有視察官學的職責，他在奏疏中說，如果學校中任何生員敢於按照海瑞的方式爲人處事，他將立即停發此人的廩膳並加責打。[63]

這種接近人身攻擊的批評，立刻遭到無數青年學生和下級官僚的激烈反對。[64]擁護者和反對者互相爭辯，幾乎一發不可收拾。萬曆皇帝於是親自作出結論：「海屢經薦舉，故特旨簡用。近日條陳重刑之說，有乖政體，且指切朕躬，詞多迂戇，朕已優容。」[65]主管人事的吏部，對這一場爭論也提出了自己的意見，說海瑞節操可風，只是近日關於剝皮實草的主張過於編執，「不協於公論」，所以不宜讓他出任要職，但可以繼續保留都御史的職位。皇帝的朱批同意吏部的建議：「雖當局任事，恐非所長，而用以鎭雅俗、勵頹風，未爲無補，合令本官照舊供職。」[66]

這些文件由給事中官署抄錄公布，就等於政府公開承認了自己的本身矛盾。爲什麼可以鎭雅俗、勵頹風的節操，偏偏成爲當局任事的障礙？可見我們帝國的政治措施至此已和立法精神脫節，道德倫理是道德倫理，做事時則另有妙法。再要在陰陽之間找出一個折衷之點而爲公衆所接受，也就越來越困難了。

海瑞雖然被挽留供職，然而這些公開發表的文件卻把他所能發揮的全部影響一掃而光。一位堂堂的臺諫之臣被皇帝稱爲「迂戇」，只是由於聖度包容而未被去職，那他縱有眞知卓見，他說的話哪裡還能算數？

由失望而終於絕望，都御史海瑞提出了七次辭呈，但每次都爲御批所請不准。[67] 這一使各方面都感到爲難的糾結，最後終於在上天的安排下得到解脫。

接近一五八七年年底，亦即萬曆十五年丁亥的歲暮，海瑞的死訊傳出，無疑使北京負責人事的官員大大的鬆了一口氣，因爲他們再也用不著去爲這位大衆心目中的英雄——到處惹是生非的人物操心作安排了。

注釋

1 海瑞去世月日，據《海瑞集》，頁五九九；《明代名人傳》，頁四七四。《神宗實錄》，頁三五九，記為十一月十五日。

2 《海瑞集》，頁五九九；《神宗實錄》，頁三五九一；《明史》，卷二二六，頁二六〇四。

3 《海瑞集》，頁一一七。

4 全國驛站經理情形，見蘇同炳著《驛遞制度》。亦詳 Huang, *Taxation*，頁三八。《大明會典》，卷一四五，頁四六，有此一千多個驛站分布的情形。

5 胡宗憲之子過境的故事，見《明史》，卷二二六，頁二六〇二。但其情節與《三國演義》之「怒鞭督郵」情節相仿，不能斷定屬實與否，《明代名人傳》內海瑞傳記無此記載。

6 《海瑞集》，頁一六八～一六九、五五二～五五三。

6 《海瑞集》，頁五八五。

8 《明史》，卷二二六，頁二六〇二。《海瑞集》，頁五八七，所記與《明史》有異。

9 《明史》，卷二二六，頁二六〇二；《海瑞集》，頁五八六；《國朝獻徵錄》，卷六四，頁三八。

10 《明史》，卷二〇五，頁二三八一、卷三〇八，頁三四九〇。

11 《明史》，卷七二，頁七四三、卷二二五，頁二五九五；《大明會典》，卷一四，頁一；*Taxation*，頁一六、二六六～二六七、二九三。

12 參看《明代名人傳．朱厚熜》。

13 《海瑞集》，頁二一七～二一八；《皇明經世文編》，卷三〇九，頁一～九。節略的記載見於《明史》，卷二二六，頁二六〇二～二六〇三；《世宗實錄》，頁八九一九～八九二五。

14 此宦官為黃錦，文見《明史》，卷二二六，頁二六〇三；《海瑞集》，頁五二六、五五八。又參見後者頁五三九、六四九，當日海瑞家眷在海南島。是以黃錦所云，或為替海瑞求情，或則全部故事出於杜撰。嘉靖因海瑞奏疏而激動，見《明史》，卷二二六，頁二六〇三；《海瑞集》，頁五五八、五八八；《國朝獻徵錄》，卷六四，頁二九、三三。

15 《明史》，卷二二六，頁二六〇三；《海瑞集》，頁五五八、五八九、六四六～六四七。

16 《穆宗實錄》，頁二一五五、二八五、三八一。

17 《海瑞集》，頁二八八～二八九。此書頁五九〇記，自陳不稱職在一五六八年，但京察實在一五六九年初。

18 《國朝獻徵錄》，卷六四，頁二九～三〇。

19 《海瑞集》，頁二四二～二五四。

20 《大明會典》，卷一六三，頁一四、卷一六四，頁二五。

21 《明史》，卷二一三，頁二四七六、卷二二六，頁二六〇三；詳《明代名人傳·徐階傳》；*Taxation*，頁一五七n。參看《海瑞集》，頁四三一～四三一、五九二；于慎行《筆塵》，卷五。

22 《海瑞集》，頁二三七。

23 *Taxation*，頁四九、一五八、三一三。王世貞文見《國朝獻徵錄》，卷一七，頁九四。何良俊文見《四友齋叢說摘抄》，卷一七六，頁二七～二八。海瑞田產見《海瑞集》，頁四一八、四五七。

24 《天下郡國利病書》，卷六，頁一四、一五、二四～二六、三五。六一 。海瑞本人承認鄉人不知法律，見《海瑞集》，頁一一五～一一六。

25 《海瑞集》，頁二三七。

26 《穆宗實錄》，頁一〇二三。

27 《穆宗實錄》，頁一〇五五；《海瑞集》，頁六四八～六四九、二三九。

28 《穆宗實錄》，頁一〇五五。

29 《海瑞集》，頁二四二。

30 《張居正書牘》，卷一，頁一六。

31 《太祖實錄》，頁一一七六；《英宗實錄》，頁五四一七；吳晗著《朱元璋傳》，頁一九四、一九八。

32 洪武所作《大誥》，現已錄入《明朝開國文獻》。關於官員不准下鄉一節，《大明會典》，卷一七四，頁三、六仍錄存。

33 《太祖實錄》，頁二四三六～二四三八；《宣宗實錄》，頁一九九〇～一九九一；《明史》，卷五六，頁六一七～六一八；《大明會典》，卷七九，頁三。亦見Hucker, *Traditional State*, 頁二六。

34 《明史》，卷四四，頁九八七～九八八；吳晗著《朱元璋傳》，頁一五九～一七〇；孟森著《明代史》，頁五七～五九；《明代名人傳．朱元璋》。

35 《太祖實錄》，頁三六四三。

36 參見*Taxation*。

37 《太祖實錄》，頁二八七一、二九九八。

38 《海瑞集》，頁二五二。

39 彭信威著《貨幣史》，頁六〇三。

40 《日知錄》，卷三，頁七八～七九。徐階一家亦因為吏榮顯，見《明代名人傳．徐階傳》。

41 《明代名人傳》，頁五七五。

42 關於這方面的情形，最好的資料是《天下郡國利病書》。《海瑞集》頁內所列舉稅收訴訟各節也可以反映當日農村背景，其重點並非少數大地主壓抑大批農民，否則當日社會必有極劇烈的波動，明末農民暴動亦當起於東南，不致起於西北。社會階級的流動性，詳Ho, *Ladder of Success*.

43 *Taxation*，頁六九～八一；全漢昇著《中國經濟史論叢》，頁三六四。

44 明代民法中關於借債、經商各款，規定極為簡單，見《大明會典》，卷一六四。

45 參看梁方仲著《一條鞭法》及*Taxation*。

46 《海瑞集》，頁一七一、一七三。此等細節不能經常有合理的管制，可以因爭端而釀成人命案。

47 《海瑞集》，頁一一四～一一五、一五一。

48 《海瑞集》，頁一六九～一七八、二二五～二二六。

49 《海瑞集》，頁一七二～一七三。以人命為要挾，當時所在多有，參看《歸有光全集》，頁四九一。

50 《海瑞集》，頁一七五～一七六。

51 《海瑞集》，頁五四四。

52 《海瑞集》，頁五七八、五八九～五九〇。

53 《海瑞集》，頁五七〇。

54 《明代名人傳》，頁四七四，作此揣測。

55 《海瑞集》，頁三一〇、五五四。

56 《海瑞集》，頁四七二、五九七；參見《明史》，卷二二六，頁二六〇四。

57 《賜閑堂集》，卷三六，頁一三。

58 《海瑞集》，頁四六七。

59 《神宗實錄》，頁二八七九、二八九二、二九一一。

60 參見《四友齋叢說摘抄》，卷一七六，頁三～四。

61 《海瑞集》，頁五九七。

62 《海瑞集》，頁五九八、六四八；《神宗實錄》，頁三二二八；《明史》，卷二二六，頁二六〇四。

63 此人為房寰，原文見《海瑞集》，頁六三〇。

64 《神宗實錄》，頁三二五四～三二五六、三二九三～三二九四。

65 《神宗實錄》，頁三二二八。

66 《神宗實錄》，頁三一八八～三一八九。

67 《神宗實錄》，頁三二五四～三二五六、三五六八。

第六章

戚繼光——孤獨的將領

一代名將戚繼光在陽曆一五八八年一月十七日離開了人間，按照陰曆計算，爲萬曆十五年十二月十二日。如果這消息已爲皇帝所獲悉，則多半是出於東廠中祕密警察的勞績，因爲政府的正式檔案中並沒有提到這件事情。

三個月以前，戚繼光的名字最後一次在御前提出。一位監察御史上疏建議起用這位已被罷免的將領。這一建議使皇帝深感不悅，建議者被罰俸三月，以示薄懲。[1]

戚繼光是本朝最有才能的將領，其被劾罷官三年以後仍不能見諒於萬曆，原因全在於他和張居正的關係過於密切。

但是通觀本朝武將的經歷，其不幸似乎又不僅止於戚繼光一人。甚至可以說，戚繼光的謝世縱然並沒有得到應有的哀榮，然而他在生前所受到的重視，仍然大大超過了其他將領。他的朋友，另一位名將俞大猷，和戚繼光一樣，具有再造本朝軍事力量的宏圖，但卻屢被參劾並受到申斥，難酬壯志。[2]另外幾位高級將領，盧鏜先被拘禁，後遭斥革；湯克寬被拘釋放，命令他戴罪立功，最終在塞外爲國家捐軀。戚繼光部下的將領胡守仁、王如龍、朱鈺、金科等人也受到革職或戍邊的處分。[3]唯一的例外則是與他同時的劉顯，雖然屢被參劾，卻能巍然不動。這並不是朝廷對他特別垂青，而是他負有征剿四川「土蠻」的重任，這一戰爭曠日持久，也找不到更合適的人選取代他的指揮權。劉顯去世以後，他的兒子劉綎被譽爲跨灶之兒，繼之而成爲萬曆一朝的名將，但也迭經革調，一六一九年和努爾哈赤作戰，在倉卒進兵的情況下力戰而死。[4]

這些令人同情的遭際，在本朝帶有普遍和必然的性質。探本溯源，還必須從本朝文官和武將之間的關係說起。

概括說來，武將領兵作戰，和文官集團的施政原則在根本上是不能相容的。當社會和經濟的發展不能平衡，衝突激化，以政治手段調劑無效，通常就會導致戰爭。有時候嚴重的天災造成大面積的饑荒，百姓面對死亡的威脅，也會鋌而走險，訴諸武力。但是我們帝國的文官，則一貫以保持各方面的平衡作爲施政的前提，如果事情弄到動用武力，對他們來說就是失敗的象徵。他們具有一種牢不可破的觀念，卽上自國家，下至個人，不能把力量作爲權威。如果一個地區有什麼特殊的經濟利益，那麼就應當加以壓抑而不是提倡。至於天災足以引起戰爭，則尤爲無知妄說，因爲從道德觀念來看，天下的事物無不可以共同分配，災民的暴動，乃是小人犯上作亂的劣根性使然。

但就武將而言，他們所受到的訓練和戰爭的經歷卻養成了和文官截然不同的氣質。他們需要具備準確的選擇能力和決心，著眼點在於取得實效而不避極端：衝鋒陷陣，要求集中全力，對敵人的重點作猛烈打擊；退守防禦，考慮的是地形的險要和工事的完善，如不可守就要斷然放棄；戰鬥勝利，就一心擴張戰果，而不爲其他問題而猶豫。在一般情況之下，他們把自己和部下的生命視爲賭博場中的籌碼，必要的時候可以孤注一擲。

而大多數文官則以中庸之道爲處世的原則，標榜穩健和平。武人在刀劍矢石之中立下的汗馬功勞，在文官的心目中不過是血氣之勇，即使克敵制勝，也不過是短暫和局部的成功而已。[5]

在維持軍隊給養的問題上，同樣表現了帝國政府重文輕武的風氣。讓軍人自己組織和管理後方勤務，根本不能考慮；[6]即使是在文官管轄之下，把倉庫的地點按照戰略需要來作適當的配置，也被看作有背於平衡施政的原則。

這種風氣還使軍人退伍以後不能得到正常的社會地位。本朝治理農民的根本方針是保持他們的淳樸無知，一個士兵退伍還鄉，就等於增加一個無業遊民，因爲他在軍隊裡所學到的技術和養成的起居習慣，已經難於再度適應農村生活，事情的複雜性就會因之而增加。軍官退伍以後所引起的問題更爲嚴重。在別的國家裡，退伍軍官通常都受到應有的尊敬，如果擔任民政職務，他的管理經驗也能保證他勝任愉快。然而事情適得其反，我們的軍官在長期訓練中所培養的嚴格和精確，退伍之後竟毫無用武之地。他會發現在軍隊以外，人們所重視的是安詳的儀表、華麗的文辭、口若懸河的辯才以及圓通無礙的機智。總而言之，和他已經取得的能力恰恰相反。

這種觀念上的南轅北轍，使文官不僅在精神上對武官加以輕視，而且在實際作戰中，他們也常常對高級將領提出無理的指責。如果將領當機立斷，指揮部隊迅速投入戰鬥，那是貪功輕進，好勇嗜殺；要是他們暫時按兵不動，等待有利的戰機，那又是畏葸不前，玩敵養寇。軍兵士抄掠百姓，該管的長官自然要受到處分，然而事情的背景，卻常常是軍餉積欠過久。軍餉是由文官控制，然而一旦發生事故，他們卻可以毫不承擔責任，而由將領們代人受過。

也許是有鑒於唐朝藩鎮的跋扈，本朝從洪武開始，就具有這重文輕武的趨向。大約經過了一百年，文官集團進入了成熟的階段，[7]他們的社會地位上升到歷史上的最高點；換句話說，也就是武官的社會地位下降到歷史上的最低點。這種畸形的出現，原因在於本朝的政治組織為一元化，一元化的思想基礎則是兩千年來的孔孟之道。如果讓軍隊保持獨立的、嚴格的組織，和文官集團分庭抗禮，這一元化的統治就不可能如所預期地成長、發展，以至於登峰造極。這種制度既經固定，將領們即使出生入死，屢建奇功，其社會影響，也未必抵得上一篇精彩的大塊文章。

這種制度和風氣所造成的嚴重後果早已被事實所證明。本朝的軍事窳敗盡人皆知，但其敗壞的程度卻出人意外。北方的邊境每年都為俺答所入侵，被擄走的人民和劫去的財物不可勝計。一五五五年戚繼光調赴浙江新任的時候，東南沿海也迭經倭寇的蹂躪。正當悲觀和惶惑遍布於濱海各省，一股五十至七十人的海寇竟創造了一個奇蹟。他們登陸深入腹地，到處殺人越貨，如入無人之境，竟越過杭州北新關，經淳安入安徽歙縣，迫近蕪湖，圍繞南京兜了一個大圈子，然後趨秣陵關至宜興，退回至武進。以後雖然被殲，但是被他們殺傷的據稱竟有四千之多。而南京爲本朝陪都，據記載有駐軍十二萬人。這樣的軍事行動，在世界戰爭史上亦當稱爲罕見。[8]

面對這樣令人焦慮的局面，戚繼光的任務絕不僅止於單純地擊敗倭寇。他首先要組織一支新型的軍隊。從他的軍事著作《紀效新書》中可以看到如何有條不紊的實施他的建軍方案：宣布招兵的辦法，規定月餉的數字，擬訂分配列兵職務的原則，明確官兵的職責，設計隊、哨、局的組織，統一武器的規格，頒發旗幟金鼓這一類通訊器材，等等。[9]建軍方案的核心部分是確立鐵一般的軍法。軍法的精神在於「集體負責」，即所謂「連坐法」，一隊和一哨的官兵要互相保證在作戰中勇往直前，不得退卻。一人退卻則一人被斬首，全隊退卻則隊長被斬首，隊長殉職而全隊退卻則全隊被斬首。

《紀效新書》所涉及的內容非常廣泛，甚至還記載了一種製作乾糧的方法。然則這部著作的出現，也正好在另一個角度上反映出了當時的軍訓軍令都沒有固定的準則，專門研究軍事技術的學校從未成立。如果部隊手冊、戰鬥綱要、編制表、後勤補給圖解和軍法條文等爲軍中必需的文字材料曾經存在，那麼，它們不是沒有付諸實施，就是早已不合現狀，所以戚繼光才會在他的書裡不厭其詳地作出規定和闡述。

在這種情況下，不論戚繼光個人的意向如何，他所組織的新軍就不可能不帶上個人的色彩，所以人們就恰如其分地稱之爲「戚家軍」。值得注意的是，這支新軍在建立三十年之後，仍然還是戚繼光的個人部隊。這自然又和文官集團的平衡原則大相鑿枘。在文官們的心目中，戚繼光的軍隊不是社稷的干城而是國家的威脅，加之他又和張居正關係極爲密切，所以必須對他作嚴厲的彈劾。

在十六世紀中葉，日本這個島國能夠嚴重威脅本朝東海沿岸各省的安全，這種現象是很難理解的，合乎邏輯的倒是本朝的士兵應該越海進攻日本。因爲當時的日本不僅地狹人稀，而且幾十年來沒有形成統一的政權，內戰

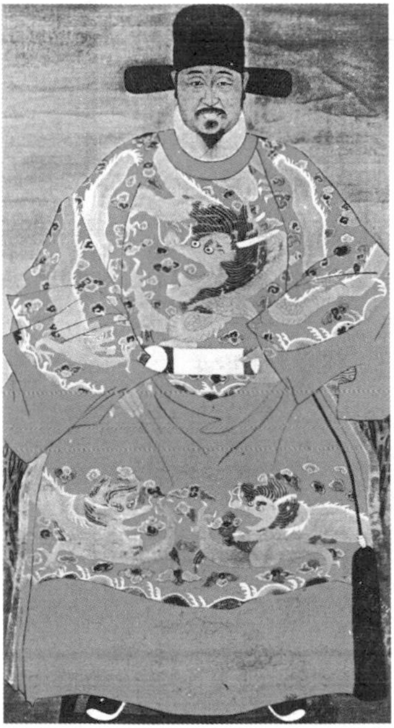

戚繼光畫像。

頻仍，法律和紀綱可謂蕩然無存。本朝是一個高度中央集權的國家，被極有組織的文官集團所統治，中央指揮地方如身之使臂，極少發生抗命的事情。同時我們這個帝國在名義上擁有當時世界上最大的常備軍，人數多達二百萬。[10]

但是這種假想的邏輯並不適用於現實。本朝的軍制規定，常備軍由兩百萬「軍戶」提供，每戶出丁男一人，代代相因不變。設立軍戶的目的，既在於保證兵員的來源，又在於保障「民戶」不致因戰爭動員而受徵兵的騷擾。這制度開創伊始，流弊卽隨之而來。民戶被編入軍戶，大部出於強迫；卽或出於自願，也常常是基於權宜之計，時過境遷，當初的應諾就不能矢守不渝。所以各個駐兵的衛所剛剛成立不久，士兵逃亡和換籍的事件，卽已層出不窮。[11]時經一百多年，各衛所的土地，不少都爲各軍戶抵押和出賣。[12]加之長年以來，除了西北邊境，絕大部分地區都承平無事，所以，一個衛所的實際兵員往往遠較規定的編制爲少，在退化最嚴重的衛所中，竟僅爲規定編制的百分之二或三。[13]而且這些有限的士兵還常常被軍官當作營造和運輸的勞工，再不然就是留在家裡充當僕役。[14]

和這種每下愈況的情形相始終的是補給制度。本朝的軍事供應和政事摻合爲一元，軍隊的糧餉補給，來源於地方政府的側面供應。按理說，戶部是國家財政的中樞，應該統籌全局，但實際上卻類同於一個大型的會計機構，只是在賬目上監督各個機關和地方政府的出納。各個地方政府按照規定的數額把給養直接運交附近的軍事單位、軍區和中級以上的後勤機構。一個府縣，可能輸送食糧及銀兩於十幾個不同的小單位；一個衛所也可能接受十幾個府縣送來的糧食和銀兩。[15]這種方法一經成爲定制，就如盤根錯節，任何高級單位也無法把補給點和補給線作合理的通盤改組，以適應形勢變化的需要。於是供應不能足額的情況就時有發生。試想，由十幾個單位分別按固定的數量供應，總難免有個別單位由於意外的情況而不能如額繳納；而其他單位則並不負有補足缺額的義務，卽或有這樣的義務，也不見得就有這樣的能力。所以在開國一百餘年以後，書面的規定早已和實際的詳情格格不入。縱使有局部的調整，充其量也不過見效於暫時，而終於不免捉襟見肘。

如果查閱官方的史籍，書上都明確無誤地記載了全國的補給已由中央統籌分配，而實際的執行卻全賴互不相屬的下級機構。地方政府和地方軍隊之間的補給關係已如上述，卽使是運往北京的漕糧，其運輸的情況也十分奇特。

所謂漕糧，就是從南方大多數府縣中徵收田賦所得的、通過大運河而運往北京的糧食。按明文規定，漕運由專業化的軍士負責運送，運送的軍士卽稱之爲運軍。全部運軍有官兵十二萬人，分駕運糧船一萬二千艘。但這龐大的隊伍，卻沒有一個統籌後勤的機構來做周密的安排，以使其秩序井然地運轉。糧船直接在江南的水濱接受納稅者所繳納的穀米，然後解纜北運。一艘糧船由一個下級軍官管理，並直接對中央政府負責。在所運的糧食送達北京附近的張家灣倉庫以前，糧船上全體官兵的人身自由、生命財產甚至妻子兒女，都等同於保證這次運輸安全的抵押品。因爲除此而外，別無更好的方法可以作有效的管理。[16]

至於糧船的製造，也同樣表現了散漫和缺乏組織的特性。這些糧船的法定使用期限爲十年，過期就需要重新建造。在淮河沿岸設有「船廠」一處，是全國最大的造船場所，其產量的高峰爲年產七百艘以上。然而這個所謂船廠實際上由八十二個小型船廠拼合湊攏，各廠之間各自經理，雖有一個類似於總管理處的機構，卻無統一調度人力和物資的權能，自然也更談不上有效的技術分工。[17]

不消多說，組織上的低能必然造成裝備上的落後。本朝並不完全缺乏這方面的能工巧匠，但是他們都被集中到皇城裡，專門爲皇帝的禁衛軍製造精美的甲胄。[18]一般的野戰軍只能服用襯以小鐵片的棉布襖，或者由紙筋搪塞而成的「紙甲」。[19]至於士兵們所使用的武器，也大多是由各地府縣作爲稅賦的一個部分，製造繳送，[20]質量既有欠精良，規格也談不上標準化。

以上種種落後的情況，使本朝野戰軍的戰鬥力幾乎與農村的民兵相去無幾。與這種情況相一致的，是對於將領的選拔。

在當權者看來，一個將領所應該具備的素質是勇敢粗豪，而不在於頭腦清晰。上文所提到的劉綎，外號人稱「劉大刀」，根據誇大了的描寫，他所用的鑌鐵大刀重一百二十斤，可以在馬上「輪轉如飛」。[21]和劉綎同在遼東戰役中犧牲的杜松更爲粗蠻鹵莽。他在作戰時身先士卒，可是一旦戰敗，就會毀壞自己的兵器甲冑以發洩怒氣，而且不斷聲稱必須自殺或者落髮爲僧，毫無鎭定從容的大將風度。因之，此人被努爾哈赤稱爲「杜瘋子」。[22]

軍官的任命多數以「世蔭」的形式而繼承父業。任命的程序相當複雜，大致是高級將領的子孫需要降幾級繼承，下級軍官則無須降級。[23]

從本朝中期開始，情況稍有改變，自兵部尚書劉大夏奏准推行武試，任何有志於成爲軍官的人只要考試及格就可以取得進身之階。但事實上由考試及格充當軍官並上升爲高級將領的，可謂絕無僅有。而且這種武生的考試又重在刀槍弓馬的是否嫻熟，由文官主持的筆試，其要求不過是粗通文字而從未涉及軍事科學。各處所開辦的「武學」，也以儒家經典作爲主要的講授內容，其教學進度，以「每日總授不過二百字」爲原則。[24]

用這種方法培養出來的高級將領，幾乎很少有人具備運籌帷幄的謀略。其實這也正是文官集團所預期的目的。將領既然大多屬於一勇之夫，當然就有必要任用文官作爲總督巡撫，讓他們來指揮各級武官。[25]在總督巡撫之下還有「兵備使」或「海防道」，他們名爲監察，實則握有調度攻防的權力。在軍政方面，人事的任免以及補給、交通各項，也統統由文官主持。

這種軍事體制的設計，顯而易見，其重點不在於對付敵國的全面入侵，同時也不打算全面進攻敵國。發生在一四四九年號稱「土木之變」的戰役，正統皇帝爲瓦剌所俘虜，已經暴露了軍事體制中致命的弱點。然而這樣震驚全國的事件仍然沒有能夠引起應有的重視與改革。武備繼續廢弛，軍事組織不斷衰退。文官們只要在他們的任期中保持平靜無事，則一切有關軍隊改造的計畫大可束之高閣。

一直到十六世紀中葉，倭寇的勢力大張，不僅屢次攻破了被視爲固若金湯的東南海防，而且長驅直入，視守軍爲無物，這才使中樞的文官驚醒，發現這低能的軍事制度將要危及整個帝國以及他們個人的安全。窮則思變，改革已成爲勢所必然，而改革的初步，仍在於選擇有創造精神的高級將領，他必須在戰略上深謀遠慮，而又精通各種戰術。

蹂躪東南沿海的倭寇不同於普通的海盜。海盜大多是烏合之衆，只要抄掠財物的目的一經達到，隨即呼嘯而去，而倭寇則不然。他們登陸以後通常要建立根據地，有時還圍攻城池。其中的成員也並非全部來自日本，而常常混有不少的中國人。在一般情況下，中國人還在其中占有多數，而且可以擔任高級頭目。[26]

倭寇入侵的原因，與國際貿易有不可分割的關係。本朝禁止民間的海運通商，雖然律有明文，但是實際上卻無法徹底執行。東南沿海的走私貿易，由來已久，好多不同國籍的冒險家紛至沓來。這些冒險家所使用的船隻，最大的長達一百尺，寬達三十尺，船殼厚達七寸，超過了中國戰艦的規模。根據記載，在這些冒險家出沒的極盛時期，每天有大小船隻一千二百餘艘在中國海岸活動，[27]數字似屬誇大，但是利之所在，熙來攘往，已不在話下。其貿易的區域從日本各島至暹羅灣，狀如一彎新月。在中國政府海上巡邏力量所不能達到的近陸島嶼上，他們指定了走私貿易的港口。由於沒有一個法庭可以解決買賣雙方間合同和債權的種種糾紛，十多個有力量的中國船主以武力作為後盾，充當了仲裁者，並因而逐漸被認為海上權威，成了海盜的頭目。[28]

這些海盜頭目聲威赫赫，和當地的士紳互相勾結，甚至結為婚姻之好。他們公然在沿海修理船隻，而且勒令村民接受他們的傳訊。這種海上權威雖然尚屬萌芽，但任之滋長發育，則必然會威脅我們這個以農業經濟為基礎的政府。[29]

海盜肆無忌憚的活動，迫使政府不得不採取強硬的對策。然而衝突一開，我們在政治和軍事上的虛弱即暴露無遺。高級指揮官無法確知部下戰士的實際數額，也弄不清究竟有多少戰船可以調配使用。下級軍官在部隊出發之前先要向地方富戶勒索兵餉給養。而一旦發生戰鬥，有的部隊乾脆望風而逃，有的部隊雖然敢於迎戰，但由於墨守密集隊形的戰術，往往造成「一人失利，萬人奔潰」的後果。[30]而可歌可泣的作戰，卻反而出現於倉卒集合的民兵，以及各地生員所組織的保衛家鄉之情景中。

在日本方面，充當海寇的武士，來自山口、豐後、大隅、薩摩、博多灣、對馬和五島列島。[31]他們既無統一的領導，也無長遠的作戰目的。起初，他們有一個空中樓閣式的希望，以爲和中國海盜的聯合軍事行動可以迫使中國政府開放對外貿易，而他們之中的領導人也可以受到招安而榮獲海陸軍將領的官銜。這些希望在總督胡宗憲發動的一次行動之後終於成爲泡影。

胡宗憲以招安爲誘餌，使這些海盜頭目束手就擒，而後又把他們的頭顱送到北京邀功，[32]這種措置只能激起日本的侵犯者更大規模的來犯，並且使今後的屢次入侵更缺乏政治意義，其惟一的目的只在於劫奪財貨。

這些日本海寇雖然在上層缺乏統一的領導，但下層的組織力量則不可忽視。雖然是殺人越貨，也表現了日本下層社會結構的嚴密性。據目擊者記載，不論作戰或宿營，倭寇的小頭目對下級戰士能施以極嚴格的紀律管制。[33]各個小股部隊戰法一致，也表示了他們並非倉卒招募而來的雇傭兵。他們不斷地以寡敵衆，擊敗了數量上占優勢的中國官軍，而中國的農民造反，卻大抵缺乏這種能力。

這些海寇乘坐可以裝載百人左右的船隻登陸。大舉入侵時，常常集結三十至五十艘船隻，人數多達幾千。在他們的凶焰最爲高熾之際，可以有兩萬人據守占領區內的軍事要地。本地的居民在威逼利誘之下，也有不少人參與他們的行列，其中有的人在以後被押送至日本作爲奴隸。[34]他們劫掠的物品不限於金銀珠寶，根據需要和可能，他們也奪取內河船隻和其他商品。有一段記載提到他們曾大批搜集蠶繭並勒令婦女們繅絲。[35]這種情況業已與占領軍在當地組織生產沒有多少差別。

在入侵的初期，他們幾乎戰無不勝，主要原因在於戰術的優勢和武器的精良。他們能極其嫻熟地使用雙刀，並且和近旁的伙伴保持密切的聯繫，互爲呼應，協同作戰。頗爲特異的是，他們的指揮信號乃是班長排長手中的摺扇，當雙方開始接觸，班長排長把摺扇往上一揮，他們的部下就以刀鋒向上，當對方的注意力爲這種動作所吸引，他們就突然倒轉刀鋒迎頭砍下。這種雙刀的長度不過五尺，但在一個熟練的使用者手中揮舞，一片刀光，使「上下四方盡白，不見其人」，可以在一丈八尺的方圓之內殺傷對方。其他常見的武器還有弓箭和標槍，據記載，「倭竹弓長八尺，以弓蹈其弭，立而發矢。……鏃寬二寸，……近身而發，無不中者」，所擲的標槍「不露竿，突忽而擲，故不測」。至於火器，似乎並沒有爲他們所重視。雖然戚繼光說過鳥銃由日本傳來，但在記錄上卻看不到倭寇曾有效的使用這種武器。他們偶爾使用的火炮，看來也是在中國俘獲的戰利品。[36]

倭寇的基本戰術是派遣三十人以下的小部隊進入村落，這些小部隊的進止必在嚴密的互相照顧之下。協同的信號是令人戰慄的海螺聲。這些入侵者善於使用當地的嚮導，並熟練地派遣尖兵和斥候，有層次的展開兵力，並以佯攻、驅使難民在隊伍的前面等等方式，造成中國官軍的擾亂和疑惑。

中國官軍根本無法對付這一套戰術，即使是士氣最爲高昂的部隊，他們的對策也不過是僅憑血氣之勇猛衝敵陣，既無有效的隊形，又缺乏側翼和後續部隊的接應，其經常遭到失敗就爲勢所必然。[37]南直隸和浙江兩省，河流湖泊極多，官軍潰退時有如狼奔豕突，被踐踏或被擠落水致死者也爲數累累。有一次總督胡宗憲也在敗退之中被推落水，幾乎淹死。[38]

除此以外，倭寇在和大隊官軍遭遇時，還採取另一種戰術，即先取守勢以減殺官軍的銳氣，或者製造恐怖氣氛使官軍陷入心理上的劣勢，然後待機出擊。戚繼光下面的一段記載可以作爲說明：「余數年百戰，但見諸賊據高臨險，坐持我師，只至日暮，乘我惰氣衝出；或於收兵錯雜，乘而追之。又能用乘銳氣，盛以初鋒。又其盔上飾以金銀牛角之狀，五色長絲，類如神鬼，以駭士氣。多執明鏡，善磨刀槍，日中閃閃，以奪士目。故我兵持久，便爲所怯。」[39]

所以，總結以上的情況，不論官方文件如何強調這一戰爭是政府的官軍圍剿海賊，實際上卻是外行的中國士兵對付職業化的日本軍人。

戚繼光著手組織他的新軍，兵源不是來自軍戶和衛所，而是另行在浙江省內地招募的志願兵。[40]由於政府已深切理解事態的嚴重性，所以不得不批准他的組織新軍的計畫，並且加徵新稅作爲招募和訓練的費用。[41]

對於這種支持，戚繼光在對士兵所作的訓話中就告誡他們應該知所感激。他說：「你們當兵之日，雖颳風下雨，袖手高坐，也少不得你一日三分。這銀分毫都是官府徵派你地方百姓辦納來的。你在家那個不是耕種的百姓？你思量在家種田時辦納的苦楚艱難，卽當思量今日食銀容易。又不用你耕種擔作，養了一年，不過望你一二陣殺勝。你不肯殺賊保障他，養你何用？就是軍法漏網，天也假手於人殺你！」[42]

道德義務的勸說加上群衆固有的宗教信仰，使戚繼光得以在所招募的新兵中建立鐵一般的紀律。上文所說的「連坐法」[43]雖然不可能經常被不折不扣地執行，但其殺一儆百的恐嚇力量已足以使部隊在強敵之前不易被擊潰。他所制定的賞罰原則並不完全決定於戰鬥的勝負。卽使大敗，有功者仍然要給予獎賞；相反，卽使大勝，作戰不力和臨陣脫逃者仍然要受到處罰。[44]

在他的一本奏摺裡提到一五六二年的一次戰役：他命令部隊奪取一座倭寇占領的石橋。第一次進攻失敗，一哨官兵三十六人全部陣亡，第二哨繼之而上，又損失了一半的人員，這時剩下的官兵企圖後退，在現場督戰的戚繼光手刃哨長，才使攻勢得以繼續不衰，最終擊破敵陣，大獲全勝。[45]而這次勝利，也就成了他一生中最值得紀念的事件之一。

這種嚴格的紀律固然是取得勝利的必要保證，但是它的殘酷性也實在使人不寒而慄。士兵離隊小便，就會受到割去耳朵的處罰，[46]而且據傳說，戚繼光的第二個兒子由於違犯軍法而被他毫不猶豫地處死。這樣的嚴刑峻法也許已經離開了通常的人情，但是，戚繼光的這一治軍方針終於造成了一支堅強的部隊。後來他調任薊遼總兵，有一次在大雨中向全軍訓話，惟獨他從南方帶來的三千名軍士能幾個小時屹立不動，如同沒有下雨一樣。[47]

然則嚴峻的紀律，僅是治軍方針的一面；另一方面則必須鼓舞士氣。士兵的自尊心和自信心在這裡起著重要的作用。一支經常被敵人打得落花流水的部隊談不上自尊和自信，必勝的信念有賴於能力和技術，而能力和技術又來自平時的刻苦訓練。

戚繼光的訓練方法得自專家的口授。這些寶貴的經驗過去由於不爲人所重視而沒有見諸文字。到俞大猷才作了扼要的闡述，而戚繼光則把所有的細節寫成了一部操典式的書本。

操練技術的主要著眼之點，可以說是用「辯證法」的原理來分解動作。每一個動作都有相對的兩個方面：身體有防蓋和沒有防蓋的兩個部分；一種姿式有動和靜、正面和側面的兩種因素；有攻擊則同時有防禦。[48]總而言之，既有陰則有陽，有陽亦必有陰。例如操練近身武器，也和拳術或舞蹈的原則相似，任何姿勢都可以作三段式分解，也就是開始——稍爲休憩而轉變——繼續進行又迄於靜止，用戚繼光的術語來說就是「起—當—止」。[49]這些姿勢又按其不同的形態而有各種離奇的名目，例如騎龍式、仙人指路式、鐵牛耕田式、太公釣魚式等等。運用這些動作，要求「左右來俱有拍位」，「後發先至」。至於在實戰中和敵人決鬥，除了熟練地掌握以上各種基本姿勢和原則以外，最重要的乃是佯攻，亦卽聲東擊西，出其不意。[50]

在戚繼光以前，在軍隊中受到重視的是個人的武藝，能把武器揮舞如飛的士兵是大衆心目中的英雄好漢。各地的拳師、打手、鹽梟以至和尚和苗人都被招聘入伍。等到他們被有組織的倭寇屢屢擊潰以後，當局者才覺悟到一次戰鬥的成敗並非完全決定於個人武藝。戚繼光在訓練這支新軍的時候，除了要求士兵嫻熟技術以外，就充分注意到了小部隊中各種武器的協同配合，每一個步兵班同時配置長兵器和短兵器。在接戰的時候，全長十二尺有餘的長槍是有效的攻擊武器，它的局限性則是必須和敵人保持相當的距離。如果不能刺中敵人而讓他進入槍桿的距離之內，則這一武器立卽等於廢物。[51]所以，戚繼光對一個步兵班作了如下的配置：隊長一名，火伕一名，戰士十名。這十名戰士有四名手操長槍作爲攻擊的主力。其前面又有四名士兵：右方的士兵持大型的長方五角形藤牌，左方的士兵持小型的圓形藤牌，都以藤條製成。之後則有兩名士兵手執「狼筅」，卽連枝帶葉的大毛竹，長一丈三尺左右。長槍手之後，則有兩名士兵攜帶「鎲鈀」。「鎲鈀」爲山字形，鐵製，長七、八尺，頂端的凹下處放置火箭，即係有爆仗的箭，點燃後可以直衝敵陣。[52]這種配置由於左右對稱而名爲「鴛鴦陣」。右邊持方形藤牌的士兵，其主要的任務在於保持既得位置，穩定本隊的陣脚。左邊持圓形藤牌的士兵，則要匍匐前進，並在牌後擲出標槍，引誘敵兵離開有利的防禦位置。引誘如果成功，後面的兩個士兵則以狼筅把敵人掃倒於地，然後讓手持長槍的伙伴一躍而上把敵人刺死戳傷。最後兩個手持鎲鈀的士兵則負責保護本隊的後方，警戒側翼，必要時還可以支援前面的伙伴，構成第二線的攻擊力量。[53]

可以明顯地看出，這十二人的步兵班，乃是一個有機的集合體。預定的戰術取得成功，全靠各個士兵分工合作，很少有個人突出的機會。正由於如此，主將戚繼光才不憚其煩地再三申明全隊人員密切配合的重要性，並以一體賞罰來作紀律上的保證。[54]這種戰術規定當然也並非一成不變，在敵情和地形許可的時候，全隊可以一分爲二，成爲兩個橫隊與敵人拼殺；也可以把兩個鎲鈀手照舊配置在後面，前面八個士兵排成橫列，長槍手則分列於藤牌手與狼筅手之間。[55]

以藤牌、毛竹、鐵叉作爲標準武器，表現了戚繼光的部隊仍然沒有脫離農民氣息。但如果認爲他不了解火器的功效，那是不符合實際的。他在實戰中運用過火器，和將領講解火器的利弊，並在奏摺中提到了火器的重要性。然則終戚繼光一生，他仍然以上述的鴛鴦陣法作

藤牌及狼筅。
出自《練兵雜記》。

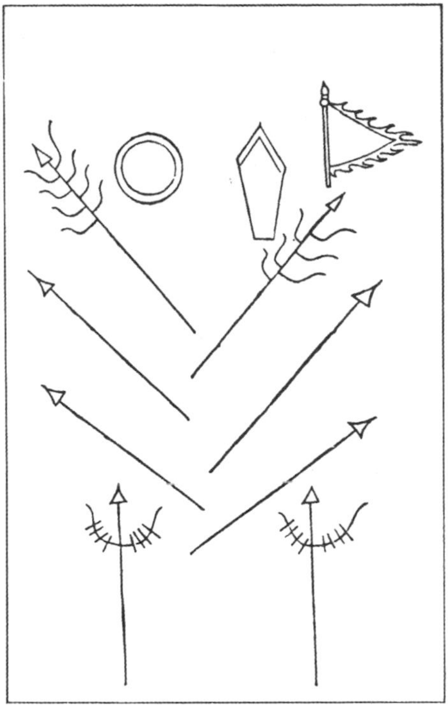

戚繼光鴛鴦陣列兵所執武器配置圖。
出自《紀效新書》。

步卒防禦武器。出自《紀效新書》。

爲主要的戰術。這倒不是由於他因循守舊，而是牽涉到很多不易解決的複雜因素。

讓戰術全面現代化的建議，曾經被名將俞大猷提出過。他準確地指出，倭寇的特長是嫻習陸戰，水戰的技術反而低劣。俞大猷主張，以有效的戰船和火砲殲滅倭寇於海上，根本不讓他們有登陸的機會。在戰術原則上，在他所著的書裡也明白指出：「海上之戰無他術，大船勝小船，大銃勝小銃，多船勝寡船，多銃勝寡銃而已。」[56]他給總督的稟帖中，曾經請求把陸軍軍費的一半用來配備水師。但縱使俞大猷的聲望和戰績都十分卓著，這些有益的建議卻始終沒有被採納，因而壯志未酬，賚恨以歿。

然則俞大猷本人也不可能理解，他的建議，所牽涉的問題和將要引起的後果已經超出軍備問題而及於政治。他要求親自率領「閩廣大船數百艘，兵數萬」，如果一旦成爲事實，有關各省的財政就要從原來小單位之間的收支而被集中管理。與之相應，這些後勤機構的人員必須增加，而且必須一掃苟且拖沓的辦事作風，保證規格和數字的準確，才能取得預期的行政效率以與現代化的軍事技術相配合。而且和他們往來的各個機構，也必須同樣地注重實際。

然而我們這個龐大的帝國，在本質上無非是數不清的農村合併成的一個集合體，禮儀和道德代替了法律，對於違法的行爲作掩飾則被認爲忠厚識大體。各個機構之間的聯繫，從來也沒有可資遵守的成文條例。俞大猷當然更不可能預見到，在未來的好幾個世紀之內，上面這些情況在我們這個以農業經濟爲基礎的國家裡，竟不能發生根本的改變。現代化的技術和古老的社會組織斷然不能相容，要不是新的技術推動社會組織趨於精確和嚴密，那就是鬆散的社會組織扼殺新的技術，二者必居其一。

這種爲個人力量所不可抗拒的社會因素，使俞大猷的計畫毫無實現的希望。相形之下，戚繼光的方案就比較現實。他沒有去觸動整個的國家體制，而只是腳踏實地，做他職責範圍內力所能及的事。他從一五五九年開始招募了三千名士兵，兩年之後，兵員增加一倍，一五六二年更擴大爲一萬人。[57]可是他的部隊從來也沒有後勤司令，也沒有固定的軍需處和兵工署。在整個國家機構之中，也沒有委派過向他的部隊作後勤供應的專職人員。他部隊中的裝備和武器，來源於各府縣的分散供應。[58]這種情況自然不能保持武器的品質。在戚繼光的著作中，就明確提到各地所造的鳥銃銃管常有炸裂的危險，致使士兵提心吊膽，不敢雙手握銃以作精確的瞄準。有的火炮，鉛彈與口徑的尺寸不合；有的火炮，則導火線無法燃點。[59]有鑒於俞大猷的壯志難伸和火器的實際情況，戚繼光所擬訂的戰術僅僅把火器的應用限制在有限的範圍內。他說：「火器爲接敵之前用，不能倚爲主要戰具。」[60]在練兵的後期，他規定十二個人的步兵隊配備鳥銃二枝，一局（相當於一連）的鳥銃手，必定要有一局的步兵「殺手」協同作戰。

按照俞大猷使軍隊現代化的計畫，要求兵精械利，把原來兩個士兵的軍餉供應一個士兵，以部隊的質量來代替數量。[61]

戚繼光的看法則不同。我們帝國的軍隊是一支全能性的軍隊，也是一支長久性的軍隊，[62]它經常的任務是面對內部的叛逆而非外部的侵略者，具體的說，就是鎮壓內地農民和邊區的少數民族。地區間的人口過剩、災害頻仍、農民的流離失所、官吏的苛刻暴虐，都可以迫使暴動隨時發生，而以我國幅員之大，這種所謂造反作亂的地點也極難預測，所以這個任務就不是一支高效率的機動部隊所得以完成的。在多數情況下，官軍會被造反者死死吸住，造反者熟悉當地的地理民風，官軍往往會因之陷入被動而使質量的優勢無從發揮。因此，數量的多寡就成為決定勝負的因素。

除此以外，俞大猷計畫中所創建的精銳部隊，他們領取優厚的軍餉，又不能和社會上的其他部門對流，這樣一個浮游在社會上的軍事團體非但不能解決上述的社會問題，相反還會引起新的社會問題。再往下推求，俞大猷要求建立現代化的海軍以拒敵於國門之外，作戰的目的則在消滅國際貿易，也和世界歷史趨勢相反。

戚繼光的募兵原則是只收農民而不收城市居民。[63]他認為來自市井的人都屬於狡猾無賴之徒。這種觀點，雖然有它的片面性，但揆諸實際，在城市中有固定職業的人是極少自願從軍的。士兵爲社會所普遍輕視，其軍餉也相當微薄，城市中的應募者絕大多數只是把兵營當作解決食宿的救濟所，一有機會就想另謀高就。這樣的士兵如何能指望其奮勇殺敵以致效死疆場？所以戚繼光訂立了一條甄別應募者的奇特標準，凡屬臉色白皙、眼神輕靈、動作輕快的人一概擯諸門外。因爲這種人幾乎全是來自城市的無業遊民，實屬害群之馬，一旦交鋒，不僅自己會臨陣脫逃，還會唆使周圍的人一起逃跑，以便一旦受到審判時可以嫁禍於這些言辭鈍拙的伙伴。

在這個標準下招收來的兵員，都屬於淳樸可靠的青年農民，而「鴛鴦陣」的戰術，也是針對這些士兵的特點而設計的。他曾明確地指出，兩個手持狼筅的士兵不需要特別的技術，膂力過人就足以勝任。而這種狼筅除了掃倒敵人以外，還有隱蔽的作用而可以使士兵壯膽。

戚繼光的求實精神還表現於使革新不與傳統距離過遠，更不大事聲張。他的部隊保留了古老而樸素的農村作風，有時也和衛所內來自軍戶的部隊並肩作戰。他們日常的軍餉，大體和在農村中充當短工的收入相等，但另設重賞以鼓勵士氣，一顆敵軍的頭顱，賞額高達白銀三十兩。[64]

戚家軍的勝利記錄無出其右。從一五五九年開始，這支部隊曾屢次攻堅、解圍、迎戰、追擊，而從未在戰鬥中被倭寇擊潰。[65]除了部隊的素質以外，主帥戚繼光卓越的指揮才能是決定勝利的唯一因素。

戚繼光周密而細緻。在他指揮部隊投入戰鬥以前，他習慣於把各種條件以及可能發生的情況反覆斟酌。一些事情看來細小，卻都在他的多方思量考慮之內，例如士兵在遇到敵人以前以小便爲名企圖脫隊，或是情緒緊張而喉乾色變。他還爲火器規定了一個保險係數，有多少不能著火，又有多少雖能著火而不能給敵人以損害。他認爲一個士兵如果在作戰時把平日所學的武藝用上百分之十，就可以在格鬥中取勝；用上百分之二十，可以以一敵五；要是用上百分之五十，就可以縱橫無敵。[66]這種考慮絲毫不是出於悲觀怯懦，而是戰場上白刃交加的殘酷現實，迫使一位高級將領決不能姑息部下，也決不能姑息自己。在平日，他要求士兵作一絲不苟的訓練，哪怕傷筋斷骨也在所不惜；在臨戰前，他就要求自己絞盡腦汁，以期準確地判斷形勢。

在臨陣前的兩三天，戚繼光就要求偵察連每隔兩小時報告一次敵情。他使用的地圖用紅黑兩色繪製，一目了然；如果有可能，他還讓人用泥土塑成地形的模型。[67]他的部隊中備有每月每日日出和日沒的時間表，當時雖然還沒有鐘錶，但他用一串七百四十個珠子的捻珠作爲代用品，按標準步伐的時間一步移動一珠，作爲計算時間的根據。[68]能夠作這樣精密的考慮，就幾乎沒有任何因素不在他的掌握之中。

戚繼光在一五六三年被任命爲福建總兵，這是武官中的最高職銜。雖然如此，現實環境卻很少允許他去制訂整體的戰略方針，可以說，他的部隊始終只是一個戰術單位。火器既不能起決定性的作用，南方的水田也使騎兵不能往來馳騁，所以無法創造出各兵種協同作戰的複雜戰術。就是在步兵戰術的範圍內，他也受到各種條件的限制。他所常用的戰術是使用精銳突破敵人防禦線中突出的一角，[69] 這些地方是敵人防禦的重點，地形有利，極難攻破。但是他的部隊總是以出敵意外的方式迅速接近敵陣，迫使對方在慌亂中倉卒應戰，而使己方從不利轉爲有利。獲得這樣的戰果，端賴於平日嚴格訓練下所養成的堅毅精神和適應各種地形的能力。此外，以伏兵制勝也爲戚家軍所獨擅勝場，因爲士兵的裝備輕便，可以靈活地移動和隱蔽。

在作戰中，總兵戚繼光不惜初期接戰的損失。經驗告訴他，戰鬥無非是擊破敵方的軍事組織。如果以雷霆萬鈞之力，加於對方組織重點之上，則其配轉運活的樞紐既被消滅，其全局必迅速瓦解。而對付倭寇這樣的敵人，只要日本人被擊敗，中國方面的脅從者大多就會放下武器投降。

戚家軍多次取得的勝利使他們威名遠播，這種威名又促使士兵更加鬥志昂揚，他們可以在幾小時之內攻克其他官軍幾個月之內無法解決的倭寇據點，殲滅敵人。

戚繼光作戰的方針，一向主張占有數量的優勢，速戰速決。唯一的例外，則爲仙遊之役。當時仙遊被圍已一月，戚家軍馳赴救援，血戰於城外，雙方堅持又逾二旬。至一五六四年一月倭寇大敗而逃，戚繼光窮追不捨，肅清了他們的根據地。這是一次決定性的戰役，使整個形勢發生了根本變化。[70]日本各島的來犯者，至此才承認在中國的冒險沒有便宜可占，因而逐漸放棄了繼續騷擾的念頭。[71]剩下的海盜絕大多數已屬中國人，他們在浙江福建一帶也難於存身，之後就流竄到廣東境內。用不著多說，本朝的抗倭戰爭業已大功告成，剩下的殘餘海盜當然有待於繼續蕩平，不過這已經屬於中國的內部問題，而不是國際間的戰爭了。

在抗倭戰爭中功績最爲卓著的戚繼光，不是在理想上把事情做得至善至美的將領，而是最能適應環境以發揮他的天才的將領。他所以獲得成功，在於他清醒的現實感。他看清並適應了當時的政治，而把軍事技術作爲必要的輔助，這是在當時的環境裡唯一可以被允許的方案。至於在一個以文人治國的農業國家之內，誰想要極端強調軍事效率，提倡技術的發展，而導致軍人和文官的並駕齊驅，哪怕他能舉出無數動聽的理由，在事實上也是絕對辦不到的。

戚繼光的功成名遂，在十六世紀中葉的本朝可以算是特殊的例外。他之能夠一帆風順，固然是由於本身的卓越才能，但是得到一位有力者的支持也是必不可少的因素。這位有力者就是譚綸。此人在文官集團中是一個特殊的人物，進士出身，長期在東南濱海地區任職，累遷至福建巡撫。由於職務上的需要和個人的愛好，用兵之道竟然成了這位高級文官的專長。他常常以視察爲名，隨同部隊親臨前線，有時會乘別人沒有注意的時候突然出現於部隊的最前列。據說他有一次還實際參加戰鬥，弄得兩肘沾滿了鮮血。按照當時的規定，一個軍事領導人的軍功標準是部下斬獲敵人首級的數字，而譚綸一生中所獲得的總數則達二萬一千五百。[72]

戚繼光提出的募兵訓練計畫，得到譚綸的熱烈讚賞和實際支持，源源供給戚繼光的部隊以足夠的軍需裝備。戚繼光之得任福建總兵，也主要出於他的推薦。[73]一五六七年，譚綸升任薊遼保定總督，負有防禦京畿的重任。不久他就提議把戚繼光調到他的轄區中擔任最高將領，當然也不會出於人們的意料之外。[74]

戚繼光於一五六八年年初履新，在薊州任職達十五年之久。之後譚綸雖然因爲內調兵部尚書而離開薊遼，並又死在尚書任內，但這已是在他和戚繼光合作，把薊州的武備大加整頓以後的事了。

本朝的軍人長期處於文官的壓制之下，即使是一位卓越的高級將領也無法展布其統籌全局的能力。他們的部屬在各自的防區內，同時接受知府、知縣等地方官的指揮，而且不讓他們經手供應給養。於是這些武將們唯一所能做到的事，就是帶領士兵親身參與戰鬥。[75]雖說得到譚綸的大力支持，因襲的各種成例也不斷給戚繼光增加棘手的問題。即以他的官職來說，在調任之初準備授他爲「總理薊州軍務」。以一介武夫而總攬全區部隊的指揮調度之權，當然會大干物議。

北方的邊鎮和南方的軍區情況截然不同，其威脅來自邊外的游牧民族。每當天時亢旱，蒙古的騎兵部隊就會按照他們的成例犯邊掠奪。他們的軍事特點在於流動性和迅疾猛烈的衝擊力量。在集中來犯的時候，一次可以動員十萬名騎兵，當時俺答曾經把各部落聯成一個大同盟，東西連亙二千里，使官軍束手無策。[76]

薊州爲華北九鎮之一，[77]防區爲北京東北一帶，按照規定的編制應有士兵八萬人，戰馬二萬二千四。但是實際上並沒有人能夠確切知道現存的數字。在役的士兵，有的屬於本鎮所屬衛所的「主兵」，也有從其他地方調來的「客兵」。後者的調防雖然帶有永久性，但供應的義務卻仍屬原來的地區。[78]還有一部分從內地衛所調來的士兵，他們的服役期只限於蒙古人犯邊可能性最大的幾個月。實際上他們也很少親身服役，只要繳納一定的銀兩可以雇人替代，而所繳的銀兩又和雇代實際所需的餉銀不同。總而言之，全鎮的人員和糧餉從不同的來源和以不同的方法獲得，有的還只在賬本上存在。這樣，不僅他們的數量難以弄清，他們的質量也是一個疑問號。

這種鬆散的組織和軍需上的缺乏統一，看來不全是出於無意識的安排。一個辦事效率極高的將領常常會以自己的意見作爲各種問題的總答案，用我們古人的話來說，就是跋扈專擅；而這樣的將領手握重兵在京畿據守，也常常造成一個朝代的終結。[79]所以戚繼光改進武備的一切努力，都必然遇到重重的阻礙，其中的絕大部分來自文官集團的意志，而這種意志又有歷史傳統的成例作爲背景。

但是很幸運，譚綸和戚繼光的意圖受到一位中樞重臣的賞識，此人就是張居正。

張居正在戚繼光北調的前幾個月才出任內閣大學士，之後還要經過一番周折，才成了本朝第一位政治家。然而他在入閣之初就有重整軍備的雄心，薊州是最能吸引他注意力的一個軍區。戚繼光蒞任不久，就發覺自己只需要專心於軍備而不必參與政治，因爲凡是應當安排的事，都已經由總督和大學士安排妥貼；如果事情連他們都無法安排，當然也不必多費唇舌。

以大學士的身分，張居正不僅沒有權力公然頒發指令，甚至不能公開討論制度的改組。他所採用的方式是用私人函件授意親信，如此如此地向皇帝提出建議。這些建議送到內閣票擬，他就得以名正言順的代替皇帝作出同意的批覆。[80]他進入文淵閣以後的第一個皇帝是一個昏庸的君主，對國事既不理解也不關心；第二個皇帝則是小孩子和他的學生。環境和才能加在一起，造成了張居正的權威，但他還是需要小心從事。

帝國的官僚政治已經發展到登峰造極，成千成萬的官僚，在維護成憲的名義下保持各方面的平衡，掩蓋自己不可告人的私利。要公然宣布改組軍事制度，就等於邀請別人對自己攻擊。因此，張居正不得不採取這種迂迴的方式。反正皇帝站在他這一邊不論別人是否識破眞相，只要舉不出違背成憲的理由，則公開的攻訐和私下的流言都可以不在話下。

薊州軍鎭的軍備改革，按照這樣的程序順利地進行。最初，戚繼光建議把北方各鎭十萬名士兵交給他訓練三年，[81]由於計畫過大，在政治上和技術上都有許多不易解決的問題，因而未曾實現。但中樞政府批准了他的另一項建議，即把他在浙江所訓練的一部分士兵調至薊州，最初員額爲三千，以後擴充爲二萬人。[82]張居正對戚繼光極度信任，企圖賦予他以這一軍區統籌全局的權力，所以才擬議設立「總理薊州軍務」的官銜，以和其他各軍區的「總兵」相區別。無奈這一官銜在本朝史無前例，各種議論就紛至沓來，乃不得已而作罷。這一計畫不能實現，張居正找出了另一種辦法，即把薊州轄境內的其他高級將領調往別鎭，以免遇事掣肘。[83]

這時譚綸又建議該區的文官不得干預軍事訓練，並且主張戚繼光在三年的練兵期內，可以不受監察官的批評。後者顯然又爲文官們製造了違反成憲的口實，引起猛烈反對。皇帝的朱筆批示接受了兵部和都察院的建議，要求監察官明白練兵的重要，責成他們「和衷共濟」，並把他們對薊州防區的巡視限爲每年一次；對譚綸和戚繼光則希望他們「稍寬以文法，乃得自展」。[84]事實上，凡是故意和戚繼光爲難的文官，後來都被張居正不動聲色地陸續遷調。[85]

薊州軍開始訓練，就接受了優厚的財政接濟以購買軍馬、製造火器及戰車。[86]這種和其他軍鎮的不平等待遇，惹來了大量的反感。接著又有一連串的矛盾跟著產生，諸如北兵和南兵的磨擦、軍職的繼承者和其他出身者的爭執、因循守舊和銳意革新的衝突。張居正了然於這些情況，在他寫給譚、戚兩人的私人信件裡，再三叮嚀他們務必謙恭退讓，不要居功自傲。他警告戚繼光說，「北人積憤於南兵久矣」，他們「多方羅致，務在挫辱之」，所以「務從謙抑，毋自啓侮」。[87]有一次蒙古部隊打算犯邊，就在戰事一觸卽發之際，俺答卻放棄了原來的企圖，下令掉頭北撤。這一出人意外的事件，在張居正看來完全是由於譚、戚二人部署有方，才使俺答躊躇不前；然而鄰近的兩鎮卻把功勞據爲己有。張居正雖然認爲這種冒功邀賞可笑而且可恥，但是他卻通知譚綸，他已經以皇帝的名義承認了這兩鎮的自我吹噓。他也不讓兵部清查事情的眞相，以免糾纏爭辯。他要求譚綸在奏摺中不僅不要爭功，反而要把功勞歸於其他二鎮，使他們「嚼舌愧死」。[88]

張居正這種做法，表面上是損己益人，具有大政治家的風度；但是仔細研究，卻仍是有陰有陽，無助於矛盾的根本解決。哪怕是譚、戚二人表現出無以復加的謙抑，各鎮之間的利害關係也絕不能因此冰消瓦解。因之內閣越想公正平衡，旁人看來則在一明一暗之間有親有疏，偏祖更多。以後反對張居正的人認爲薊州練兵是他培植私人的政治資本，也就毫不足怪了。

一五七七年譚綸病死，從此張居正和戚繼光的關係更爲密切。第二年張居正返江陵葬父，他還生怕這短期的離職會引起戚繼光的不安，所以特地私下通知戚繼光，接任薊遼總督的將是梁夢龍。信上說：「孤之此行，甚非獲己。……到家事完，卽星夜赴闕矣。薊事已托之鳴泉公，渠乃孤之門生，最厚，諒不相負。」[89]

梁夢龍字鳴泉，在翰林院與張居正有師生之誼。他在萬曆一朝的事業，也賴張居正的提拔爲多。張居正這樣傾腹相告，自然使戚繼光更加感恩戴德。是以首席大學士的江陵之行，戚繼光派出了一整連的鳥銃手作爲護衛，張居正選擇了其中六名隨行，作爲象徵式的儀仗，同時也表示了首輔和薊州戚帥關係之密切。茲事前後，薊州總兵官的傳騎攜帶各種文件和信件不斷來往於首輔私邸，這更使他們的反對者在日後清算張居正的時候，有所藉口，甚至指斥他們圖謀不軌了。

戚繼光在薊州創造的戰術，可以稱之爲「步兵軍官的各兵種協同」。要對這種戰術作出評論，必須顧及他所受到的各種條件的限制。當時，現代化的武器傳入不久，而北方士兵的素質又極不理想，他所依靠的主要力量仍然是來自南方的舊部，爲數約一個旅左右。他把這

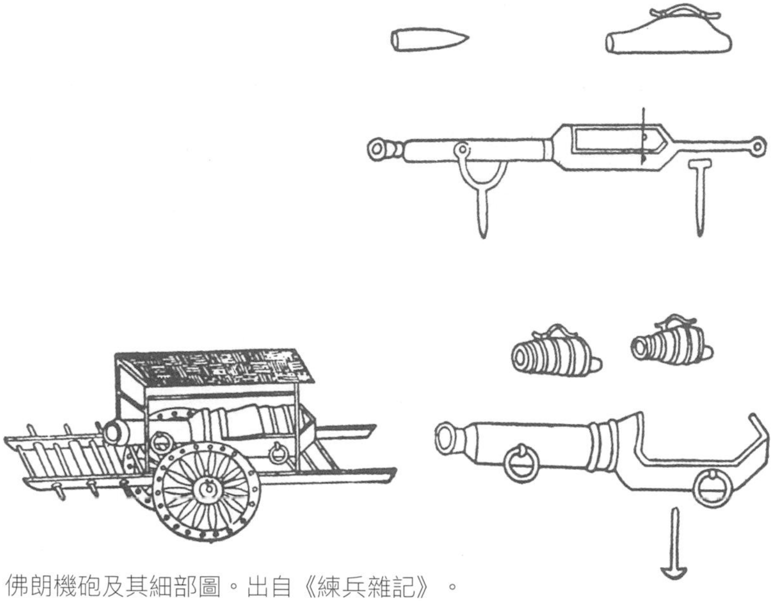

佛朗機砲及其細部圖。出自《練兵雜記》。

一個旅的兵力作了適當的配置，並以此爲全軍的核心，以防禦蒙古的十萬鐵騎突然來襲。

抗倭戰爭中使用的「鴛鴦陣」，是一種以小股步兵爲主的戰術，目的在於對付海寇並適應南方的地形特點，而薊州軍鎮的任務是防禦蒙古的大部隊騎兵，因而這種在「鴛鴦陣」的基礎上發展而成的新戰術，也就粗具了各兵種協同作戰的規模。

戰車的使用成爲這種戰術的重要組成部分。這種戰車的性能以防禦爲主，形狀和民間的大車相似，所不同之處，在於民間大車的車箱兩側各有箱板，而這種戰車只有八片可以折疊的屏風，共長十五尺，平時平放在車轅上，作戰時打開樹立在一

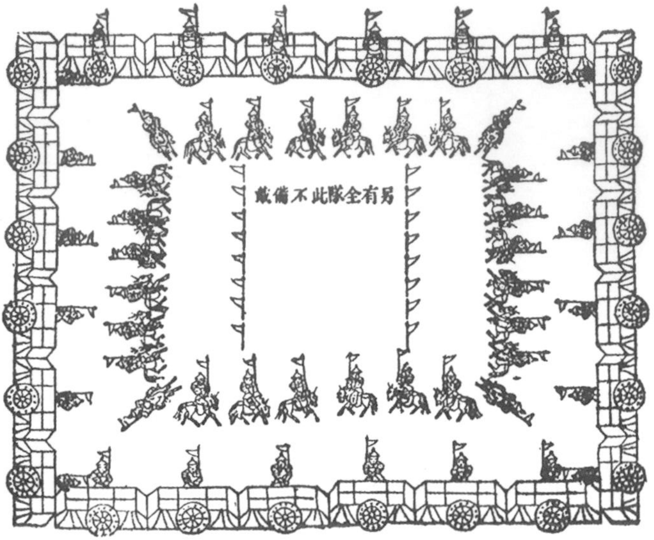

戚繼光設計的軍陣圖。〈車營圖〉，出自《練兵雜記》。

邊車輪之後以代車箱，所以又稱「偏箱車」。幾十輛戰車可以並肩銜接，擺成圓形或方形的防禦據點。屏風最靠邊的兩扇可以前後搖擺，有如門葉，以供步兵出入。[90]

一輛戰車裝載「佛朗機」輕砲兩門。用今天的標準來看，這種歐洲式的火器只能算做大口徑的火槍，而不能算做砲。它以青銅或鑄鐵鑄成，長度自三尺至七尺不等，口徑則小於二寸，從砲口裝入鉛彈。最大型的佛朗機，射程爲二千尺。[91] 通常這種火砲以及輔助火砲的鳥銃都在戰車上的屏風後發射鉛彈，屏風開洞以爲鉛彈的出口。

士兵二十人配屬於戰車一輛。其中十人直接附屬於戰車，任務爲施放佛朗機。另外十人就是戚繼光所強調的「殺手」，任務爲以藤牌、鑭鈀和長柄單刀迎敵。殺手班的距離和戰車保持在二十五尺以內，他們如果前進，戰車也隨之而推進。[92]其他步兵部隊仍然使用鴛鴦陣的戰術，稍有差異的是藤牌手應當匍匐前進砍斫敵人的馬蹄，長槍手則主要在於挑刺敵軍，使之落馬，竹製的狼筅有一部分已易爲鐵製。[93]

這一混成旅有騎兵三千人，步兵四千人，重戰車一百二十八輛，輕戰車二百一十六輛。迎敵時騎兵在前阻擋敵人，使戰車得以有充裕的時間構成戰鬥隊形。當敵軍逼近，騎兵就退入戰車陣內。敵騎數在一百以下，混成旅拒不接戰，只有來犯的大批敵騎進入火器的射程中約二百五十尺時，佛朗機、鳥銃和火箭等才同時施放。[94]

混成旅也可能攜帶重砲，其中之一俗稱「大將軍」。這種重砲重一千斤，以騾車裝運，點放時則需使用大木楔入地面使本身固定。砲筒內不用彈丸，而以小鐵球和石塊緊緊塡實，作用是在零距離大量殺傷敵軍人馬，砲手在點燃火藥以後也要跳進附近的工事裡以避免受傷。[95]

當火器的威力發揮以後，步兵就從戰車之後衝出，形成幾道攻擊波和敵人格鬥，而以喇叭的聲音指揮動作的協同。[96]等到敵人攻勢被挫，隊形散亂，騎兵也從車後整隊出擊。這種騎兵實際上是馬上步兵，他們同樣以鴛鴦陣的隊形帶著不同的白刃作戰。[97]蒙古人利用騎兵結隊衝鋒，以迅猛的力量和氣勢壓倒對手，戚繼光未曾仿效。

這樣一種經過精心研究而形成的戰術，由於不久以後本朝卽與蒙古人和解，所以並沒有經過實戰的嚴格考驗，也沒有在軍事歷史上發生決定性的影響，從純粹軍事的角度來說，這個結果多少是有所遺憾的。

戚繼光出任薊州總兵不到三年，俺答就放棄了騷擾政策，立誓不再入犯，而且約束所有的部落，以作爲接受津貼和互市的條件。[98]其時只有東部土蠻各部落不受約束，仍然和遼東的李成梁部隊不時交鋒，偶然也有小股部隊和薊州軍發生接觸，但已與大局無關。[99]

俺答雖稱「封貢」，其和局能否持久，廷臣誰也沒有把握。因之此時仍有主戰派，如譚綸卽主張積蓄力量，作大規模的主動出擊，以徹底消滅蒙古人的攻擊力量。這樣大規模的總體行動，卻需要舉朝文武眞正的協同一致，而且要承擔可能發生的風險。因之張居正就無意於採納譚綸的建議。[100]他給戚繼光的信上說：「賊不得入，卽爲上功。薊門無事，則足下之事已畢。」[101]

張居正並不是沒有雄心壯志，但是他看得到自己的弱點。卽如戚繼光在薊州最大的困難就是北兵與南兵的摻雜，他對南兵可以繩以紀律，並能指揮如意，而對北兵則無法作這樣嚴格的要求。他曾經打算以經過他訓練的官兵作教導隊，去訓練其他部隊，此事未能如願。[102]他又要求再調兩萬名浙兵，也未被批准，而此時仍有南北兵間積不相容的情況，可見他的處境不佳。

邊境的戰爭既然暫時平息，練兵活動也不再像在南方的時候那麼緊張，戚繼光於是提議派遣北兵修築長城。北京一帶的「邊牆」原爲明初大將徐達等所築；戚繼光建議增造「空心堡壘」，以增加防禦功能。他最初計畫以二百五十人組成一個工兵營，每營在一年內建造堡壘七十座。[103]薊州全境內建造的堡壘總數原定爲三千座，後來批准施工的爲一千二百座，[104]同時修造的時間也未如原議，竟綿延十載才全部竣工。[105]這種築成的堡壘，其標準規格爲三層，臺頂見方十二尺，可駐守三十至五十名士兵。建築材料磚石灰泥等等大部由從事修築的北兵自製，政府只發給少數款項作爲接濟。築成以後，經常駐守的

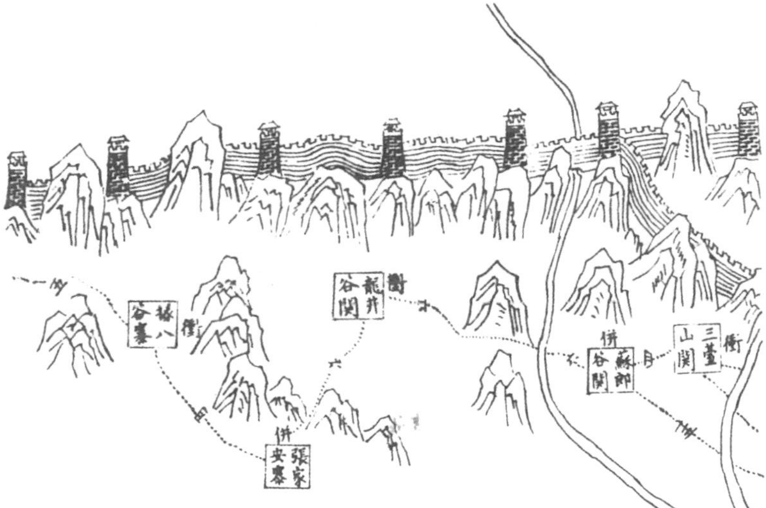

顧炎武繪製的長城圖。〈邊境總圖〉，出自《天下郡國利病書》。

在防禦塔上配備佛朗機。〈敵台圖〉，出自《練兵雜記》。

任務由南兵擔任，北兵由於餉項不足，只能以各種方式營生自給。[106]全部提案遭到北方軍官強烈反對，只是由於張居正的全力支持，才開工修築如議。[107]張居正去世以後，他一生的經營大部付之流水，惟有在這邊牆上林立的堡壘，才是他留下的永久性的貢獻。

這種營造和防禦政策，把兵力分散配備在這樣長的防禦線上，歸根結柢仍由當時的供應制度所迫致。假使沒有這種情形，而戚繼光有選擇的自由，他一定會毫不猶豫的採取攻勢，創造流動性的戰術。他在留下的詩文中曾再三表示過這樣種願望。[108]

戚繼光任薊州總兵前後達十五年，等於他前任十人任期的總和。[109]他是不知疲倦的人，喜愛操練、閱兵、舉行各種典禮和向部下訓話。這些活動使他有機會在全軍將士面前顯示他體格強壯，動作敏捷。在對部下將領講解各種近戰武器的利弊時，有一次他當場命令一個下級軍官用軍刀對他攻擊，而他則持長槍防禦。[110]也經常巡視各部，一次馳馬到長城以外近十哩，周圍沒有一個侍衛。他還親自攀著懸繩，登上設在絕壁上的觀察所。[111]身爲高級將領還具備這樣的體力與作風，足使他引以自豪。

在繁忙的軍務之中，他還抽空寫作他的軍事著作和詩文。他的第二部軍事著作題爲《練兵實紀》，刊印於一五七一年。九年之後又刊印了他的詩文集《止止堂集》。[112]

中國的古典詩歌，如果用沖淡自然的語言表現出深切或激動的情緒，就謂之含蓄；如果用稜角分明的粗線條勾畫出不受拘束的氣概，則謂之豪放。戚繼光的詩歌達不到這樣的境界，帶給讀者的感覺只是拘束和平庸。好在也沒有人用上述的標準來權量詩人戚繼光。一般看來，出身武舉的將領，大半生都在戎馬倥傯之中，能夠寫出這樣的作品也就算是出類拔萃，卽在當代高級將領之中，除了「少好讀書」的俞大猷之外，戚繼光的文章造詣已無與倫比。在平常的談話中，他可以隨口引用儒家的經典和史書上的教訓，以此，文官們對他刮目相看，認爲他不是樊噲式的武人，等到他的官階越來越高，就有更多的文官把他引爲同類，在一起飲酒賦詩，往來酬對。當時的文苑班頭王世貞和戚繼光的交情就非同泛泛，在他的文集中有兩篇贈送給戚帥的壽序，並且還爲《紀效新書》和《止止堂集》作序。[113]

和戚繼光同時代的武人，沒有人能夠建立如此輝煌的功業。他從來不做不可能做到的事，但是在可能的範圍內，他已經做得至矣盡矣。爲此，他得到了武官所能得到的各種榮譽，即以官位而論，身居總兵，也已登峰造極。因爲本朝的成例不允許任何武將握有一省以上的兵權，即使再有升遷，也不過是增加官俸和官銜。[114]如果說還有遺憾，乃是他沒有被封爲伯爵。而這一高位，除了照例授予皇帝的岳父以外，只有建立了匡危扶傾的不世殊勛才能獲得。

但是，戚繼光在生命中的最後幾年墜入了寂寞和淒涼。張居正死後七個月，他被調任爲廣東總兵，[115]官職雖然依舊，實際上已經失去了拱衛帝都的重要地位。再過一年，淸算張居正的運動達到最高潮，戚繼光的精神更加消沉鬱悶，於是呈請退休，但當時的環境已經不允許他保持令名。據官方文件的記載，他和遼東總兵李成梁同時作爲前首輔的黨羽而被參劾。萬曆皇帝原諒了李成梁而把戚繼光革職。[116]

戚繼光罷官家居以後，只有很少幾個朋友仍然和他保持來往，文豪王世貞也是其中之一。戚繼光去世之前一年，王世貞還寫了一篇祝賀戚帥的壽序，讚揚他的生平功業。[117]只是不久之後王世貞所寫的《張公居正傳》涉及了他的好友戚繼光時，則另有一番情調。

這篇《張公居正傳》是在史籍中很值得注意的文章。它出於傳主的同年而兼爲散文家的手筆，而且記錄極爲詳盡，包括了很多傳聞逸事，細微末節。當然，文中也有對張居正的稱譽，例如提到他知人善任，就舉出了戚繼光、李成梁之能夠成爲名將，就是因爲得到了這位首輔的支持，才得以充分發揮他們的才略。可是傳中重點則指張公虛僞矯飾而天性刻薄，而且作者也不隱瞞他和張居正個人之間的嫌隙。文章中敘述到自己的地方不用第一人稱，而直書「王世貞」。[118]

傳記又說，張居正的去世，原因是好色過度。兵部尚書譚綸曾把房中術傳授給首輔，戚繼光則用重金購買稱爲「千金姬」的美女作爲禮品奉進。[119]這樣一來，在薊州重整軍備這一番作爲，似乎又和飲食男女的本能發生了關係。這一段無法考證的逸事，記錄在這樣一篇文辭華美的傳記之內，變成了一大公案，使以後寫作戚繼光傳記的人，都不知道應當如何處理，就只好裝作沒有看見。

戚繼光死去以前，他的妻子已經遺棄了他。曾經統率十萬大軍，素以慷溉著稱，對朋友尤爲豪爽；他不事私蓄，在被斥退以後，竟至一貧如洗，甚至醫藥不備。[120]英雄末路，使當時和後世的同情者無不扼腕嘆息。戚繼光本人的功業固然值得表彰，同時又加上這些感情的色彩，所以，不論是正式的傳記還是非正式的記事、評論，總是對他備加稱頌，有時竟把他描寫成一個完人。

但眞正的歷史學家應當有超越當時的看法。戚繼光是一個複雜的人物，不能把他強行安放在用傳統道德構成的標準像框裡。他的一生中有許多難於解釋的事情。

譬如說，這位高級將領生前娶妾三人，生子五人，可是直到他的兒子長大成人，他卻能全部隱瞞了他們的存在，他潑悍的夫人竟不知將門有子。[121]

他在部下面前提到士兵生活的痛苦，可以灑下同情的眼淚。他廢止了讓士兵採伐柴薪以供他家用的成例，有一年除夕，總兵府中竟因爲缺乏炊米之薪而不能及時辭歲。[122]可是北京著名餐館的名菜，如抄手胡同華家的煮豬頭，卻由五十哩外走馬傳致。[123]又譬如他在薊州練兵時採用過歃血爲盟的儀式，與將領共飲血酒並對天起誓：「或懷二心，不愛軍力，不撫念軍貧，或屢禁而肆科索，或虛冒而充夤緣，……卽如俞景龍立死，以膺顯報。」如果「恣意科斂以供饋送」，就會遭到「天災人禍，瘟疫水火，使全家立死」，甚至「男盜女娼，十代不止」。[124]然而從一些跡象看來，戚繼光並沒有完全遵守他自己的誓言。

他以重金購買美女送給張居正一事固然無法證實，但是他讓他的兄弟給張家「饋送」的禮物，卻見於張居正的書牘。而張居正只象徵性地收受其中的一小部分，把其餘的「璧諸來使」，也可以隱約看出禮物的貴重。[125]

《明史》本傳把他和俞大猷比較，說他「操行不如而果毅過之」，[126]也是用委婉的措辭證明了一個英勇的軍人不一定同時就是廉潔的將領。一五八四年戚繼光被參劾的理由中，有一條就是他在薊州的賬簿已不知去向，更直接地說，就是沒有賬單可資交代。[127]

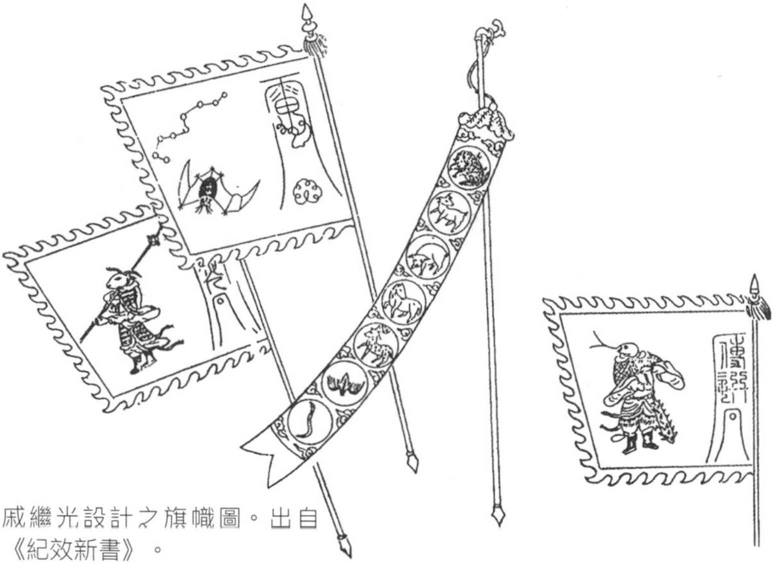

戚繼光設計之旗幟圖。出自《紀效新書》。

除了歃血爲盟之外，戚繼光還在他的麾下創造了很多宗教式的做法。比如，他親自設計製作各營連的軍旗，在軍旗上繪繡天上的星星或傳說中鳥首人身的圖像，以象徵他們的指揮官。他重視黃道吉日和生辰八字，而在向部下訓話的時候，又常常提到善惡的因果報應。[128]難道本朝最爲出色的軍人竟沉淪於迷信之中？這連《四庫總目提要》的編者都感到彆扭，[129]不知應當如何評論他著作中的這些內容。

但是用視而不見的態度抹去遮蓋這些事實，就是不忠實於歷史；對一個英雄人物隱惡揚善，也並不是眞正的推崇。戚繼光的複雜來自環境的複雜，如果指望他簡單得如同海瑞，無疑是不近情理。

寫歷史的人既知道戚繼光是一代卓越的將

領，一位極端剛毅果敢的軍人，也是一位第一流的經理、組織家、工程建築師和操典的作者，則自然應當聯想到，假如他不精通政治間的奧妙，就絕不可能同時做好這麼多的事情。戚繼光所生活的時代，落後陳舊的衛所和軍戶制度早應該全盤放棄，而代之以先進的募兵制度；零碎的補給，也早就應該集中管理。然而我們的帝國不允許也沒有能力作全面的改革，只好尋找出一種妥協的辦法來作部分的修補。

戚繼光的天才，在於他看準了妥協之無法避免；而他的成功，也因爲他善於在技術上調和各式各樣的矛盾。妥協的原則，是讓先進的部門後退，使之與落後的部門不至相距過遠。在組織制度上沒有辦法，就在私人關係上尋找出路。具體來說，沒有文淵閣和張居正的全力支持，就沒有強有力的薊州軍區和戚繼光。他的部隊和他本人充滿了矛盾，當火器已在歐洲普遍使用的時候，他動員大批士兵修建碉堡；在他的混成旅裡面，槍砲手和藤牌手並肩作戰。他一方面是這樣精細，仔細計算日出日沒的時間；一方面又這樣野蠻，把違反軍紀的士兵割去耳朵。這些極端矛盾的事實，在其他國家內，可能彼此相隔幾個世紀，而我們的帝國則在一個軍區內同時出現。

戚繼光是否是一個超自然的崇拜者？從某些方面來說，他和很多同時代的人物一樣，確實有這樣的傾向。[130] 但在某些時候，超自然的信仰卻只是一種治軍的手段。在一次向皇帝陳述意見的奏摺裡，總兵戚繼光坦率地指出，北方的軍官，「自將領而下，十無一二能辨魯魚」。[131]將領如此，士兵的文化水準更可以想見。要是主將不用宗教迷信的因果報應作爲規勸，還有什麼其他辦法輔助軍事教育？

面對另外的對象，戚繼光可以立卽改變語氣。比如說，他在軍區中建造的私宅命名爲「止止堂」，[132]運用《莊子》中「虛室生白，吉祥止止」的典故，表示他謙抑自持，願意在虛靜之間得到吉祥。他的文集，起初稱爲《愚愚稿》，也就是向所有的文人表明他本人愚魯而作品笨拙，不敢和別人比美。

戚繼光的長處，在於他沒有把這些人事上的才能當成投機取巧和升官發財的本錢，而只是作爲建立新軍和保衛國家的手段。他深知一個將領只能在社會情況的允許之下，才能使軍事科學和軍事技術在現實生活中發揮作用。他接受這樣的現實，以盡其在我的精神把事情辦好，同時也在可能的情況下，使自己得到適當的享受。至於合法或不合法，從他的政治眼光來看已無關宏旨。

他和譚綸和張居正的關係如此密切，雖說他精通政治，但是最後仍不能逃避政治中的現實。張居正死後，廷臣提醒萬曆：戚繼光是伏在宮門之外的一頭猛獸，只聽張居正的操縱，別人無法節制。這也正是控訴張居正意圖謀逆的理由：張居正和戚繼光沒有造反的證據，卻有造反的能力。所以，在清算張居正的運動中，法官追問張的兒子懋修，爲什麼他父親生前，要在夜間派人與戚帥書面聯絡？[133]

戚繼光的不幸遭遇，是因爲他在一鎮中推行的整套措施，業已在事實上打破了文官集團所力圖保持的平衡。既然如此，他就必須付出代價。

他在貧病交迫中死去。少數幾個沒有遺棄他的朋友之中，有一位就是爲他寫作墓誌銘的汪道昆。當他道到「雞三號，將星殞矣」，顯然有無限悽愴的感觸。[134]

汪道昆自然不會知道，當他潤筆作書的時候，西班牙的艦隊已整備出征英國。這事情的意義，即是軍備的張弛，立卽影響一國國運的盛衰。世界局勢如是，而這陽曆一五八八年一月十七日清晨，將星西隕之際，我們這個古老的帝國業已失去了重整軍備的最好良機。

三十年後，本朝的官兵和努爾哈赤的部隊交鋒，缺乏戚南塘將軍苦心孤詣擬訂的戰術和強調的組織紀律，結果是衆不敵寡。茲後八旗軍作爲一股新生力量崛起於白山黑水之間，其取本朝而代之，也只是遲早的問題了。

注釋

1 此人為傅光宅，見《神宗實錄》，頁三五六五。

2 《明史》，卷二一二，頁二四六三～二四六四。

3 謝、寧合著《戚繼光》，頁一四五～一四六；《明史》，卷二二七，頁二六一三。

4 《明史》，卷二一二，頁二四六七～二四六八、卷二四七，頁二八〇四～二八〇六。又《明代名人傳》有劉綎條。

5 關於文官和武官之間的矛盾，Fairbank 的看法稍有不同，見 *Chinese Ways in Warfare*，頁三～四。參見拙著對此書的評論，載 *Journal of Asian Studies*，卷三五，第二號（一九七六年二月）。

6 《英宗實錄》，頁一〇三五；《大明會典》，卷二一，頁二九；《明史》，卷七九，頁八三四；*Taxation*，頁二九～三〇。

7 Hucker, *Censorial System*，頁三五。

8 《明史》，卷三二二，頁三九六二；《明史紀事本末》，卷五五，頁五九七；《皇明經世文編》，卷二〇四，頁三；《倭變事略》，頁九六；《歸有光全集》，頁九五。此事或有誇大；但傳聞既廣，雖西方中國史教本亦摘錄，見 Reischauer and Fairbank, *The Great Tradition*，頁三三二。

9 《紀效新書》初印於一五六二年，見《明代名人傳》，頁二二三。

10 《太宗實錄》，頁五八九；《孝宗實錄》，頁三三二。

11 《太宗實錄》，頁一二九二、一三三二、二五三三、二七三五、二七八八、三一九二、三二二五、三二六四、三五九二；《太宗實錄》，頁二一七二，衛慶遠《黃冊制度》，頁五五，記當時強迫以民戶「垛」為軍戶，逃亡相繼。

12 《熹宗實錄》，頁一五五七～一五六〇（所記雖十世紀事，但其田土蕩然無存，實係久長的演變）；《順德縣志》，卷三頁一二～一四；《皇明九邊考》，卷一，頁二五～二六；《天下郡國利病書，》卷一三，頁七一、卷二六，頁一〇六；*Taxation*，頁二八八。

13 《孝宗實錄》，頁一二六一、三四二四；《金華府志》，卷二一，頁五；吳晗著《明代的軍兵》，頁一六九；Huang, *Military Expenditures*，頁四〇。

14 《神宗實錄》，頁九五七三；Hucker, *Governmental Organization*，頁六一。

15 這一制度創始於洪武，參看上述金吾衛五千軍士的情形，見《太祖實錄》，頁二八七一、二九九八。十六世紀的情形見於《宛署雜記》，頁四九～五〇；*Taxation*，頁四五、一三一。

16 《憲宗實錄》，頁二一七八；《皇明名臣經濟錄》，卷二二，頁二三；*Taxation*，頁五五。

17 《漕船志》，卷一，頁五～九。

18 參看周暐著《中國兵器史稿》圖版及《大明會典》，卷一九二，頁二、九二敘述。

19 紙製之甲此在宋時已行，十六、七世紀明軍常用，見《熹宗實錄》，頁七六一；《湧幢小品》，卷一，頁二六六。其用於禦倭戰役，見陳文石著《海禁政策》，頁一六六。

20 《皇明經世文編》，卷三四，頁一七。

21 《明史》，卷二四七，頁二八〇六。

22 《明史》，卷二三九，頁二七二七。亦見於 *Eminent Chinese of the Ch'ing Period* 之杜松傳。

23 Hucker, *Governmental Organization*，頁一九。

24 《明史》，卷六九，頁七二一、卷七〇，頁七二七～七二八；《大明會典》，卷一三五，頁四～九、卷一五六，頁一；《歸有光全集》，頁四二一～四二四；《正氣堂集》，卷一，頁一～九。

25 Hucker, *Governmental Organization*，頁四一、五四。

26 《明史》，卷二〇五，頁二三八〇；陳文石著《海禁政策》，頁一六〇。

27 《皇明經世文編》，卷二〇五，頁二二、卷二〇六，頁一〇。

28 《世宗實錄》，頁六三二五～六三二六；《明史紀事本末》，卷五五，頁五八九；陳文石著《海禁政策》，頁一三七～

一三九。

29 《明史》，卷二〇五，頁二三七七；《皇明經世文編》，卷二〇五，頁五～一〇；陳文石著《海禁政策》，頁一四二～一四四。參看《明代名人傳．朱紈》。

30 《皇明經世文編》，卷二〇四，頁三、卷二〇五，頁六；《歸有光全集》，頁九七～九九；《明史紀事本末》，卷五五，頁五九一；《正氣堂集》，卷七，頁二、卷九，頁四。參看《明代名人傳．張經》條。

31 《明史》，卷二〇五，頁二三八〇、卷三二二，頁三六九二；Kuno, *Japanese Expansion*，卷一，頁六七。

32 《明史》，卷二〇五，頁二三八〇～二三八一；*Chinese Ways in Warfare*，頁二七三～三〇七。

33 《皇明經世文編》，卷二〇〇，頁六；陳文石著《海禁政策》，頁一六七；《靖海紀略》，頁一二一；謝、寧合著《戚繼光》，頁一五～一六；《紀效新書》，卷首，頁一〇。

34 《正氣堂集》，卷七，頁二；《嘉靖東南平倭通錄》，頁八、一〇、一六、一七、二七、三一；《倭變事略》，頁一〇八；陳文石著《海禁政策》，頁一六〇、一六六；Sansom, *History*，卷二，頁二六七、二七〇。

35 《倭變事略》，頁八六、九九。

36 陳文石著《海禁政策》，頁一六七～一六八；《練兵實紀》，頁二三九。倭寇俘獲中國火器，見於《歸有光全集》，頁九七；《靖海紀略》，頁一二一。日本步兵戰術，見陳文石著《海禁政策》，頁一六七。原文摘自《武備志》，所述與其他資料大部相同。

37 《嘉靖東南平倭通錄》，頁三一；《倭變事略》，頁一〇五。參加戰役的各種部隊，見黎光明著《主客軍考》。

38 《倭變事略》，頁九五。

39 《紀效新書》，卷首，頁一〇。

40 《紀效新書》，卷首，頁二三；《明代名人傳》，頁二二一。

41 *Taxation*，頁一三四～一三五、二九三；*Military Expenditures*，頁四八～五一。

42 《紀效新書》，卷四，頁七；《練兵實紀》，卷二，頁六六。

43 《紀效新書》，卷三，頁三～五；《練兵實紀》，卷八，頁一二八～一二九；《皇明經世文編》，卷三四八，頁六。

44 《紀效新書》，卷首，頁二八。

45 《皇明經世文編》，卷三四七，頁七；謝、寧合著《戚繼光》，頁六五，據稱當時正法者共十四人。

46 《紀效新書》，卷三，頁六、卷四，頁二；《練兵實紀》，雜集卷二，頁一七八。

47 《明史》，卷二一二，頁二四六六。

48 《紀效新書》，卷一〇，頁二、三一、卷一二，頁一～二。

49 據《紀效新書》，卷一一，頁二一～二三內圖解分析。

50 《紀效新書》，卷一二，頁二三、三一。

51 《紀效新書》，卷一〇，頁一、卷一二，頁一～二。

52 《紀效新書》，卷一，頁六～七；《練兵實紀》，卷一，頁二三。

53 《紀效新書》，卷六，頁五、卷一二，頁三〇。

54 《紀效新書》，卷一，頁八、卷二，頁五、卷六，頁五、卷八，頁七。

55 《紀效新書》，卷二，頁六～七。

56 《正氣堂集》，卷五，頁二、卷七，頁一九、卷八，頁一三。

57 《明史》，卷二一二，頁二四六五；《國朝獻徵錄》，卷一〇六，頁五八；謝、寧合著《戚繼光》，頁五三、六八。

58 《紀效新書》，卷首，頁一七；《練兵實紀》，雜集卷四，頁二一〇；《皇明經世文編》，卷三四六，頁四、八、一三。

59 《練兵實紀》，雜集卷四，頁一九九、卷五，頁二三九。

60 《練兵實紀》，卷一，頁二三、雜集卷六，頁二七五；《皇明經世文編》，卷三四七，頁二一；《穆宗實錄》，頁七四一。

61 《正氣堂集》，卷七，頁二、卷一七，頁二三、卷八，頁一三、卷一一，頁二、四。

62 參看《明史》，卷二一二，頁二四六二、二四六五。

63 《紀效新書》，卷一，頁一～三、七。

64 戚繼光募兵的餉給，初在南方，以每人年餉銀十兩為原則，以後在北方邊牆守衛為年餉十八兩。「犒賞」則以繳納敵首一級得銀三十兩，全隊均分。見《紀效新書》，卷三，頁一～二，《皇明經世文編》，卷三四六，頁二二、卷三四七，頁一〇。

65 《皇明經世文編》，卷三四九，頁三。

66 《練兵實紀》，卷六，頁一一六、雜集卷二，頁一七九、雜集卷四，頁一九九。

67 《紀效新書》，卷首，頁二七。

68 《紀效新書》，卷七，頁六～七。

69 《明史》，卷二一二，頁二四六五；謝、寧合著《戚繼光》，頁六〇～六一、六五～六六；程著《戚繼光》，頁二七～二九；任著《戚繼光》，頁六六～六七。

70 《明史》，卷二一二，頁二四六五；謝、寧合著《戚繼光》，頁七四。

71 《明史》，卷三二二，頁三六九三。日本作家 Kuno 對此有不同的看法，他說：「明軍軍事的成功，在制壓海寇活動只有局部的影響。有決定性力量的實在是日本國家已再度團結，建立了堅強的中央政府」。譯自 *Japanese Expansion*，卷一，頁二九五～二九六。

72 戚繼光著《止止堂集．橫槊稿下》，頁三三。

73 歐陽祖經著《譚襄敏公年譜》，頁二一、三〇、三七、五七、五八、七二。

74 《穆宗實錄》，頁五四五、五四八；歐陽祖經著《譚襄敏公年譜》，頁一〇三。

75 Hucker, *Censorial System*，頁三四～三五。

76 《明代名人傳》，Altan 條。

77 《大明會典》，卷一二九，頁二三、卷一五二，頁一四。

78 《大明會典》，卷二八，頁二六～二八、卷一二九，頁三～六。

79 參看《國朝獻徵錄》，卷一〇六，頁五九。

80 張居正以私人書牘指揮其親信，可以從《張居正書牘》看出。筆者的綜合論述，見 *Taxation*，頁二九七～二九八。

81 《皇明經世文編》，卷三四七，頁一四；謝、寧合著《戚繼光》，頁一一六。

82 《國朝獻徵錄》，卷一〇六，頁六〇；謝、寧合著《戚繼光》，頁一二四。張居正在書牘中稱必須授予戚繼光全權以召募兵士，見《張居正書牘》，卷一，頁四。

83 《穆宗實錄》，頁五四八、七四二；《國朝獻徵錄》，卷一〇六，頁五九；《張居正書牘》，卷一，頁四～五。

84 《穆宗實錄》，頁五四八、五七六、五八三。

85 《明史》，卷二一二，頁二四六七。

86 《穆宗實錄》，頁五八一、六〇九。

87 《張居正書牘》，卷一，頁九、卷二，頁一四、卷四，頁一六、卷五，頁一九。

88 《張居正書牘》，卷一，頁一九。

89 《張居正書牘》，卷四，頁一六、二〇。

90 《練兵實紀》，雜集卷六，頁二五八、二六一；《大明會典》，卷一九三，頁一三。《正氣堂集》，卷一一，頁九～一四，所作圖版為《武備志》襲用，但其戰術以設想的成分為多，未能如戚之操用於實際。

91 關於「佛朗機」見《練兵實紀》，雜集卷五，頁二三〇，取義於「Farangi」。現今 Tower of London 仍陳列類似之火銃。戚繼光使用佛朗機，見《練兵實紀》，卷四，頁九一。亦見《紀效新書》，卷一五，頁二四～二五。

92 《練兵實紀》，卷五，頁一〇五～一〇六、雜集卷六，頁二六〇～二六六；《皇明經世文編》，卷三四九，頁四。

93 《練兵實紀》，卷五，頁一〇三、雜集卷五，頁二二一～二二三。

94 《皇明經世文編》，卷三四九，頁一〇。又同書，卷三四九，頁四，稱敵兵不至二百五十尺以內不開火，然《練兵實紀》，卷五，頁一〇三，則稱鳥銃在距離五百尺開放。

95 《練兵實紀》，雜集卷五，頁二二六～二二八、二三四～二三五、卷六，頁二四四～二四五；又見《陣紀》頁三〇。並參看《天工開物》，卷一五。

96 《練兵實紀》，卷五，頁一〇三；《皇明經世文編》，卷三四九，頁四。

97 《練兵實紀》，卷五，頁九九～一〇〇，雜集卷六，頁二六五。

98 《明代名人傳》Altan 條及王崇古條。

99 《明史》，卷三二七，頁三七六七；謝、寧合著《戚繼光》，頁一二七～一二八。蒙古部隊之分裂可參考《明代名人傳》，頁三三五。但《神宗實錄》，頁一〇七二四，稱一五九九年明軍三萬以戰車禦敵十萬，然未詳述經過。

100 歐陽祖經著《譚襄敏公年譜》，頁一二八；《張居正書牘》，卷四，頁一九～二〇。

101 《張居正書牘》，卷五，頁九、一九。

102 《明史》，卷二一二，頁二四六六；《皇明經世文編》，卷三四七，頁一四～一六。參看《神宗實錄》，頁二二一〇。

103 《皇明經世文編》，卷三四九，頁一二。

104 《明史》，卷二二二，頁二五六〇；《皇明經世文編》，卷三四九，頁一七～一八；歐陽祖經著《譚襄敏公年譜》，頁一二三～一二四、一二五；謝、寧合著《戚繼光》，頁一二一～一二二，此書稱實造一千零十七座。

105 《明史》，卷二一二，頁二四六六；《神宗實錄》，頁二一一三。

106 《練兵實紀》，雜集卷六，頁二五一。《神宗實錄》，頁三五三七，提及南兵有逃亡者。

107 《皇明經世文編》，卷三四九，頁一二；歐陽祖經著《譚襄敏公年譜》，頁一一四～一一六、一二五。《國朝獻徵錄》，卷一〇六，頁六〇，稱「不旬月告成」，顯屬誇大。《張居正書牘》，卷一，頁四，所敘尺寸不同。

108 《皇明經世文編》，卷三四七，頁一九；《止止堂集．橫槊稿下》，頁一九、二六、三三。

109 《明史》，卷二一二，頁二四六七。

110 《練兵實紀》，雜集卷四，頁二一〇。

111 《止止堂集．橫槊稿上》，頁一八、一九。

112 謝、寧合著《戚繼光》，頁一二九；《明代名人傳》，頁二二三。

113 《弇州山人四部稿》，卷六二，頁一八、卷六五，頁七；《弇州山人續稿》，卷三八，頁二〇、卷五一，頁一六。

114 總兵在職務上不能再有進展，但可能再在頭銜上升級，諸如太子太保、上柱國，甚至取得伯爵的頭銜。*Taxation*，頁三〇，有所說明。參見 Hucker, *Governmental Organization*，頁六三。

115 《神宗實錄》，頁二四七四～二四七五（參考《校勘記》，頁六四一）、二六七二、二七六三、二八六九；謝、寧合著《戚繼光》，頁一四八。參看程著《戚繼光》，頁四七～四八；《明代名人傳》，頁二二三。

116 《神宗實錄》，頁二七二三、三〇六〇、三七六九。

117 《弇州山人續稿》，卷三八，頁二〇。

118 《張公居正傳》見王著《嘉靖以來內閣首輔傳》，卷七～八。王世貞之為人，可以自張居正的書牘中窺見。《張居正書牘》，卷六，頁二一～二三，有張致王十五緘。

119 《國朝獻徵錄》，卷一四，頁七四～七五。參見《明代名人傳．王世貞》條。

120 《國朝獻徵錄》，卷一〇六，頁六二；謝、寧合著《戚繼光》，頁一四九。

121 《國朝獻徵錄》，卷一〇六，頁六一～六二；《明代名人傳》，頁二二三。

122 《練兵實紀》，雜集卷四，頁二〇五、二一〇。

123 《春明夢餘錄》，卷六，頁六五，書中未敘及戚名，但稱「薊鎮將帥」。

124 《止止堂集．橫槊稿下》，頁二〇、二二、三四、三八。

125 《張居正書牘》，卷四，頁二〇。

126 《明史》，卷二一二，頁二四六五。

127 《國朝獻徵錄》，卷一〇六，頁六二。

128 《紀效新書》，卷一六；《練兵實紀》，雜集卷三，頁一八五～一九四。

129 《四部全書總目提要》，卷一七八，集部別集類存目，評論戚繼光《止止堂集》，「多及陰騭果報神怪之事」。

130 例如張瀚所著《松窗夢語》，黃暐所著《蓬窗類紀》，都有很多陰騭善惡果報的故事，有時涉及著者家人。戚繼光一方面談及超自然力量；一方面又說：「夫天時不足忌，在盡吾人事，自能感召天祿，所謂人定亦能勝天。」他又在訓話時說：「且如道經佛法，說天堂地獄，說輪迴報應，人便聽信他，天下人走進廟裡的便怕他。你們如今把我的號令當道經佛法一般聽信，當輪迴報應一般懼怕，人人遵守，個個敬服，這便是萬人一心了。」以上見《練兵實紀》雜集卷三，頁一九一、卷四，頁二一二。於此可見其為人複雜，非簡單的迷信。

131 《皇明經世文編》，卷三五〇，頁五。

132 《練兵實紀》，雜集卷四，頁一九六。

133 張懋修題於《張居正書牘》，卷五，頁一九之附記。參考謝、寧合著《戚繼光》，頁一四七。

134 《國朝獻徵錄》，卷一〇六，頁六二；謝、寧合著《戚繼光》，頁一四九。汪道昆亦與張居正不相得，見《明代名人傳》，頁一四二七～一四三〇。但汪作墓誌銘時退休已久，此中未提及個人恩怨。

第七章

李贄——自相衝突的哲學家

一六〇二年，李贄在獄中以剃刀自刎，死後，被稱爲犧牲自我。這一評論不能不使人感到懷疑。李贄的著作不容於當時而屢被官方禁止，但是仰慕他的人則不顧禁令而不斷加以重印。這些著作，雖然篇幅浩瀚，然而並沒有在歷史上開拓出一條新路。李贄並不缺乏勇氣，但是通常來說，這樣類型的作家如果發現了崇高的眞理而願意爲之犧牲自己，他的文字中間就會表現一種燃燒性的自我滿足和欣快。這些特點不能在李贄的著作中見到。

少數評論者竟說李贄站到了下層民衆的立場上，批判了剝削農民的地主階級。[1]這種論調自然更屬於無稽。他在一五八〇年離開姚安知府的職務以後，一直倚靠朋友中地主紳士的周濟以維持生活，而他也從不覺得接受這些周濟有任何不妥。這個社會容許他不耕而食，但是他從來沒有提出應當改組。如果在某些地方批判了他的地主官僚朋友，那也只是著眼在私人的性格和品德，而從沒有提到經濟立場，同時他也明確指出這種評語可以同樣適用於自己。

在若干場合，他一方面自我批評，一方面又自我憐惜。在給侍郎周思敬的信裡，他說：「今年不死，明年不死，年年等死，等不出死，反等出禍。然而禍來又不即來，等死又不即死，眞令人嘆塵世苦海之難逃也。可如何！」[2]在這種語調中看不出絲毫自我犧牲的意味，也就是說，寫信的人並沒有能以燃犀燭照的銳利眼光看透社會的痼弊，立下「與汝偕亡」的決心。

但是李贄對這個社會具有理智上的關心，則屬毫無疑義。這種關心和信仰自由有其相通之處，在它的後面有社會經濟的背景，也與他所處的社會環境有特別的關聯，而其個人的心理上和哲學上的特點尤其不能忽視。[3]但這些條件只能更把李贄構成爲一個特色鮮明的中國學者，而不是一位在類似條件下的歐洲式的人物。

李贄是儒家的信徒。一五八七年以前，他已經按照儒家的倫理原則完成了對家庭應盡的一切義務。次年，他卽剃髮爲僧，時年六十二。剃髮的原因是他的環境已經允許他抛卻呆板、拘束的生活，得以尋求個性的自由發展。這不等同於一般意義上的遁世，不論從理智上看，還是從社會關係上看，他此後的言行實際上代表了全國文人的良心。當被捕後接受訊問，他回答說：「罪人著書甚多具在，於聖教有益無損。」[4]這種精神和路德的倔強相似。他認爲每個人都可以根據自己的意見解釋經典，這也和宗教革命的宗旨，卽凡信徒卽爲長老的態度相似。但李贄沒有路德的自恃，也缺乏伊拉斯摩斯的自信。在他自裁以後，氣絕以前，用手指寫了王維的一句詩，以解釋他的死因：「七十老翁何所求！」[5]消極悲觀的情緒已顯然可見。

李贄畫像。By Drag the cane to sing the immortal, via Wikimedia Commons, CC BY SA 3.0.

李贄的悲觀不僅屬於個人，也屬於他所生活的時代。傳統的政治已經凝固，類似宗教改革或者文藝復興的新生命無法在這樣的環境中孕育。社會環境把個人理智上的自由壓縮在極小的限度之內，人的廉潔和誠信也只能長爲灌木，不能形成叢林。都御史耿定向是李贄的朋友、居停和論辯的對手，李贄曾屢屢對他作過不留情面的抨擊，批評他缺乏誠信；然而，李贄也以同樣不留情面的態度解剖自己，指責自己缺乏誠信：「志在溫飽，而自謂伯夷叔齊；質本齊人，而自謂飽道飫德。分明一介不與，而以有莘藉口；分明毫毛不拔，而謂楊朱賊仁。動與物迕，心與口違。」他還懷疑自己用佛門的袈裟遮掩了「商賈之行之心」，「以欺世盜名」。[6]這種奇怪現象的癥結，在於內心矛盾的劇烈交戰而無法自解。

李贄於一五二七年生於福建泉州。他的家族原姓林，後來改姓李。六世祖林駑是泉州的巨商，以貿易往來於波斯灣，娶「色目女」，可能就是印度歐羅巴種的女人。在其後相當的時間內，他的祖先仍然和混血的家庭及伊斯蘭教的信仰者往來，一直到曾祖父一代，他家庭中的國際色彩才歸於消失，李贄本人則從小就在中國傳統文化的影響下長大成人。[7]

到李贄這一代，他的家道早已中落。一五五二年，他得中舉人。中舉後因爲經濟困難，不能再耐心拼得進士及第的資格，即要求循例在政府中任職。之後，他多年沈浮於下僚，位卑俸微，鬱鬱不得志。一五六〇年，又因爲父親死去而停職丁憂。服滿後入京求職，等待了一年零八個月，才得到了一個國子監教官的職位。候補期間，以教書糊口。他生有四個兒子三個女兒，但除了大女兒以外，其他都不幸夭殤。[8]據李贄自己說，有一次他有七天沒有吃到多少東西，最後甚至饑不擇食，以至不能分辨「稻粱」和「黍稷」的差別。[9]

一五六三年，他的祖父去世。上司和朋友根據當時的習慣，送給他相當豐厚的賻儀，至此，他下了一個重要的決心。他把全部款項的一半，在他做過教官的河南購置地產一處，以爲妻女衣食之資，讓她們留在河南，餘下的一半則由他自己攜回福建。[10]他所需要安葬的不僅是新去世的祖父，而且還有祖先三代的靈柩五口。按照一般的風俗，安葬先人，必須講求風水，選擇吉地，以期後人飛黃騰達，否則寧可把靈柩長期停放。當時，李贄還在文官的下層中掙扎，雖然祖父剛剛去世，但是曾祖父的靈柩已經停放了五十年，環境逼迫他遷就現實，在可能的條件下一起埋葬，但求入土爲安，而不再作過高的奢望。這一問題的解決，多年之後還使李贄感到已經恪盡了自己的職責。

然而這一決定卻增加了他妻子的負擔。她不願意在去家數千哩之外，無依無靠地獨撐門戶，而且她也有自己的孝思。她的母親年輕時居孀，歷經辛苦，把她撫育成人，這時由於思念女兒，朝夕哭泣至於「雙眼盲矣」。但是李贄手頭的款項畢竟有限，不可能在喪葬之外再攜家往返，所以只能忍心拒絕了她一起返回泉州的請求。他們一別三年，等到重新聚首，她才告訴他兩個女兒因爲當地飢饉，營養不良而死。這一不幸的消息當然使他傷痛不已，當晚與妻子「秉燭相對，眞如夢寐」。

李贄在河南共城任儒學教諭三年，在南京和北京國子監任教官各數月，在禮部任司務五年，又調任南京刑部員外郎近五年，最後才被任爲雲南姚安府知府，時在一五七七年。[11]在就任知府以前，他的官俸極爲微薄，甚至不足糊口。只有在知府任上，才有了各項「常例」和其他收入，逐漸有所積蓄。[12]

這種似合法又似非法的收入並沒有使李贄感到不安。他並不像海瑞一樣，以爲官俸定額以外的一絲一毫收入都屬於貪污。[13]他以特行卓識而見稱於當代和後世，但在這個問題上卻和常人有相同的看法，即做官的目的，本來就是名利。他的誠實在於能夠坦白承認這一目的，而不打出去絕私慾、爲國爲民等等高尚的幌子。這就接觸到了一個更爲根本的問題：我們是否應該讓每個人公開承認自己的私心，也就是自己的個人打算，以免口是心非而陰陽淆混？[14]

使李贄感到不安的倒是他的妻子。她是一位標準的賢妻良母，只要對丈夫的事業有利，她能夠忍受一切乃至犧牲一切，但是她不能理解丈夫的精神世界。他一心想要創造獨立的思想和人格，離開了獨立，他的內心就得不到滿足；也是基於這種精神，在一五八〇年姚安府任滿以後，他決定退休，當時他年方五十四歲，正值官運亨通，一帆風順。這種出乎意外的決定對她不能不是一種打擊，然而她依然順從，和丈夫一起遷到湖廣黃安，寄居在耿氏兄弟家裡。[15]可是李贄後來又和耿定向鬧翻，決意搬到附近麻城的佛堂中去居住，她才不得不獨自回到離別了二十年的故鄉泉州。直到一五八七年，她臨死以前，曾多少次向他呼籲，要他回到泉州。當她的死訊傳來，李贄曾寫了六首詩表達當時的傷感，詩人稱讚她的賢淑，說「慈心能割有，約己善治家」，夫妻四十年來未曾反目，只是她並不能理解「丈夫志四海」的宏猷。[16]在給女婿的信裡，李贄提到在聽到噩耗以後，沒有一夜不夢見她，文字的悽愴，令人不忍卒讀。[17]好幾年以後，他還勸告朋友不要輕易削髮爲僧，尤其是有近親的人更要三思而後行。這種勸告，不妨看成是這位充滿矛盾的哲學家的一次自我懺悔。

李贄的一意孤行，一定要和兩千年來根深柢固的家族觀念聯繫起來觀察，才能使人理解。因爲按照當時的習慣，他一旦回到泉州，他所需要照顧的絕不能僅止於自己的家庭。他是族中有名望的人物，又做過知府，那就一定會陷入無數的邀勸糾纏之中而不可自拔。

早在二、三十年前，在喪父家居的時候，李贄就已經有了這種經驗。當時倭寇犯境，城市中食物奇缺，他雖然只是一個最低級的文官，也不得不接受親族的擁戴，負起了爲三十多人的家庭尋找飲食的義務。[18]和他同時的何良俊，《四友齋叢說》的作者，就提到過他在南京爲避難的親族所包圍，要求解決吃飯問題。另一位著名的散文家歸有光則在信上向朋友訴苦，說他不能避難他遷，因爲如果離開崑山，他必須隨帶「百餘口」的族人同行。[19]

這種對宗族的照顧，不是暫時性的責任，也不僅是道德上的義務，而有其深刻的社會經濟和歷史背景。

我們的帝國不是一個純粹的「關閉著的社會」——在那樣的社會裡，各種職業基本上出於世代相承——然而它所給予人們選擇職業的自由仍然是不多的。一個農民家庭如果企圖生活穩定並且獲得社會聲望，惟一的道路是讀書做官。然而這條道路漫漫修遠，很難只由一個人或一代人的努力就能達到目的。通常的方式是一家之內創業的祖先不斷地勞作，自奉儉約，積銖累寸，首先鞏固自己耕地的所有權，然後獲得別人耕地的抵押權，由此而逐步上升爲地主，這一過程常常需要幾代的時間。經濟條件初步具備，子孫就得到了受教育的機會。這其中，母親和妻子的自我犧牲，在多數情形之下也爲必不可少。

所以表面看來，考場內的筆墨，可以使一代清貧立即成爲顯達，其實幕後的慘澹經營則歷時至久。[20]這種經過多年的奮鬥而取得的榮譽，接受者只是一個人或至多幾個人，但其基礎則爲全體家庭。因此，榮譽的獲得者必須對家庭負有道義上的全部責任，保持休戚與共的集體觀念。

這種集體觀念還不止限於一個小家庭的範圍之內。一個人讀書中舉而後成爲官員，如果認識到他的成功和幾代祖先息息相關，他就不能對他家族中其他成員的福利完全漠視。何況這種關心和幫助也不會全是無償的支付，因爲沒有人能夠預測自己的子孫在今後不會受到他們的提攜。這種經濟上的利害關係，被抽象而昇華爲道德。固然，這種道德觀念並不能爲全體民衆所奉行，從海瑞的文集中可以看到兄弟叔侄間爭奪產業以至鬥毆致死的事情所在多有。[21]但這種情形正好從反面說明了教養的重要，有教養的人則絕不能以利害義。

在整個社會沒有爲它的成員開放其他門徑的時候，多數像李贄一樣的人物，已經不加思考地接受了這種生活方式。如果李贄回泉州，他必定多少受到族人的期望和逼迫。然而當時的李贄，已迭經生活的折磨，同時又研究過佛家和道家的思想。他在重新考慮生命的意義、重建人生觀之餘，不能再墨守成規，[22]也就是說，他不能把讀書、做官、買田這條生活道路視爲當然，也亟待擺脫由於血緣關係而產生的集體觀念。

對於這樣背離傳統的行爲，他的親族自然不會善罷干休。但是親族的壓力越大，他的反抗也越強烈。在給曾繼泉的一封信裡，李贄說到他之所以落髮，「則因家中閑雜人等時時望我歸去，又時時不遠千里來迫我，以俗事強我，故我剃髮以示不歸，俗事亦決然不肯與理也」。[23]所謂閑雜人等，是他的弟兄還是叔侄？俗事，是買田還是建立宗祠宗塾？或者竟是利用勢力干預詞訟？雖然語焉不詳，大體上當不出這些範疇。[24]最有趣的是，他的家族不顧他的願望，仍然指定一個侄子作爲他的繼承人。這件事引起的反抗方式也同樣有趣，他有一封遺書，題

李贄在芝佛院講經圖。

名爲〈豫約〉，其中就提到他的這個侄子「李四官若來，叫他勿假哭作好看，汝等亦決不可遣人報我死」。[25]這封遺書草於一五九六年，上去他削髮爲僧已有八年。

李贄所居住的僧院座落在麻城城外的一座山上，稱爲「芝佛院」。它不是正式的寺廟而僅僅是私人的佛堂，但規模卻頗爲宏大。[26]院中有正殿、左右廂房，還有和尚的宿舍和客人的招待所。李贄自己居住的精舍位於全院的最後山巔之處，極目四望，水光山色盡收眼底。在芝佛院的鼎盛時期，全院有僧侶四十餘人，統率衆僧的方丈則是李贄的朋友，僧衆中有人還帶著徒弟徒孫。[27]

芝佛院始終沒有向政府登記，沒有領到正式執照，因之也沒有向政府納稅。它不屬於任何宗派，也沒有董事會的管制。李贄是全院唯一的長老及信託者，其創建和維持的經費，絕大部分來自他一人向外界的捐募。他常常寫信給朋友，要求得到「半俸」的援助，或者以「三品之祿，助我一年」。有的朋友周濟他的生活，前後達二十年。[28]他過去沒有經歷過富裕的生活，但在創建佛院之後，卻沒有再出現過窮困的跡象。

在李贄被任爲姚安知府之前，他已經享有思想家的聲望，受到不少文人學者的崇拜。[29]這些崇拜者之中有人後來飛黃騰達，或任尚書侍郎，或任總督巡撫。李贄得到他們的接濟，即使不算經常，但也決非絕無僅有。[30]而且這種金錢上的關係還不是單方面的。他的朋友焦竑也是一位著名的學者，不善理財，據說窮得「家徒四壁」。當焦竑的父親八十壽辰，朋輩稱觴聚會，有的竟不遠千里而來。李贄是這次盛會的襄助者，他寫信告訴與會的人，囑咐他們「舟中多帶柴米」。[31]

這種方式的金錢周濟和往來之不同於一般，在於授受者之間具有共同的思想，或者說共同的目的。從心理學的角度來研究，這種關係還是以道德作爲施政方針的副產。因爲這種施政方針的思想根據，乃是認爲宇宙間的任何事物都息息相關，一個人或一種事物，其所以具有特性或功能，全靠和其他人或其他事物的相互關係。一個人的品質高尚，就因爲他的志趣和行爲得到別人的讚賞；他的識見深遠，就因爲他分析理解其他事物的正確，所以人的生活目的，就不能不是合作互助與共同享有。但在現實中，爲什麼所有的人身上都存在或多或少的自私？這個問題使讀書明理之人爲之不安，而高級官員由於負有治國平天下的重任，其不安尤爲嚴重。按理說，他們所受到的教養，都要求發揚爲公衆服務的精神；然而一旦接觸實際，這種精神常常只是海上神山，或者乾脆銷聲匿跡。[32]有時他們身上的自私苟且，還遠過於不識字的愚氓。這種不安，或者由此發展而來的內心交戰，需要有一種適當的方式來緩解排除。

志趣相投的研究討論，可以觸發彼此的靈感，深入探索人生的眞諦，俾使內心的不安渙然冰釋。所以他們來往密切，集會商談之餘，還互相通信、刊印文集。李贄落髮爲僧以後，仍然經常外出旅行，參加這些活動。在當時，還談不上旅費必須報銷，或者演講應當收入費用，這些問題都可以根據習慣，在往來交際之間安排妥貼。以李贄的名望，加上化緣和尚的姿態，他已經用不著再爲經濟問題而躊躇。[33]

他和耿定向的辯論，促成和鞏固了他要求個人自由的信念。[34]多年之後，他仍把這次辯論視爲生命中一個重要的轉折點。

一五八〇年，李贄在姚安辭官離任後，就搬到湖廣黃安，在耿家充當門客而兼教師。這時耿定向的父親去世不久，兄弟四人都在家裡丁憂守制。[35]這四人中，李贄和二兄耿定理的交往特別密切，有人誤以爲他們兩人在思想上比較一致，其實不然。他們之間的差異，較之李贄和長兄耿定向之間的差異還要大得多。耿定理天資聰穎，同時也是一個誠實的人，如果他發現「四書」「五經」中的理論和他自己的思想有所衝突，他就不能輕易放過，人云亦云。這種矛盾帶給他苦惱，也促使他思索，有時候會獨自一人在深山窮谷之中徘徊。最後，他終於「豁然貫通」，確認儒家的仁就是無我主義，一個人成爲聖人，就是把自我之有化而爲無，進入了寂滅的境界，以致「無聲無臭」。這種高懸在空中的理想主義，只能深藏於內心，不能應用於現實，並發展成爲倫理和道德的標準。所以在實際生活中，耿定理從來沒有應考，也從來沒有做官。[36]

然而李贄則認爲「穿衣吃飯，即是人倫物理」，[37]這無疑與耿定理的思想判若水火。他們之所以能和睦相處，不在於耿定理學術理論上的彈性，而在於他性格的柔和輕鬆。他經常以禪宗式的機鋒，避開辯論中的正面衝突，而以表面上毫不相關的語言，來表示自己的意見，使辯論的對手在思索之後被迫折服。因爲他認爲自己所掌握的眞理，基於識見淵博；如果堅持片面的執拗，就等於放棄了寬闊的胸襟。因此，當耿定理在世之日，總是能夠用他特有的方式，調解他長兄和李贄之間的衝突。[38]

在思想史上，長兄耿定向最易為歷史學家所誤解。他的朋友和論敵李贄，把他說成一個偽君子；而黃宗羲的《明儒學案》，也指出他思想上前後不符。[39]然則很少有人能看到，這位哲學家同樣是在竭力地探求一種既有形而上的根據，又能融合於日常生活的眞理。他接受佛家和道家的哲理，認爲至善至美屬於虛無，但另一方面，卻又認爲任何信條如果不能在愚夫愚婦面前宣講明白，則不成其爲信條。經過多方考慮，他提出，人的理智有深有淺，有粗有細，有的集中，有的分散；在社會生活中，政治與農業不同，農業又與商業不同，基於這樣的分析，他已經開始指出了倫理道德的理，應當與物理、地理的理有所區別，因此施政的標準也應當與哲學思想有所區別。這種理論，爲當時持一元論的宇宙觀者所不能接受。他和李贄的衝突也無可避免，因爲兩個人都準備把自己的理論體現於行動之中。

於是李贄指斥耿定向爲不誠實，言行不一；耿定向則指斥李贄以立異爲標榜，立異的目的還是立異，所謂放浪形骸，無非是爲了博取超凡脫俗的美名。

耿定理在一五八四年去世。同年耿定向被召回北京任左僉都御史。他在信裡提出李贄迷誤耿氏子弟，這種指責促使李贄遷居麻城。事隔多年以後，他仍然認爲這是耿定向有意識地給他以個人侮辱。[40]

李贄好強喜辯，不肯在言辭上爲人所屈，在做官的時候也經常與上司對抗。[41]和耿定向鬧翻之後，他更爲重視自己的獨立不羈。按本朝的習慣，退休的官員被稱爲「鄉官」，也就是意味著他仍然具有官員的身分，要受地方官的節制。地方官可以邀請他協助處理有關的事務，也可以邀請他參與重要的典禮。這種權利和義務，在別人或許會引以爲榮，而在李贄則是精神上的壓力。他說：「棄官回家，即屬本府本縣公祖父母管矣。來而迎，去而送；出分金，擺酒席；出軸金，賀壽旦。一毫不謹，失其歡心，則禍患立至。」[42]剃髮爲僧，除了避免親族的糾纏以外，擺脫這些牽制也是一個重要的因素。

李贄雖然身入空門，卻沒有受戒，也不參加僧衆的唪經祈禱。他喜愛清潔成爲癖好，衣服一塵不染，經常掃地，以至「數人縛帚不給」。在很多方面，李贄保持著官僚學者的生活方式，例如，即使是短距離的外出，他仍然乘轎；對於書本不願親自閱讀，而是讓助手朗誦以省目力。[43]

退休以後的十幾年，李贄主要的工作是著述。他的著作大部分都在生前刊刻印行，芝佛院中有間屋子專門堆放書板，[44]著作的內容非常廣泛，包括儒家經典的闡釋、歷史資料的觀察、文學作品的評論以及倫理哲學的發揮，形式則有論文、雜說、詩歌、書信等等。但是涉及面雖然廣泛，卻並不等於具有多方面的精深造詣。

他寫作的歷史，對史實沒有精確的考辨，也沒有自成體系的徵象，大段文章照史書抄錄，所不同的只是按照自己的意見改換章節，編排次序，再加進若干評論。

在接觸小說的時候，他所著眼的不是作品的藝術價值和創作方法，也就是說，他不去注意作品的主題意義以及故事結構、人物描寫、鋪陳穿插等等技巧。他離開了文學創作的特點，而專門研究小說中的人物道德是否高尚，行事是否恰當，如同評論眞人眞事。

再則，卽使是闡述哲學理論，也往往只從片段下手，寫成類似小品文，而缺乏有系統的推敲，作出結構謹嚴的長篇大論。惟其如此我們對於當日士人將「李氏《藏書》、《焚書》人挾一冊，以爲奇貨」，[45]就大多感到難於理解。

要正確認識此中關係，務需探求李贄的寫作目的。他的各式各樣的著作，無非異途同歸，其著眼在把讀書人的私人利益與公衆的道德相融合。從這點出發，他的寫作有如使用各種樂器演奏同一支交響曲。公私衝突能否設法調和？如果他還沒有做出恰當的答案，至少已經提出了這個問題。這是一個迫切的問題，對讀書人來說，足以影響他們良心與理智的完整性。李贄自身的經歷，使他對問題的認識更爲深刻，表達更爲有力。所以，他的著作仍能獲得讀者的欣賞，其中衷曲，在一封寫給耿定向的信裡發揮得淋漓盡致：

試觀公之行事，殊無甚異於人者。人盡如此，我亦如此，公亦如此。自朝至暮，自有知識以至今日，均之耕田而求食，賣地而求種，架屋而求安，讀書而求科第，居官而求尊顯，博求風水以求福蔭子孫。種種日用，皆為自己身家計慮，無一釐為人謀者。及乎開口談學，便說爾為自己，我為他人；爾為自私，我欲利他；我憐東家之饑矣，又思西家之寒難可忍也；某等肯上門教人矣，是孔孟之志也；某等不肯會人，是自私自利之徒也；某行雖不謹，而肯與人為善；某等行雖端謹，而好以佛法害人。以此而觀，所講者未必公之所行，所行者又公之所不講，其與言顧行、行顧言何異乎？以是謂孔聖之訓可乎？翻思此等，反不如市井小夫身履是事，口便說是事，作生意者但說生意，力田者但說力田，鑿鑿有味，真有德之言，令人聽之忘厭倦矣。46

李贄的難言之隱在於他強烈地抨擊了這些人物以後，他還是不得不依賴這些被抨擊者的接濟而生活。他們的言行不一是一種普遍的社會現象，耿定向不過是比較顯著的例子而已。李贄本人也沒有與此絕緣，這就常常使他在對別人作了無情的指責以後，自己感到內疚而稍斂辭鋒。[47]只有當他被別人截擊，已經無法退避，他的感情才如長江大河，一發不可收拾。

在同輩的人物中，李贄雖然享有比別人更多的自由，但是他終究沒有找到他最企盼的獨立地位。這種困難和衝突，迫使他繼續寫作，筆下內容仍然不能越出這一問題的範疇。這種情況，連同情他的袁中道也爲之不解：既然由於對官僚政治不滿而絕意仕進，那就理當息機忘世，以文墨自娛；可是寫來寫去，還總是和官僚政治有關，加之名望越來越大，「禍逐名起」，這就無怪乎招致殺身之禍了。[48]

李贄和耿定向的爭論，基於人性的善惡。這個問題所涉及的範圍非常廣泛，需要從中國哲學史中找出全面的解答。

問題可以追溯到公元前五世紀的春秋時代。孔子沒有提到性善或者性惡，他學說中的核心是「仁」。「仁」可以爲善，一個君子的生活目的就在合於「仁」的要求。究竟是哪些成分構成了仁，孔子沒有明確直接的答覆。《論語》一書中，仁字凡六十六見，但從來沒有兩處的解釋相同。一般來說，仁與慈愛、溫和、惻隱、以天爲己任等等觀念相通，然而在不同的場合，孔子又賦予仁以不同的概念：「己所不欲，勿施於人」的自我克制、言辭謹愼、按照禮儀行事，都可以算作仁或者接近於仁；出於環境的需要，一個人犧牲自己的生命，也叫做「殺身以成仁」。仁是最容易獲得的品質，任何人有志於仁，就可以得到仁；但是仁也是最難保持的品質，即在聖賢，例如孔子自己，也難能始終不斷的不違反仁。

後世的讀者，必須把這些互不關聯的語錄再三誦讀，再三思索，才有可能理解它的眞實內涵。綜合來說，溫和有禮，慷慨大方是仁的初級階段，在向更高階邁進的過程中，又必須把自己的思想與言行統統納入它的規範之內，經過不斷的積累而可以到達去私，最終到達無我。這樣，仁就是一種強迫性的力量、行動的最高準則、超越人世間的品質，也是生活唯一意義之所在，簡直和道家的「道」殊途同歸。[49]

《論語》中這六十六條有關仁的語錄，爲孔子的學說安排了形而上的根據，成爲儒家一元論宇宙觀的基礎。這種學說雖然沒有直接指責自私的不合理，但已屬不言而喻。因爲所謂「自己」，不過是一種觀念，不能作爲一種物質，可以囤積保存。生命的意義，也無非是用來表示對他人的關心。只有做到這一點，它才有永久的價值。這種理想與印度的婆羅門教和佛教的教義相近。印度的思想家認爲「自己」是一種幻影，眞正存在於人世間的，只有無數的因果循環。儒家的學說指出，一個人必須不斷地和外界接觸，離開了這接觸，這個人就等於一張白紙。在接觸中間，他可能表現自私，也可能去絕自私而克臻於仁。

按照孔子的看法，一個人雖爲聖賢，仍然要經常警惕防範不仁的念頭，可見性惡來自先天。然而另一方面，既然每個人都有其發揚保持仁的本能，則同樣可以認爲性善出於天賦。

孔子去世以後約一百五十年，性善說才首次被明確提出。孟子曾經斬釘截鐵的說：「人之性善也，猶水之就下也。人無有不善，水無有不下。」孔孟之間的不同論調，反映了社會環境的變化。

孔子的目標，在於期望由像他一樣的哲學家和教育家來代替當時諸侯小國中世襲的卿大夫；孟子卻生活在一個更加動盪的時代裡，其時齊楚之間的王國，採取了全民動員的方式互相爭戰。這種情形不再允許哲學家以悠閑的情調去研究個人生活的舒暢和美。孟子的迫切任務，在於找到一個強者，這個強者應當具有統一全國的條件，並且能接受儒家學說作爲這一大業的基礎。他企圖以雄辯的言辭說服他的對象，引導他和他的廷臣回到善良的天性之中，有如引導泛濫的洪水歸於大海，以避免一場殺人盈野的浩劫。

孔孟之道戰勝了諸子百家的理論，從漢朝開始，就成爲統治全國的指導思想。時代越是往前發展，統治者對它的依賴程度也越大。到十世紀以後，也就是唐宋兩代，中國經歷了一次巨大的變化：經濟的重心，由華北旱田地帶移至華中和華南的水田地帶，隨之產生的顯著後果，則是內部的複雜性相繼增加。官僚階層過去爲豪門大族所壟斷，至此改變而爲與紳士階層相表裡。軍隊中的將領逐漸失去了左右政治的力量，文官政治確立爲統治帝國的原則。這種多方的改變，使集權的中央政府不得不創立新的哲學理論，以維繫社會上成千成萬的優秀分子，卽讀書的士人。這些士人就是紳士階層，和以前的門閥士族比較，人數多，流動性大，生活面和知識面也遠爲廣闊。以此，儒家單獨的倫理性格已經不能完全適應時代的需要，而必須摻和理智上的新因素，才能適應新的環境。

針對這種需要，很多學者不斷把孔孟的著述加以新的注釋，而把這些注釋綜合調和以構成一種思想系統的，則是宋代的大儒朱熹。他是孔孟以後儒家學派中最有影響的思想家，死後被尊爲賢人。他對儒家經典的論述具有權威性，他的《四書集注》，是明朝、淸朝兩代士人規定的教科書，也是科舉考試的標準答案。

他的治學方法被稱爲「理智化」、「客觀」、「歸納法」，有時甚至被認爲有「科學」的根據。[50]朱熹對過去的歷史和哲學著作熟讀深思，進行整理。他的結論是，歷史上各個朝代的盛衰興亡，以及宇宙中的各種自然現象，都有共通的原則，而且彼此印證。其學說的基礎，乃是宇宙和人間的各種事物都由「氣」構成，通過「理」的不同形式而成爲不同的「物」。這所謂「物」，包括具體的事物如日月星辰，也包括抽象的倫理如孝悌忠信。[51]

這種把具體和抽象混爲一談的方法，是中國思想家的傳統習慣，也合於他們一元論的宇宙觀。因爲他們認爲，一個人看到一件事物，這種事物就不是孤立的，不可能與環境隔離。他們著重於事物的功能，一件事物具有特性，就是因爲它和其他事物發生了關係。白色的東西有白色的特質，是因爲有光線的反射，見於人眼。這也就是說，凡「物」皆有動作，光線的反射見於人眼是一種動作，爲人忠孝也是一種動作。運用這樣的觀點，朱熹把雷霆和鞭炮看成相似之物，因爲兩者都是「鬱積之氣」企圖發散。

孔子的仁，孟子的性善論，乃至中國社會傳統的組織和習慣，都被朱熹視爲「天理」。但是人可能違反天理，因爲各人秉氣不同，有清有濁。如果濁氣抬頭，天理就被「人欲」所取代。[52]補救的辦法是「格物」，也就是接觸事物和觀察、研究事物。他說：「所謂致知在格物者，言欲致吾之知，在卽物而窮其理也。蓋人心之靈，莫不有知，而天下之物，莫不有理。」通過格物，可以使人發現天理。

事實上，朱熹所使用的方法並不是歸納法，也很難說得上科學性。用類比以說明主題，是戰國時代的思想家和政治家常常使用的方法。孟子以水之就下比喻人之性善，其實人性與水性並沒有聯繫，所謂相似，不過是存在於孟子的主觀之中。朱熹的格物，在方法上也與之相同。在很多場合之下，他假借現實的形態以描寫一種抽象的觀念。他認爲一草一木都包含了「理」，因此他所格的「物」包括自然界。[53]在他看來，傳統的社會習慣，乃是人的天賦性格。[54]但他在作出結論時，卻總是用自然界之「理」去支持孔孟倫理之「理」，這也就是以類似之處代替邏輯。

對朱熹的思想系統，可以從不同的角度批判。其中重要的一點是，假如人之愚頑不肖，如他所說在於氣濁，則這種生理性的缺點就應當採取機械性的方式補救，例如著眼於遺傳，或者如道家的注重吐納。然而朱熹反對這樣的辦法。他認爲這些氣濁的人應該接受教育，經過不斷的努力，才可能接近眞理。[55]這樣一來，朱熹之一個全體的、有組織的宇宙，已成問題，卽倫理之理有別於物理之理。

大凡高度的概括，總帶有想像的成分。尤其是在現代科學尚未發達的時代，哲學家不可能說明宇宙就是這樣，而只能假定宇宙就是這樣。在這一點上，朱熹和其他哲學家並無區別，既然如此，他所使用的方法就是一種浪費。他的格物，要求別人接觸植物、地質、歷史和地理等各個學科，但目的不在這些學科的本身上追求眞理，因爲對任何問題，他的結論已作出於觀察之先，而且作出這些結論的也不是他自己，而是孔子和孟子。既然如此，人們就不能不產生疑問：這種博學多聞是否有確切的需要，也就是說，朱熹的成就，是否能和他付出的精力相當？[56]

朱熹治學的方法可謂「支離」。避免這樣支離，另有捷徑。此卽以每一個人自己的心理，作爲結構宇宙的工作，[57]而所謂心理，卽包括視覺和聽覺，也包括直覺和靈感。宇宙的自然法則和社會的倫理道德合爲一體，很難獲得實證，但在心理上卻可以不言自明。宇宙的偉大與完美，無須有賴分析，就可以在個人的心理上引起合群爲善的精神，從而自然而然地領悟到社會道德的眞諦。其最高境界，可以使人擺脫日常生活的憂慮，心靈上達到澄澈超然。持這種看法的人，常說「將發未發之際」也就是雜念冰消、情緒寧靜之際，此時視覺、聽覺、觸覺還沒有全部開動，而是憑個人的直覺可以領會到宇宙一種無可形容的美感。

以這種方法治學是爲「心學」，和朱熹的「理學」相對。心學派反對理學派累贅的格物致知，提倡直接追求心理的「自然自在」；理學派則認爲心學派也大有可以非議之處：宇宙的眞實性如果存在於人的心中，任何人都可以由於心的開閉而承認或者拒絕這一眞實性。這樣，世間的眞理就失去了客觀的價值，儒家所提倡的宇宙一元化和道家的「道」、釋家的「無」也很難再有區別。一個人可以用參禪的方式尋求頓悟，頓悟之後，所獲得澄澈超然的樂趣僅止於一身，而對社會的道德倫理則不再負有責任，耿定理的終身不仕就是一例；再則，儒家的經典一貫是士大夫行動的標準和議論的根據，而心學一經風行，各人以直覺爲主宰，[58]全部經典就可以棄置不顧。李贄全憑個人的直覺和見解解釋經典又是一例。

如果知識分子放棄了正統的儒家觀念，則王朝的安全會立卽受到威脅。知識分子在政治上是政府中的各級官員，在經濟上是中等以上的地主，因而也是這個社會的眞正主人，正統的儒家觀念是維繫他們的紐帶，除此而外，再無別的因素足以使他們相聚一堂，和衷共濟。所以李贄在晚年被捕入獄，雖然也被指控爲行爲不檢，但審判官在審訊的時候對此並不斤斤計較，所注意的乃是他「惑世誣民」的著作。[59]李贄本人也早就預感到了這一點。他把他的一部著作題爲《焚書》，意思是早晚必將付之一炬；另一部著作題爲《藏書》，意思是有干時議，必須藏之名山，等待適當的時機再行傳播。

李贄與耿定向決裂以後，隨即公布了他寫給耿定向的函件，指斥他的虛僞。耿定向以眼還眼，如法炮製，也把他寫給另一位朋友的信廣爲抄傳，信上說：「昔顏山農（顏鈞）於講學會中忽起就地打滾，曰：『試看我良知！』士友至今傳爲笑柄。」[60]在這一似乎是漫不經意的開場之後，他跟著就指出，李贄的種種古怪行動，無非是就地打滾之意，目的在於不受拘檢，參會禪機。但是耿定向又不無惡意地提到，李贄曾經強迫他的幼弟狎妓，還提到李贄有一次率領僧衆，跑到一個寡婦的臥室裡化緣。在耿定向看來，這些放蕩的行爲，也是李贄以良知爲主宰，尋求頓悟的方法，與顏山農的就地打滾無異。

李贄在一五八七年對這種攻擊作出答辯。除了關於寡婦的事件以外，他對自己的不拘形跡毫不掩飾。[61]最值得注意的是他對「就地打滾」的評論。他說，他從來沒有聽到過這一故事，如果真有這件事，只能證明顏山農確實參透了「良知眞趣」。他又說：「世間打滾人何限？日夜無休時。大庭廣衆之中，諂事權貴人以保一日之榮；暗室屋漏之內，爲奴顏婢膝事以幸一時之寵。無人不然，無時不然，無一刻不打滾。」當一個人眞能領悟到打滾的眞趣，則另有境界，此卽「當打滾時，內不見己，外不見人，無美於中，無醜於外，不背而身不獲，行庭而人不見，內外兩忘，身心如一。難矣！難矣！」他認爲耿定向的恥笑無損於顏山農，「卽千笑萬笑、百年笑千年笑，山農不理也。何也？佛法原不爲庸衆說也，原不爲不可語上者說也，原不以恐人笑不敢說而止也」。

以上一段公案，可以看作是當時心學派反對理學派的一個事例。李贄與耿定向的個性不同，但是他們之間互相嘲諷侮弄，已經超出了個性的衝突，其中的微妙之處，乃是耿定向並不屬於正統的理學派，而是和李贄同屬心學派中的泰州學派。[62]僅僅在攻擊李贄「未信先橫」這個問題上，他的立場近似於理學派。

心學的發展在明代進入高潮。由於王陽明的創造發揮，這種思想已經形成一個完整的系統。王陽明原來也屬於朱熹的信徒，據他自己說，他曾經按照朱熹的方法格物，坐在竹子之前冥思苦想，但是格來格去，始終沒有格出一個所以然，自己反而爲此病倒。[63]這個故事反映了他相信物質之理與道德之理相通，但是他沒有接受理學的類比方法。既然此路不通，他就另闢蹊徑，最後終於悟出一個道理，卽宇宙間各種事物的「有」，完全出於個人心理上的反映，比如花開花落，如果不被人所看見，花就與心「同歸於寂」。所謂天理，就是先天存在於各人心中的、最高尚的原則。忠孝是天理，也是心中自然而然產生的觀念。

王陽明受過佛家思想的影響，他的宇宙觀也屬於一元論。他的所謂「良知」，是自然賦予每一個人的不可缺少的力量，近似於我們常說的良心。但是良知並不能詳盡知悉各種事物的形態功用，具有這種知悉作用的是「意念」。良知只是近似於意念的主宰者，可以立卽對意念作出是非善惡的評判。[64]

他的思想系統中還有一個重點，就是對因果關係的重視。在他看來，一件白的物體的白色乃是因，在觀察者的心中產生了白色的感覺才是果。這種對因果關係的理解推導出了他的「知行合一」說。他認爲，知識是一種決斷，必定引起一種行動。[65]一個人見到美色就發生愛慕，聞到臭味就發生厭惡，見和聞是「知」，愛慕和厭惡則爲行，前者立卽產生後者。所以，在王陽明看來，「致良知」是很簡單的，人可以立時而且自然地「致良知」，但是不斷地按照良知行事就很困難。這和孔子關於「仁」的學說頗爲相似：凡人立志於仁就可以得到仁，但是每日每時都不違背仁，卽在聖賢也不易做到。

王陽明並沒有爲眞理而眞理的傾向。和朱熹一樣，他的目的也在於利用他的思想系統，去證實他從小接受的儒家教條，以求經世致用。他的方法較之朱熹更爲直接，然而這裡也埋伏著危險。如果一個人把王陽明的學說看成一種單純的方法，施用於孔孟教條之前，就很可能發生耿定向所說的「未信先橫」，以爲自己的靈感可以爲眞理的主宰，其後果，則可以由於各人的個性和背景而趨向於泛神主義、浪漫主義、個人主義、自由主義、實用主義，甚至無政府主義，這也就是王學的危險之所在。他存在著鼓勵各人以自己的良心指導行動、而不顧習慣的道德標準這一趨向。[66]一五八七年，李贄就走到了這條道路的交叉點。

幾個世紀以後，對李贄的缺點，很少有人指斥爲過激，而是被認爲缺乏前後一致的完整性。他的學說破壞性強而建設性弱。他沒有能創造一種思想體系去代替正統的教條，原因不在於他缺乏決心和能力，而在於當時的社會不具備接受改造的條件。和別的思想家一樣，當他發現自己的學說沒有付諸實施的可能，他就只好把它美術化或神祕化。

李贄的學說一半唯物，一半唯心，這在當時儒家的思想家中並非罕見。這種情形的產生，又可以追究到王陽明。

王陽明所使用的方法簡單明白，不像朱熹那樣地煩瑣累贅。但是在他的體系裡，還存在一些關鍵的問題，[67]例如良知的內涵是什麼？良知與意念的關係，是從屬還是並行，是調和還是排斥？他應該直接地說，良知是一種無法分析的靈感，有如人類為善的可能性屬於生命中的奧妙。但王陽明不如此直接了當。他又含糊地說，良知無善無惡，意念則有善有惡。

這些問題，為他的入室弟子王畿作出斷然的解答：一個人企圖致良知，就應當擯絕意念。[68]理由是，人的肉體和思想，都處於一種流動的狀態之下，等於一種幻影，沒有絕對的眞實性，所以，意念乃是枝節性的牽纏，良知則是永恆的、不借外力的存在。良知超越於各種性格，它的存在寓於無形，有如靈魂，既無年齡性別，也無籍貫個性，更不受生老病死的限制。按照王畿的解釋，良知已不再是工具而成了目的，這在實際上已經越出了儒家倫理的範圍，而跨進了解釋神學的領域。李贄在北京擔任禮部司務的時候，經常閱讀王陽明和王畿的書，之後他又兩度拜訪王畿，面聆教益。他對王畿倍加推崇，自稱無歲不讀王畿之書，亦無歲不談王畿之學，後來又主持翻刻了王畿的《文抄錄》，並且為之作序。[69]

按照王畿的學說，一個人就理應集中他的意志，放棄或簡化物質生活，避免環境的干擾，以達到無善無惡的至高境界。然則一切的眞實性既然只存在於心中，則所謂放棄、簡化與避免，也無須見諸行動，而只是存在於精神之中。一個人不存在惡念，他就不會見惡聞惡，更徹底地說，就是世界上根本不存在惡。基於這樣的立場和信念，李贄對耿定向的攻擊不屑一顧。耿定向說他狎妓，李贄就承認他確實在麻城「出入於花街柳市之間」，但是這種世俗所認爲不對的行爲在無善無惡的領域中，不足成爲指責的根本。在李贄看來，他的行爲不過是佛家的「遊戲三昧」，道家的「和光同塵」，[70]因之他以「無善無惡」作爲標幟，硬是不肯認錯示弱，另一方面李贄則並不認爲這種自由係每個人都能具有，而只是進入了無善無惡境界的優秀分子的特權。這種優越感，在他的著作中經常流露。

李贄又有他的另一面。當他說到「穿衣吃飯卽是人倫物理」，他又站到了王艮這一邊。王艮是泰州學派的創始人，也是王陽明的信徒。很多歷史學家認爲，王艮把王陽明的學說推廣而成爲「群衆運動」，這可以算得上是一種歷史的誤會。因爲在明代社會裡，並不存在以哲學領導群衆運動的可能；如果存在這種可能，與之相聯繫的歷史因素勢必引起劇烈的變化，但事實上毫無這種跡象。然則王艮確實在比較廣泛的範圍裡傳播了王學，他所說的「百姓日用卽道」、「百姓日用條理處，卽是聖人之條理處」，又正是王學的發揮。因爲王陽明的知行合一說，其宗旨在於知聖人之道，行聖人之志。李贄雖然渴望自由，然而他不能超然物外，對這樣堂皇的旗號無動於衷。因此，以學術的流派而論，他始終被認爲屬於泰州學派。

在第三位姓王的影響之下，李贄重視物質，也重視功利，他仍然不斷地提到「心」，但是這已經不是就地打滾、無美於中無醜於外的心，而是考慮到日常需要的心。因爲自己有所需要，就推知別人也有同樣需要，這就是孟子所謂「他人有心，予忖度之」。[71]在這些場合中，他的思想已經脫離了形而上學的掛礙，而是以日用常識作爲基礎。這種態度在他評論歷史時尤爲明顯。

李贄的歷史觀大多符合於傳統的看法，比如他確認王莽爲「篡弑盜賊」，指斥張角爲「妖賊」。[72]在他看來，歷史的治亂，既循環不斷，又與「文」、「質」相關連。一代仁君如果專注於「文」而使之臻於極致，則已經開了禍亂之基；反之，息亂創業之君，則專注於「質」，只求使百姓免於饑寒而不去顧及是否粗糲。[73]

這種認爲文化與生活水平和國家安全不能相容的看法，是中國傳統歷史的產物，也是官僚政治的特點。李贄自然無法理解，用中央集權的方式，以爲數衆多的官僚治理億萬農民，就要求整齊劃一、按部就班，不能鼓勵特殊分子或特殊成分，發展新的技術或創造新的法則。

在他所處的時代，文官集團業已喪失了發展技術的可能，也沒有對付新的歷史問題的能力。社會物質文明（卽李贄所謂「文」）往前發展，而國家的法律和組織機構不能隨之而改進，勢必發生動亂。受到時代的限制，李贄認爲歷史循環之無法避免，乃是命運的安排，幾乎帶有神祕的力量，所以也不必再白費心力去尋找任何新的解決方案。這樣看來，李贄的唯心論並不徹底，因爲他承認了客觀的眞實性，治亂興亡並不決定於人的主觀，當然更不承認，所謂人心不在，治亂就不成其爲治亂這樣的理論了。

君主一生事業的成敗既爲歷史循環的後果，李贄對於歷代君主的評論，也只是著重在他們適應時代的識見和氣魄。對於「天下之重」的責任，李贄則認爲應該由宰輔大臣來承擔。他所期望於大臣的，是他們的執政功績而不是道德言辭。一個奇才卓識的人，在爲公衆的福利作出貢獻的過程中，決不能過於愛惜聲名，因而瞻前顧後，拘束了自己的行動。他可以忍辱負重，也可以不擇手段以取得事實上的成功。[74]這種捨小節而顧大局的做法被視爲正當，其前提是以公衆的利益爲歸依，而在論理上的解釋則是公衆道德不同於私人道德，目的純正則不妨手段不純。李贄在這些方面的看法，和歐洲哲學家馬基維利（Machiavelli）極其相似。

李贄重視歷史上對財政經濟問題有創造性的執政者。他推崇戰國的李悝、漢代的桑弘羊、唐代的楊炎，但是對宋代的王安石卻缺乏好感。這當然並非因爲王安石在道德上遭到非議，而是因爲他的才力不逮他的宏願，「不知富強之術而必欲富強」[75]。與上述的論點相聯繫，李贄更爲大膽的結論是一個貪官可以爲害至小，一個淸官卻可以危害至大。[76]他尊重海瑞，但是也指出海瑞過於拘泥於傳統的道德，只是「萬年青草」，「可以傲霜雪，而不可以任棟樑者」。[77]對於俞大猷和戚繼光，李贄極爲傾倒，讚揚說：「此二老者，固嘉、隆間赫赫著聞，而爲千百世之人物者也。」[78]在同時代的人物中，他最崇拜張居正，稱之爲「宰相之傑」，「膽如天大」。[79]張居正死後遭到清算，李贄感到憤憤不平，寫信給周思敬責備他不能主持公道，仗義執言，但求保全聲名而有負於張居正對他的知遇。[80]

李贄和耿定向的衝突，許多當代的哲學史家把原因歸之於他們經濟地位的不同。李贄屬於地主階級的下層，所以他對傳統有反抗的傾向；耿定向是大地主，所以偏於保守。[81]這種論點缺乏事實的根據。耿家在黃安確實是有聲望的家族，但是李贄的後半生，卻一直依附於這樣的家族而得以維持相當優裕的生活。他與耿定向決裂以後，隨卽投奔麻城周家，依靠周思敬和周思久。這周家作爲地主望族，較之耿家毫無遜色，何況兩家又是姻家世好。另外還有梅家，其社會地位也與耿、周二家相埒。當年麻城（黃安初屬麻城，一五六三年始分治）士人進學中舉，幾乎爲這三家包辦。[82]在麻城的時候，李贄還和梅國楨過從甚密，梅國楨後來爲《焚書》寫作了序言。

在晚年，李贄又和漕運總督劉東星有極深的交往。劉東星爲沁水人，不僅自己身居高位，而且把女兒嫁給山西陽城的大族王家，成了戶部尚書王國光的姻親。[83]在盛名之下，甚至連親藩瀋王也對李贄感興趣，邀請他去作客。李贄托言嚴冬不便就道，辭謝未赴。[84]他的最後一位居停爲馬經綸。此人官居御史，家住通州，貲財富有。他特意爲李贄修造了一所「假年別館」，並且撥出果園菜圃和另一塊土地，雇人耕種，以收入作爲其客居的供應之資。[85]在李贄的朋輩之中，惟有焦竑家道淸貧，但卻無妨於這一家在上層社會中的地位。[86]

總之，李贄所交往的人都屬於社會的上層，而且是這個階層中的優秀分子。

李贄本人的著作以及有關他的傳記資料，從來沒有表示出他有參加任何群衆運動的痕跡或者企圖。他對於工業農業的技術改進和商業的經營管理都毫無興趣。他的所謂「吃飯穿衣卽是人倫物理」，不過是要求高級的官僚以其實際的政績使百姓受惠，而不是去高談虛僞的道德，崇尙煩瑣的禮儀。但這並不表示李贄自己有意於實踐，而只能表示他是一個提倡實踐的理論家。

至於他對女性的看法，也常常被後人誤解。他不承認女性的天賦低劣，在他看來，歷史上有一些特殊的女生甚至比男人還要能幹，比如他就屢次稱頌武則天爲「好后」。[87]但是讚揚有成就的女性，並不等於提倡男女平權，宣傳婦女解放。一個明顯的證據是李贄對寡婦的守節，其褒揚仍然不遺餘力。[88]

十分顯然，李贄沒有創造出一種自成體系的理論，他的片段式的言論，也常有前後矛盾的地方。讀者很容易看出他所反對的事物，但不容易看出他所提倡的宗旨。

但是這種前後不一，並不能算作李贄最大的缺點。有創造力的思想家，在以大刀闊斧的姿態立論的時候，也不是沒有自相矛盾的地方。盧梭倡導的個人自由，在他的鋪張解說之下，反而成了帶有強迫性的爲公衆服務的精神。李贄的這種矛盾，在古今中外並非罕見。

如果把李贄的優越感和矯飾剔除不計，那麼，他的思想面貌還不是難於認識的。他攻擊虛僞的倫理道德，也拒絕以傳統的歷史觀作爲自己的歷史觀，但是在更廣泛的範圍內，他仍然是儒家的信徒。[89]芝佛院內供有孔子像，他途經山東，也到曲阜拜謁孔子廟。[90]在李贄看來，儒家的「仁」、道家的「道」和佛家的「無」彼此相通，他攻擊虛僞的道德，但卻不是背棄道德。

在一種社會形態之中，道德的標準可以歷久不變，但把這些標準在生活中付諸實踐，則需要與不同時代、環境相適應而有所通變。李贄和他同時代的人物所遇到的困難，則是當時政府的施政方針和個人行動完全憑藉道德的指導，而它的標準又過於僵化，過於保守，過於簡單，過於膚淺，和社會的實際發展不能適應。本朝開國二百年，始終以「四書」所確定的道德規範作爲法律裁判的根據，而沒有使用立法的手段，在倫理道德和日常生活之間建立一個「合法」的緩衝地帶。因爲惟有這種緩衝地帶才能爲整個社會帶來開放的機能，使政府的政治措施得以適合時代的需要，個人的獨創精神也得以發揮。

這種情況的後果是使社會越來越趨於凝固。兩千年前的孔孟之道，在過去曾經是領導和改造社會的力量，至此已成爲限制創造的牢籠。在道德的旌旗下，拘謹和雷同被視爲高尚的教養，虛僞和欺詐成爲官僚生活中不可分離的組成部分，無怪乎李贄要慨乎言之：「其流弊至於今日，陽爲道學，陰爲富貴！」[91]

如果李贄在某種程度上表現了言行的一致，那麼唯一合理的解釋，也只是他在追求個性與行動的自由，而不是叛離他衷心皈依的儒家宗旨。李贄棄官不仕，別婦拋雛，創建佛院，從事著作，依賴官僚紳士的資助而生活，一直到他在法官面前堅持說他的著述於聖教有益無損，都不出於這樣的原則。

對現狀既然如此反感，李贄就對張居正產生了特別的同情。我們無法確知李贄和張居正是否見過面，但是至少也有共同的朋友。李贄的前後居停，耿定向和周思敬，都是張居正的親信。[92]耿定向尤爲張居正所器重，一五七八年出任福建巡撫，主持全省的土地丈量，乃是張居正發動全國丈量的試探和先聲。[93]兩年之後，張居正以皇帝的名義發布了核實全國耕地的詔書，意圖改革賦稅，整理財政。這是張居正執政以來最有膽識的嘗試，以他當時的權力和威望，如果不是因爲突然去世，這一重大措施極有可能獲得成功。

張居正少年時代的課業，曾經得到當地一位官員的賞識。此人名李元陽，字中谿。他的一生與李贄極爲相似：在中年任職知府以後卽告退休，退休後也以釋門弟子而兼儒家學者的姿態出現。據記載，他和李贄曾經見過面。[94]

由於李元陽的影響，張居正早就對禪宗感到興趣。這種興趣促使他在翰林院供職期間就和泰州學派接近，並且閱讀過王艮的著作，考慮過這種學術在政治上實用的可能性。[95]也許，他得出的最後結論是，這一派學說對於政治並不能產生領導作用。也有人指斥張居正因為要避免學術上的歧異而施用政治上的迫害，最顯著的例子是把泰州學派中的佼佼者何心隱置於死地，但李贄則力為辯護，認為何心隱之死與張居正無關。[96]

然則，張居正用什麼樣的理論來支持自己的膽識和行動？他的施政方針，即便不算偏激，但是要把它付之實現，必須在組織上作部分的調整和改革。而文官集團所奉行的原則，卻是嚴守成憲和社會習慣，遏制個人的特長，以保持政府和社會的整體均衡。張居正在理論上找不到更好的學說，就只能以自己的一身挺立於合理和合法之間，經受來自兩方面的壓力。他聲稱己身不復為己有，願意充當鋪地的薦子，任人踐踏以至尿溺，這正和李贄所說不顧凡夫俗子的淺薄批評相似。[97]張居正寫給李元陽的信，引用了《華嚴悲智偈》中的「如入火聚，得清涼門」兩句偈語，也就是說一旦自己把名譽的全毀置之度外，就如同在烈火之中找到了清涼的門徑。這顯然又是心學派的解釋：對於客觀環境，把它看成烈焰則為烈焰，看成清涼則為清涼。

張居正在政治上找不到出路，其情形類似於李贄在哲學上找不到出路。創造一種哲學思想比較容易，因爲它是哲學家個人意識活動的產物，但宣布一種政治思想，以之作爲治國的原則，其後果則爲立竿見影，它必須在技術上符合現狀，才能推行無礙。在本朝的社會中，儒家的仁，類似於憲法的理論基礎。全國的讀書人相信性善，則他們首先就應該抑制個人的慾望，不去強調個人的權利。擴而大之，他們一旦位列封疆或者職居顯要，也就不能強調本地區、本部門的特權。例如東南各省本來可以由海外貿易而獲大利，但由於顧全大體，不堅持這種特別的經濟利益，才得以保持全國政治的均衡。在這種以公衆利益爲前提的條件下，政府中樞才有可能統一管理全國，而毋須考慮各地區、各部門以及各個人的特殊需要。這是一種籠統的辦法，也是一種技術上簡陋和沒有出息的辦法。

在本書的前面幾章中，曾不止一處提到，我們的帝國是由幾百萬個農村聚合而成的社會。數以千萬計的農民不能讀書識字，全賴乎士紳的領導、村長里甲的督促，他們才會按照規定納稅服役。在法律面前，他們享有名義上的平等，而實際上，他們的得失甚至生死，卻常常不決定於眞憑實據，而決定於審判官的一念之間。本朝的法律也沒有維持商業信用、保障商業合同的規定，於是國際貿易無法開放，否則就會引起無法解決的糾紛。各地區按照其特殊需要而立法，更不能受到鼓勵，因爲會釀成分裂的局面。至於在文官集團內部，也無法通過組織系統集中這兩萬人的意見，必須假借諧音諷喻、匿名揭帖以及討論馬尾巴等等離奇的方法，混合陰陽，使大家在半信半疑之間漸趨統一。以上種種情況，在長時期裡造成了法律和道德的脫節。治理如此龐大的帝國，不依靠公正而周詳的法律，就勢必依靠道德的信條，而當信條僵化，越來越失去它的實用價值，淪於半癱瘓狀態中的法律當然也無法填補這種缺陷。

如果本朝的統治者感到了此路不通，企圖改弦易轍，則必然會導致社會成員以自存自利為目的，天賦人權的學說又必然如影隨形地興起，整個社會就將遭到根本性的衝擊。但是這種局面，在歐洲的小國裡，也要在幾百年之後，等市民階級的力量成熟，才會出現，張居正和李贄不必為此而焦慮。事實上，他們也不可能看得如此長遠，他們企盼的自由，只是優秀分子或傑出的大政治家不受習俗限制的自由。

張居正是政治家，李贄是哲學家，他們同樣追求自由，有志於改革和創造，又同樣為時代所扼止。李贄近於馬基維利，但是他的環境不容許他像霍布斯（Hobbes）和洛克（Locke）一樣，從個人主義和唯物主義出發，構成一個新的理論體系。他察覺到自己有自私自利的一面，別人也是如此，但他不能放棄孔子所提倡的仁。這樣，他只好在形而上學中找到安慰——世間的矛盾，在「道」的範疇中得到調和而且消失。這在心學中也有類似的理論，即至善則無形，至善之境就是無善無不善。

這樣的唯心主義已經帶上了神祕的色彩，很難成爲分析歷史現象的有效工具。而另一方面，他思想中唯物主義的部分也並不徹底，這使李贄不可能從根本放棄以倫理道德爲標準的歷史觀，因之自相矛盾的評論隨時會在他筆下出現。

比如他贊成寡婦守節殉夫，但對卓文君的私奔，又說是「歸鳳求凰，安可誣也」。[98]他斥責王莽、張角，但又原諒了很多歷史人物，有如五代史中的馮道。這些人物的所作所爲和當時的道德規範不相符合，李贄認爲情有可原，因爲從長遠來看，他們爲國家人民帶來了更多的利益。這些以遠見卓識指導自己行動的人物，足以稱爲「上人」，而李贄自己能作出這種評論，則成了「上人」之上的「上上人」。[99]

這些在理論上缺乏系統性的觀點，集中在他編訂的《藏書》之中。李贄對這部書自視甚高，稱之爲「萬世治平之書，經筵當以進讀，科場當以選士，非漫然也」，[100]並且預言「千百世後」，此書必行。他認識到，他的觀點不能見容於他所處的社會，然而這個社會需要如何改造才能承認他的觀點，在書中卻不著一字。在今天的讀者看來，他心目中的「千百世後」，皇帝仍然出席經筵，科場仍然根據官方所接受的歷史觀取士，則仍爲一個矯飾的社會。

一六〇一年初春，芝佛院被一場人爲的火災燒得四大皆空。[101]據說縱火者乃是當地官吏和縉紳所指使的無賴。這一案情的眞相始終未能水落石出，但卻肯定與下面的一個重要情節有所關連。

李贄在麻城的支持者梅家，是當地數一數二的大戶，家族中的代表人物梅國楨又正掌理西北軍事。梅國楨有一個孀居的女兒梅澹然曾拜李贄爲師，梅家的其他女眷也和李贄有所接觸。這種超越習俗的行動，在當時男女授受不親的上層社會裡，自然引起了衆人的側目而視。但是李贄對輿論不加理睬，反而毫無顧忌地對澹然和她的妯娌大加稱讚。他和她們往來通信，探討學問。他著作中所提到的「澹然大師」、「澄然」、「明因」、「善因菩薩」等等，就是這幾位女士。他說：「梅澹然是出世丈夫，雖是女身，男子未易及之。」又說：「此間澹然固奇，善因、明因等又奇，眞出世丈夫也。」[102]他在著作中，理直氣壯地辯解自己和她們的交往完全合於禮法，毫無「男女混雜」之嫌，但是又不倫不類地寫下了「山居野處，鹿豕猶以爲嬉，何況人乎」這些話。他把澹然比爲觀世音，並把和這幾位女士談論佛學的文稿刊刻，題爲《觀音問》。他還有一首題〈繡佛精舍〉的詩：「聞說澹然此日生，澹然此日卻爲僧。僧寶世間猶時有，佛寶今看繡佛燈。可笑成男月上女，大驚小怪稱奇事。陡然不見舍利佛，男身復隱知誰是？我勸世人莫浪猜，繡佛精舍是天臺。天欲散花愁汝著，龍女成佛今又來！」

寫作這些詩文函件的時候，李贄已年近七十，而且不斷聲稱自己正直無邪，但是這些文字中所流露的挑戰性，無疑爲流俗和輿論所不能容忍。反對者舉出十餘年前李贄狎妓和出入於孀婦臥室的情節，證明他的行止不端具有一貫性；對這種傷風敗俗的舉動，聖人之徒都應該鳴鼓而攻之。

事情還有更爲深刻和錯綜的內容。李贄的這種行動，在當時的高級官僚看來，可以視爲怪僻而不必和公共道德相聯繫，但下級地方官則不能漠然置之。因爲他們負責基層的行政機構，和當地紳士密切配合，以傳統思想作爲社會風氣的準則，教化子民，他們的考成也以此爲根據。李贄的言行既然有關風化，也就是和官僚紳士的切身利益有關。然而如果把問題僅僅停留在這一點上，也還只是皮相之談。因爲對官僚紳士自己來說，行爲不檢甚至涉及淫亂，本來是所在多有，毫不足怪，如果他們本人不事聲張，旁人也可以心照不宣。李贄究竟無邪還是有邪，可以放在一邊不管，關鍵在於他那毫無忌禪的態度。他公然把這些可以惹是生非的情節著爲文字，而且刊刻流傳，這就等於對社會公開挑戰，其遭到還擊也爲必然。而且，他的聲名越大，挑戰性就越強，地方官和紳士也越不能容忍，對他進行懲罰已屬責無旁貸。103 這些人雇傭地痞打手焚燒芝佛院，行爲可謂卑劣怯弱，但在他們自己看來，則屬於衛道。

這次事件已經早有前兆。五年之前，卽一五九六年，有一次姓史的道臺就想驅逐李贄，僅僅因爲李贄的朋友很多，而且大多是上層人物，這位道臺才不敢造次，只是放出風聲要對他依法處理。李贄對這種恐嚇置若罔聞，於是史道臺又聲稱芝佛院的創建沒有經過官方批准，理應拆毀。李贄答辯說，芝佛院的性質屬於私人佛堂，則創建「又是十方尊貴大人布施俸金，蓋以供佛，爲國祈福者」。[104]答辯既合情合理，再加上知名人士從中疏通，這位道臺沒有再別生枝節，而李贄則自動作了一次長途旅行，離開麻城前後約計四年。他在山西訪劉東星，登長城，然後買舟由大運河南返，在南京刊刻《焚書》，一六〇〇年又回到芝佛院。[105]這次招搖的旅行，使當地官紳更爲痛心疾首，而尤其糟糕的是，他居然在給梅澹然的信上說，麻城是他的葬身之地。[106]是可忍，孰不可忍，官紳們既想不出更好的辦法，只好一把火燒了他的棲身之地。

事變發生以後，馬經綸聞訊從通州趕來迎接李贄北上，並且慷慨地供應他和隨從僧衆的生活所需，使李贄的生活得以保持原狀。在通州，也經常有朋友和仰慕者的拜訪和請益，因此生活並不寂寞。[107]

在生命中的最後一年裡，他致力於《易經》的研究。[108]因爲這部書歷來被認爲精微奧妙，在習慣上也是儒家學者一生最後的工作，其傳統肇始於孔子。李贄既已削髮爲僧，他已經了解到，所謂「自己」只是無數因果循環中間的一個幻影；同時，根深柢固的儒家歷史觀，又使他深信天道好還，文極必開動亂之機，由亂復歸於治，有待於下一代創業之君棄文就質。在一六〇一年，李贄提出這一理論，眞可以說切合時宜，也可以說不幸而言中。

就在這一年，努爾哈赤創立了他的八旗制度，把他所屬的各部落的生產、管理、動員、作戰歸併爲一元，改造爲半現代化的軍事組織。而也就是僅僅兩年之前，這個民族才開始有了自己的文字。就憑這些成就，努爾哈赤和他的兒子征服了一個龐大的帝國，實質上是一個單純的新生力量，接替了一個「文極」的王朝。所謂「文極」，就是國家社會經濟在某些方面的發展，超過了文官制度呆板的管制力量，以致「上下否鬲，中外睽攜」。努爾哈赤的部落文化水平低下，但同時也就在「質」上保持著純眞。捨此就彼，泰否剝復，也似乎合於《易經》的原則。

然而在這易代的前夕，李贄又如何爲自己打算呢？即使其時李贄還不是古稀的高齡，他也用不著考慮這個問題了，因爲問題已經爲禮科給事中張問達所解決。張問達遞上了一本奏疏，參劾李贄邪說惑衆，罪大惡極，其羅織的罪狀，有的屬於事實，有的出於風傳，有的有李贄的著作可以作證，有的則純出於想當然。其中最爲聳人聽聞的一段話是：「尤可恨者，寄居麻城，肆行不簡，與無良輩游庵院。挾妓女白晝同浴，勾引士人妻女入庵講法，至有攜衾枕而宿庵觀者，一境如狂。又作《觀音問》一書，所謂觀音者，皆士人妻女也。」[109] 接著，給事中提醒萬曆皇帝，這種使人放蕩的邪說必將帶來嚴重的後果：「後生小子喜其猖狂放肆，相率煽惑，至於明劫人財，強摟人婦，同於禽獸而不足恤。」此外，由於李贄妄言欺世，以致佛教流傳，儒學被排擠，其情形已極爲可怕：「邇來縉紳大夫，亦有唪咒念佛，奉僧膜拜，手持數珠，以爲律戒，室懸妙像，以爲皈依，不知遵孔子家法而溺意於禪教沙門者，往往出矣。」而最爲現實的危險，還是在於李贄已經「移至通州。通州距都下僅四十里，倘一入都門，招致蠱惑，又爲麻城之續」。

皇帝看罷奏疏之後批示：李贄應由錦衣衛捉拿治罪，他的著作應一律銷毀。

在多數文官看來，李贄自然是罪有應得，然而又不免暗中彆扭。本朝以儒學治天下，排斥異端固然是應有的宗旨，但這一宗旨並沒有經常地付諸實施。李贄被捕之日，天主教傳教士，義大利人利瑪竇（此人和李贄也有交往）早已在朝廷中活動，以後他還是繼續傳教，使一些大學士、尚書、乃至皇帝的妃嬪成爲上帝的信徒。而萬曆皇帝和母親慈聖太后則對佛教感覺興趣。雖說在一五八七年曾經因爲禮部的奏請，皇帝下令禁止士人在科舉考試的試卷中引用佛經，但在一五九九年，即李贄被捕前三年，他卻告訴文淵閣的各位大學士，他正在精研「道藏」和「佛藏」。[110]這還有行動可以作爲證明：皇帝經常對京城內外的佛寺捐款施捨，又屢次派出宦官到各處名山巨剎進香求福，而好幾次大赦的詔書中，更充滿了佛家慈悲爲本的語氣。所以，要把提倡異端的罪魁禍首加之於李贄，畢竟不能算作理直氣壯。

但是另一方面，李贄之所以罪有應得，則在於張問達的奏疏具有煽動的力量，而他使用的「羅織」方法，也把一些單獨看來不成其爲罪狀的過失貫穿一氣，使人覺得頭頭是道。何況把可能的後果作爲現實的罪行，也是本朝司法中由來已久的習慣。而全部問題，說到底，還在於它牽涉到了道德的根本。

從各種有關的文字記載來看，李贄在監獄裡沒有受到折磨，照樣能讀書寫字。審訊完畢以後，鎮撫司建議不必判處重刑，只需要押解回籍了事。根據成例，這種處罰實際上就是假釋，犯人應當終身受到地方官的監視。但不知何故，這項建議送達御前，皇帝卻久久不作批示。

一天，李贄要侍者爲他剃頭。乘侍者離開的間隙，他用剃刀自刎，但是一時並沒有斷氣。侍者看到他鮮血淋漓，還和李贄作了一次簡單的對話。當時李贄已不能出聲，他用手指在侍者掌心中寫字，作了回答：

問：「和尚痛否？」

答：「不痛。」

問：「和尚何自割？」

答：「七十老翁何所求！」[111]

據說，袁中道的記載，在自刎兩天以後，李贄才脫離苦海。然而東廠錦衣衛寫給皇帝的報告，則稱李贄「不食而死」。

從個人的角度來講，李贄的不幸，在於他活的時間太長。如果他在一五八七年卽萬曆十五年，也就是在他剃度爲僧的前一年離開人世，四百年以後，很少會有人知道有一個姚安知府名叫李贄，一名李載贄，字宏父，號卓吾，別號百泉居士，又被人尊稱爲李溫陵者其事其人。在歷史上默默無聞，在自身則可以省卻了多少苦惱。

李贄生命中的最後兩天，是在和創傷血污的掙扎中度過的，這也許可以看成是他十五年餘生的一個縮影。他掙扎奮鬥，卻並沒有得到實際的成果，雖然他的《焚書》和《藏書》一印再印，然而作者意在把這些書作爲經筵的講章，取士的標準，則無疑是一個永遠的幻夢。

我們再三考慮，則又覺得當日李贄的不幸，又未必不是今天研究者的幸運。他給我們留下了一分詳盡的記錄，使我們有機會充分地了解當時思想界的苦悶。沒有這些著作，我們無法揣測這苦悶的深度。此外，孔孟思想的影響，朱熹和王陽明的是非長短，由於李贄的剖析爭辯而更加明顯；卽使是萬曆皇帝、張居正、申時行、海瑞和戚繼光，他們的生活和理想，也因爲有李贄的著作，使我們得到另一個觀察角度的機會。

當一個人口衆多的國家，各人行動全憑儒家簡單粗淺而又無法固定的原則所限制，而法律又缺乏創造性，則其社會發展的程度，必然受到限制。卽便是宗旨善良，也不能補助技術之不及。

一五八七年，是爲萬曆十五年，歲次丁亥，表面上似乎是四海昇平，無事可記，實際上我們的大明帝國卻已經走到了它發展的盡頭。在這個時候，皇帝的勵精圖治或者晏安耽樂，首輔的獨裁或者調和，高級將領的富於創造或者習於苟安，文官的廉潔奉公或者貪污舞弊，思想家的極端進步或者絕對保守，最後的結果，都是無分善惡，統統不能在事實上取得有意義的發展，有的身敗，有的名裂，還有的人則身敗而兼名裂。

因此我們的故事只好在這裡作悲劇性的結束。萬曆丁亥年的年鑑，是爲歷史上一部失敗的總記錄。

注釋

1 參看朱謙之著《李贄》，頁二一。

2 《續焚書》，頁一一。

3 特別提出此一問題的為 de Bary，見 *Self and Society*，第七章，頁二二〇。

4 袁中道著《李溫陵傳》，見《焚書》，卷首，頁四～五。

5 袁中道著《李溫陵傳》，見《焚書》，卷首，頁五。

6 《焚書》，卷三，頁一三〇；類似的自評又見此書，卷二，頁五〇。

7 〈李贄的家世故居及其妻墓碑〉，見《文物》一九七五年一期，頁三七～三八。參看 Needham，《中國科學技術史》（英文本）第四冊，第三章，頁四九五 n。

8 《焚書》，卷一，頁一〇、三七、卷三，頁一〇五、卷六，頁二三二。

9 《焚書》，卷三，頁一一〇。從文字中可以看出李贄為家庭教師，依東家供給食物。雖然因大雪絕糧，但亦可見其家無儲粟。

10 《焚書》，卷一，頁一〇、卷三，頁八五～八六。

11 容肇祖著《李卓吾評傳》，頁二～一〇；《明代名人傳．李贄》。

12 《焚書》，卷二，頁五二、卷四，頁四二。參看朱謙之著《李贄》，頁二一。

13 《焚書》，卷二，頁四四。

14 《焚書》，卷一，頁三〇、三六、四〇、卷二，頁四六。

15 《焚書》，卷一，頁九、卷二，頁五七、七七～七八；容肇祖著《李卓吾評傳》，頁一一～一七。

16 《焚書》，卷六，頁二三二。此詩曾由蕭公權譯為英文，載《明代名人傳》，頁八〇九。

17 《焚書》，卷二，頁四五。

18 《焚書》，卷三，頁八四。

19 《四友齋叢說摘鈔》，卷一七六，頁二；《歸有光全集》，頁九六。

20 參看何著 *Ladder of Success*。

21 參看《歸有光全集》，頁二三二。

22 朱謙之著《李贄》，頁二九。

23 《焚書》，卷二，頁五二～五三；容肇祖著《李卓吾評傳》，頁二五。

24 李贄的家族對之施加壓力，雖無直接的證據，但從現存的族譜中可以得到一些線索。族譜手稿的筆跡出於多人，最早的在一六〇六年，為李贄去世後四年，可見修譜的工作在李贄晚年已經進行，表示了他這個家族為鞏固內部團結而作的努力。族譜的發現及情況見〈李贄的家世故居及其妻墓碑〉，載《文物》，一九七五年一期，頁三四。

25 《焚書》，卷四，頁一八一。

26 《焚書》，卷一，頁二五。

27 《焚書》，卷二，頁六五、卷四，頁一五〇～一五三。

28 《焚書》，卷二，頁一六、八二、卷四，頁一八二、附錄卷二，頁二六九；《續焚書》，卷一，頁八、一一、一九、二六。

29 李贄在南京時，已與王畿、羅汝芳、焦竑及耿氏兄弟熟識，當已為當代名流之一。參看《焚書》，卷三，頁一二四、卷四，頁一四二。

30 李贄的交遊中，如劉東星、周思敬、顧養謙、梅國楨、李世達，官居漕撫、侍郎、總督、都御史，見《焚書》，卷二，頁五七、六六、六九、七三、七七、八二。

31 《焚書》，卷三，頁一一八、一二三；《續焚書》，卷一，頁二九～三〇、卷二，頁五五～五六。

32 de Bary 對這一問題曾有所批判，見 *Self and Society*，頁五～八。

33 《焚書》，卷六，頁二四三。

34 《焚書》，卷四，頁一四三。

35 《焚書》，卷六，頁二三九；《續焚書》，卷一，頁一七、二二～二三、四一、四五；容肇祖著《李卓吾評傳》，頁一一。關於耿氏兄弟的情況，參看《明代名人傳》，頁七一八。

36 《明儒學案》，卷三五，頁七～八。可參看《明史》，卷二二一，頁二二五三。《明史》對李贄的記載多不正確。

37 《焚書》，卷一，頁四。

38 容肇祖著《李卓吾評傳》，頁一一；《焚書》，卷四，頁一四三。

39 《明儒學案》，卷三五，頁一～七。明代人把倫理之理和物理之理同稱為天理，有如 Joseph Needham 所謂 Law of Nature 和 Natural Law 的混淆不明，見《中國科學技術史》第二冊，頁五四〇～五四二。簡又文認為陳獻章似乎已經發現二者不能併為一談，但又未加徹底分辨，見 de Bary, *Self and Society*，頁七〇。

40 《焚書》，卷一，頁二七、三七、卷四頁一五〇、一八二～一八三；《續焚書》，卷一，頁二九、卷二，頁二六～二七；容著《李卓吾評傳》，頁一三。

41 《焚書》，卷二，頁二六、卷三，頁一三〇、卷四，頁一八七。

42 《焚書》，卷四，頁一八五。參看《四友齋叢說摘抄》，卷一七六，頁八。

43 《焚書》，卷首，頁三、卷一，頁八、卷四，頁一九二；容肇祖著《李卓吾評傳》，頁一八。

44 《續焚書》，卷一，頁一一、卷二頁五九。容肇祖認為李贄在一五八二年後始專心寫作，見《李卓吾評傳》，頁一二。

45 《湧幢小品》，卷一六，頁三六五。

46 《焚書》，卷一，頁三〇。

47 《焚書》，卷二，頁五〇、五五、卷三，頁一三〇、卷四，頁一八七、增補卷二，頁二六八。

48 《焚書》，卷首，頁七。

49 參看 Arthur Waley 所謂《論語》的介紹，頁二八。

50 這是胡適的意見，見 MacNair, *China*，頁二三〇。參看 de Bary, *Sources of Chinese Tradition*，頁四七九～五〇二。

51 參看陳榮捷所譯《近思錄》的解釋，並參看 de Bary, *Sources of Chinese Tradition*，頁四七九～五〇二。

52 《朱子全書》，卷四三，頁二～三。

53 《近思錄》，陳榮捷譯英文本，頁一二、九三。

54 中國的道學家通常有這樣的誤解。筆者在評論倪元璐時曾經指出，見 de Bary, *Self and Society*，頁四三八。

55 de Bary, *Self and Society*，頁九。

56 《朱子語類》。

57 de Bary, *Sources of Chinese Tradition*，頁九。

58 見《近思錄》陳榮捷英譯本序言。

59 《焚書》，卷首，頁四～五。

60 顏鈞其人其事，見《明儒學案》，卷三二，頁一、卷三四，頁一～二、一八、二八；de Bary, *Self and Society*，頁一七八～一七九、二四九～二五〇。耿向定的信及李贄的覆信見《焚書》，增補卷一，頁二六〇～二六四。

61 《焚書》，增補卷一，頁二六〇～二六四。

62 《明儒學案》，卷三二頁四。中國的傳統觀念，常常以師生傳授或地理區域等條件作為畫分學派的依據，實際上並不能確切表示其學術思想的異同，這一情形在王學中尤為顯著。

63 de Bary, *Sources of Chinese Tradition*，頁五一四～五二六；《明代名人傳》，頁一四〇九。

64 唐君毅對這一點有詳盡的解釋，見 de Bary, *Self and Society*，頁一〇三～一〇五，亦見《傳習錄》陳榮捷英譯本。

65 《傳習錄》。

66 王學的這種缺點已為黃宗羲、顧炎武所指出，現代中外學者如陳榮捷、Charles Hucker、Joseph Levenson 也都有所論述。

67 王陽明對「良知」與「意念」都沒有下過確切的定義。他只是談到了二者可能包括的含義，而在文章中又把這些偶取偶捨的含義作為美術化的襯托，致使讀者不能確定他是在介紹一種粗線條的觀念還是在作精細的分析。這是古代哲學家的一個共同缺點，但在王陽明的學說中為尤甚。

68 王畿的「良知」與「意念」，可參看《明儒學案》，卷一二，頁二、七。對此關係作出確切闡述的有唐君毅，見 de Bary, *Self and Society*，頁一一四。很多哲學家因為這些觀念在個人的思想系統裡具有開闢新門徑的作用，可能引起對於人生的新認識，他們往往用現代的方法對這些觀念繼續發揮。本書以明代後期的歷史為研究的範圍，所以研究這種思想解放的意義僅限於個人，而就整個社會來說則是逃避現實。這種不同的意見是從不同角度所作的觀察而得出的，並不等於反對所有對王陽明的肯定性的看法。

69 《焚書》，卷三，頁一一七、一二三。

70 《焚書》，增補卷一，頁二五九。容肇祖著《李卓吾評傳》頁二五亦稱李贄狎妓並非毫無根據。

71 《明儒學案》，卷三二，頁六九～七〇；de Bary, *Self and Society*，頁一六二～一七〇，頁一六五尤為重要。

72 《藏書》，卷三，頁四三、卷五七，頁九五三。

73 《藏書．世紀總論》，頁二。

74 《藏書》，卷九，頁一四六、一五六、一六二、一六九。耿定力為此書所作序言亦指出這一觀念。

75 《藏書》，卷九，頁一四六、卷一七，頁二九二～二九六；《焚書》，卷五，頁二一七。

76 《焚書》，卷五，頁二一七。

77 《焚書》，卷四，頁一六二。

78 《續焚書》，卷四，頁九九。

79 《焚書》，卷一，頁一五。

80 《焚書》，卷二，頁六九。

81 研究者的這些看法似與李贄本人的思想不符。李贄所謂「穿衣吃飯」，並不指人民自身具有的生活權利，而是士大夫階級給予被統治者的安全感。de Bary 就曾提出，如果認為李贄具有現代的平等觀念，是一種可疑甚至錯誤的結論，見 *Self and Society*，頁一九五、二一三。其他的不同看法，參看朱謙之著《李贄》，頁二五，容肇祖著《明代思想史》，頁二五〇～二五五，吳澤著《李卓吾》，頁三一。

82 《焚書》，卷一，頁三二、卷二，頁五二、六九、卷四，頁一三四～一四四；《續焚書》，卷一，頁二三。《麻城縣志》，卷八，頁一七～一九、卷九，頁三二所記尤詳。

83 《續焚書》，卷二，頁六一。

84 《續焚書》，卷一，頁四二。

85 《續焚書》，卷四，頁九六。

86 《續焚書》，卷一，頁三〇。

87 《藏書》，卷九，頁一五八，狄仁傑傳，但仍稱武則天為「唐太宗才人武氏」。李贄又對武則天的自我標榜譽之為「真」，並稱其「勝高宗十倍中宗萬倍」，見《藏書》，卷六三，頁一〇四九～一〇五〇。

88 李贄讚揚寡婦的守節，見《藏書》，卷六四，頁一〇六三、一〇六六。相反，對於蔡琰，則稱其「流離鄙賊，朝漢暮羌，雖絕世才學，亦何足道」，見《續焚書》，卷四，頁九五。

89 《藏書・世紀列傳總目前論》，頁一。

90 《續焚書》，卷四，頁九四～九五、一〇〇。參看 de Bary, *Self and Society*，頁二一〇～二一一。

91 《續焚書》，卷二，頁七六。

92 《張居正書牘》錄有致周思敬五緘，見卷四，頁七、一八、二一、卷五，頁三、七，致耿定向八緘，見，卷一，頁一、卷四，頁二六、卷五，頁一、四、八、一八，卷六，頁五、二七。

93 《神宗實錄》，頁一六五一、一七三二。參看拙著 *Taxation and Governmental Finance*，頁二九九～三〇一。

94 關於李元陽其人，見《國朝獻徵錄》，卷八九，頁三九；de Bary, *Self and Society*，頁三九七；《明代名人傳》，頁七二一。李贄提到李元陽，見《焚書》，卷三，頁一一九～一二二。

95 《明儒學案》，卷三二，頁二、一一。

96 《焚書》，卷一，頁一五。

97 參見《張居正書牘》，卷二，頁一六；朱謙之著《李贄》，頁三三。又，Robert Crawford 也提出過這一問題，見 de Bary, *Self and Society*，頁四〇〇。

98 《藏書》，卷三七，頁六二四～六二六。

99 《續焚書》，卷二，頁五四；《湧幢小品》，卷一六，頁三六五。

100 《續焚書》，卷一，頁四五；《藏書》劉東星序。

101 朱謙之著《李贄》，頁九；《明代名人傳》，頁八一三～八一四。

102 《焚書》卷四，頁一六七、一八三、一八四、卷六，頁二三九；《續焚書》，卷一，頁五。

103 此即袁中道所謂「禍逐名起」，參見注48。

104 朱謙之著《李贄》，頁八；《續焚書》，卷一，頁四、一七、一八、二五。

105 容肇祖著《明代思想史》，頁二三二；《焚書》，卷三，頁一二六、卷六，頁二二八；《續焚書》，卷二，頁六一、卷四，頁九八。

106 《焚書》，卷二，頁七九。

107 《續焚書》，卷二，頁六八、卷四，頁九五、卷五，頁一一八。

108 《焚書》，卷首，頁四。

109 張問達疏見《神宗實錄》，頁六九一七～六九一九。《實錄》稱李贄懼罪絕食而死，或是當時向萬曆報告中的措辭。

110 一五八七年萬曆應禮部請，禁止士子在考試試卷中引用佛經，見《神宗實錄》，頁三四一五、三四五五、三五四八。一五九九年萬曆自稱研讀佛藏道藏，見《神宗實錄》，頁六一〇七～六一〇八。

111 《焚書》，卷首，頁四～五。

參考書目

此書目不是作者執筆前全部參考資料的匯集，而僅限於在注釋中提到的文獻。排列次序以 Wade Giles 拼音為序，以便與英文版並行。也有若干書籍在英文版中引用而本書未加引用，則不列在本書目內。

◇ 陳榮捷 Chan Wing-tsit 英譯《傳習錄》(*Instructions for Practical Living*，紐約，一九六三年版)

◇ 陳榮捷 英譯《近思錄》(*Reflections on Things at Hand*，紐約，一九六七年版)

◇《張居正書牘》(上海群學書社，一九一七年版)

◇ 張瀚《松窗夢語》(《武林往哲遺著》本)

◇ 陳洪謨《繼世紀聞》(《紀錄匯編》本)

◇ 陳洪謨《治世餘聞》(《紀錄匯編》本)

◇ 陳文石《明洪武嘉靖間的海禁政策》(臺北，一九六六年版)

◇ 鄭曉《今言》(《紀錄匯編》本)

◇ 鄭茂《靖海紀略》(併裝於《倭變事略》，臺北廣文書局，一九六四年版)

◇ 程寬正《戚繼光》(重慶，一九四三年版)

◇ 焦竑《國朝獻徵錄》(臺北學生書局，一九六五年版)

◇ 焦竑《澹園集》(金陵叢書本)

◇ 錢穆《國史大綱》第十版（臺北，一九六六年版）
◇ 戚繼光《紀效新書》（一八四一年版）
◇ 戚繼光《止止堂集》（山東書局，一八八八年版）
◇ 戚繼光《練兵實紀》（上海商務印書館，一九三七年版）
◇《金華府志》（美國國會圖書館膠卷，一五七八年版）
◇ 周玄暐《涇林續記》（《涵芬樓祕笈》本）
◇ 周暐《中國兵器史稿》（北京，一九五七年版）
◇ 朱謙之《李贄：十六世紀中國反封建思想的先驅者》（武漢，一九五六年版）
◇ 朱熹《朱子全書》（《四部叢刊》本）
◇ 朱熹《朱子語類》（長沙商務，一九三七年版）
◇ 朱國楨《湧幢小品》（北京中華書局，一九五九年版）
◇ 朱東潤《張居正大傳》（武漢，一九五七年版）
◇ 朱元璋《皇明祖訓》（輯於《明朝開國文獻》內，臺北學生書局，一九六六年版）
◇ 朱元璋《大誥》（同上，臺北學生書局，一九六六年版）
◇ 瞿同祖 Ch'u T'ung-tsu, *Local Government in China under the Ch'ing*（Cambirdge, Mass., 1962）
◇ de Bary, W. T., *Self and Society in Ming Thought*（紐約，一九七〇年）
◇ de Bary, W. T., *Sources of Chinese Tradition*（紐約，一九六四年）
◇ D'Elia, Pasquale M., *Fonti Ricciane*（羅馬，一九四二年及一九四九年）
◇ 傅衣淩《明清時代商人及商業資本》（北京，一九五六年版）

◇ 富路特 Goodrich, L. Carrigton 及房兆楹 Fang, Chaoying《明代名人傳》Dictionary of Ming Biography（紐約，一九七六年版）

◇ Gouveia, de Antonio, Journal 富路特供給之未刊英譯本

◇ 海瑞《海瑞集》（北京，一九六二年版）

◇ 賀仲軾《兩宮鼎建記》（《叢書集成》本）

◇ 何良俊《四友齋叢說摘抄》（《紀錄匯編》本）

◇ 何良臣《陣紀》（《叢書集成》本）

◇ 何炳棣 Ho, Ping-ti, *The Ladder of Success in Imperial China: Aspects of Social Mobility, 1368–1911*（紐約，一九六二年版）

◇ 席書、朱家相《漕船志》（《玄覽堂叢書》本）

◇ 《熹宗實錄》（臺北，一九六七年版）

◇ 項夢原《冬官紀事》（《叢書集成》本）

◇ 蕭公權 Hsiao, Kung-Ch'uan, *Rural China: Imperial Control in the Nineteenth Century*（西雅圖，一九六〇年版）

◇ 《孝宗實錄》（臺北，一九六五年版）

◇ 謝承仁、寧可《戚繼光》（上海，一九六　年版）

◇ 謝國楨《明清之際黨社運動考》（上海，　九三五年版）

◇ 《憲宗實錄》（臺北，一九六四年版）

◇ 《新中國的考古收獲》（北京，一九六二年版）

◇ 徐孚遠等輯《皇明經世文編》（臺北國風出版社，一九六四年版）

◇ 徐學聚《嘉靖東南平倭通錄》（輯於《倭變事略》，臺北，一九六四年版）

◇《宣宗實錄》（臺北，一九六四年版）

◇黃仁宇 Huang, Ray, "Military Expenditure in Sixteenth-century Ming China," *Oriens Extremus* 17（1970）：1–2。

◇黃仁宇 Huang, Ray, *Taxation and Governmental Finance in Sixteenth-century Ming China*（劍橋，一九七四年版）

◇黃訓輯《皇明名臣經濟錄》（一五五一年版）

◇黃宗羲《明儒學案》（《四部備要》本）

◇黃暐《蓬窗類紀》（《涵芬樓祕笈》本）

◇賀凱 Hucker, Charles O., "Governmental Organization of the Ming Dynasty," Harvard Journal of Asiatic Studies 21（1958）

◇賀凱 Hucker, Charles O., *The Censorial System of Ming China*（史丹福，一九六六年版）

◇賀凱 Hucker, Charles O., *The Traditional Chinese State in Ming Times*, 1368-1644（Tucson，一九六一年版）

◇Hummel, A. W., *Eminent Chinese of the Ch'ing Period*（華盛頓，一九四三年及一九四四年版）

◇任蒼廠《戚繼光》（上海，一九四七年版）

◇容肇祖《李卓吾評傳》（臺北《人人文庫》本）

◇容肇祖《明代思想史》（上海，一九四一年版）

◇高拱《病榻遺言》（《紀錄匯編》本）

◇Kierman, Frank A., Jr., and Fairbank, John K., *Chinese Ways in Warfare*（Cambridge, Mass., 1974 版）

◇《考古》一九五九：七

◇《考古通訊》一九五八：七

◇顧炎武《日知錄集釋》（《萬有文庫》本）

◇顧炎武《天下郡國利病書》（《四部叢刊》本）

◇ 谷應泰《明史紀事本末》（臺北三民書局，一九五六年版）
◇《光宗實錄》（臺北，一九六六年版）
◇ 歸有光《歸有光全集》（臺北自力出版社，一九五九年版）
◇ Kuno, Y. S., *Japanese Expansion on the Asiatic Continent*（Berkeley, Calif., 一九三七年及一九四〇年版）
◇ 李贄《焚書》及《續焚書》（北京中華書局，一九七五年合訂本）
◇ 李贄《藏書》（北京中華書局，一九七四年版）
◇ 黎光明《嘉靖禦倭江浙主客軍考》（北京，一九三三年版）
◇ 黎東方《細說明朝》（臺北，一九六四年版）
◇ 劉若愚《酌中志》（《叢書集成》本）
◇ 陸容《菽園雜記》（《紀錄匯編》本）
◇ 鹿善繼《認眞草》（《叢書集成》本）
◇《麻城縣志》（一九三五年版）
◇ MacNair, H. F., *China*（Berkeley, Calif., 1946 版）
◇ 茅元儀《武備志》（康熙版）
◇《明人傳記資料索引》（臺北，一九六六年版）
◇《明史》（臺北國防研究院，一九六三年版）
◇ 孟森《明代史》（臺北，一九五七年版）
◇《穆宗實錄》（臺北，一九六六年版）
◇ 李約瑟 Needham, Joseph, *Sceince and Civilization in China*（劍橋一九五四年及以後各冊版）

◇李約瑟 Needham, Joseph 及黃仁宇 Huang, Ray., "The Nature of Chinese Society: A Technical Interpretation," *Journal of Oriental Studies* （香港 12：1–2〔1974〕；此文亦刊載於 *East and West*〔羅馬〕24：3–4〔1974〕）

◇倪會鼎《倪文正公年譜》（《粵雅堂叢書》本）

◇歐陽祖經《譚襄敏公年譜》（上海，一九三六年版）

◇潘季馴《河防一覽》（臺北學生書局，一九六六年版）

◇彭信威《中國貨幣史》（上海，一九五四年版）

◇彭時《彭文憲筆記》（《紀錄匯編》本）

◇Reischauer, Edwin O., 及 Fairbank, John K., *East Asia: The Great Tradition*（波士頓，一九五八年版）

◇利瑪竇 Ricci, Matteo, *China in the Sixteenth Century: The Journals of Matteo Ricci, 1583–1610*（紐約，一九五三年版）

◇Samedo, C. Alvarez, *The History of That Great and Renowned Monarchy of China*（倫敦，一六五五年英譯本）

◇Sansom, G. B., *A History of Japan*（史丹福，一九五八年及以後各冊版）

◇沈榜《宛署雜記》（北京，一九六一年版）

◇申時行《賜閑堂集》（美國國會圖書館膠片）

◇申時行《召對錄》（叢書集成本）

◇沈德符《野獲編》（扶荔山房，一八六九年版）

◇《神宗實錄》（臺北，一九六六年版）

◇《世宗實錄》（臺北，一九六五年版）

◇《順德縣志》（一五八五年版）

◇《四庫全書總目提要》（一九三〇年版）
◇蘇同炳《明代驛遞制度》（臺北，一九六九年版）
◇孫承澤《春明夢餘錄》（香港龍門書局，一九六五年版）
◇宋應星《天工開物》（《人人文庫》本）
◇《大明會典》（臺北，一九六三年版）
◇《太祖實錄》（臺北，一九六二年版）
◇《太宗實錄》（臺北，一九六三年版）
◇鄧之誠《中華二千年史》（香港，一九六四年版）
◇丁易《明代特務政治》（北京，一九五〇年版）
◇采九德《倭變事略》（臺北，一九六四年版）
◇岑仲勉《黃河變遷史》（北京，一九五七年版）
◇《東昌府志》（一六〇〇年版）
◇《萬曆邸抄》（臺北，一九六八年版）
◇王鏊《震澤長語》（《紀錄匯編》本）
◇王世貞《嘉靖以來內閣首輔傳》（臺北，一九六七年版）
◇王世貞《弇州山人四部稿》（世經堂刻本）
◇王世貞《弇州山人續集》（世經堂刻本）
◇王世貞《弇州史料後輯》（臺北，一九六五年版）
◇韋慶遠《明代黃冊制度》（北京，一九六一年版）

◇魏煥《皇明九邊考》（北京，一九三六年版）
◇文秉《先撥志始》（《叢書集成》本）
◇《文物》一九七五：一
◇吳晗《朱元璋傳》（香港傳記文學社翻本）
◇吳晗《明代的軍兵》（《中國社會經濟史集刊》五：二，一九三七年）
◇吳澤《儒教叛徒李卓吾》（上海，一九四九年版）
◇《武宗實錄》（臺北，一九六五年版）
◇《英宗實錄》（臺北，一九六四年版）
◇俞大猷《正氣堂集》（一八八四年版）

附錄

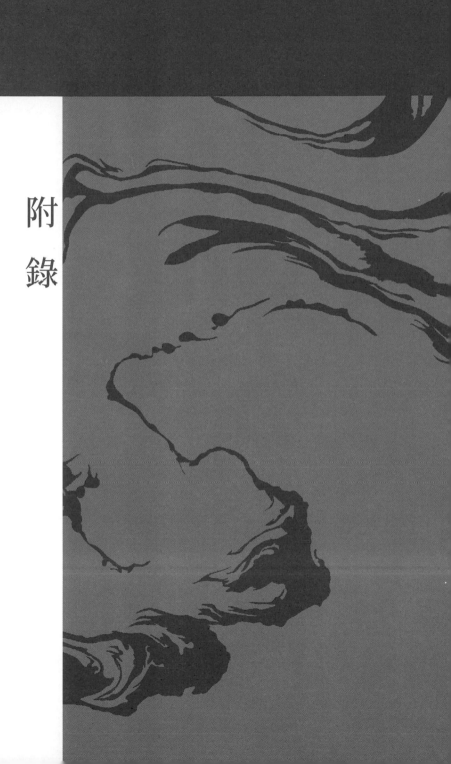

萬曆十八年正月甲辰朔立春。上不御殿，免百官朝賀，順天府官進春。以正旦令節賜輔臣上尊珍饌。上御毓德宮，召輔臣申時行、許國、王錫爵、王家屏入見於西室。御榻東向，時行等西向跪，致詞賀元旦新春，又以不瞻睹天顏叩頭候起居。

上曰：朕之疾已痼矣。

時行等對曰：皇上春秋鼎盛，神氣充盈，但能加意調攝，自然勿藥有喜，不必過慮。

上曰：朕昨年為心肝二經之火時常舉發，頭目眩暈，胃膈脹滿，近調理稍可，又為雒于仁奏本肆口妄言觸起朕怒，以致肝火復發，至今未愈。

時行等奏：聖躬關繫最重，無知小臣狂戇輕率，不足以動聖意。

上以雒于仁本手授時行，云：先生每看這本，說朕酒色財氣，試為朕一評。

時行方展疏，未及對，上遽云：他說朕好酒，誰人不飲酒？若酒後持刀舞劍，非帝王舉動，豈有是事？又說朕好色，偏寵貴妃鄭氏，朕只因鄭氏勤勞，朕每至一宮，他必相隨，朝夕間小心侍奉、勤勞。如恭妃王氏，他有長子，朕著他調護照管，母子相依，所以不能朝夕侍奉，何嘗有偏？他說朕貪財，因受張鯨賄賂，所以用他，昨年李沂也這等說。朕爲天子，富有四海，天下之財皆朕之財，朕若貪張鯨之財，何不抄沒了他？又說朕尚氣，古云少時戒之在色，壯時戒之在鬥，鬥卽是氣，朕豈不知？但人孰無氣，且如先生每也有童僕家人，難道更不責治？如今內侍宮人等或有觸犯及失誤差使的，也曾杖責，然亦有疾疫死者，如何說都是杖死？先生每將這本去票擬重處。

時行等對曰：此無知小臣，誤聽道路之言，輕率瀆奏。

上曰：他還是出位沽名。

時行等對曰：他既沽名，皇上若重處之，適成其名，反損皇上聖德。唯寬容不較，乃見聖德之盛。復以其疏繳置御前。

上沉吟答曰：這也說的是。到不是損了朕德，卻損了朕度。

時行等對曰：聖上聖度如天地，何所不容。

上復取其疏再授時行，使詳閱之。時行稍閱大意，上連語曰：朕氣他不過，必須重處。

時行云：此本原是輕信訛傳，若票擬處分，傳之四方，反以爲實。臣等愚見，皇上宜照舊留中爲是。容臣等載之史書，傳之萬世，使萬世頌皇上爲堯舜之君。

復以其疏送御前。

上復云：如何設法處他？

時行等云：此本既不可發出，亦無他法處之，還望皇上寬宥。臣等傳語本寺堂官，使之去任可也。

上首肯，天顏稍和因（曰）：先生每是親近之臣，朕有舉動，先生每還知道些，安有是事？

時行對曰：九重深邃，宮闈祕密，臣等也不能詳知，何況疏遠小臣？

上曰：人臣事君，該知道理。如今沒個尊卑上下，信口胡說，先年御史党傑也曾數落我，我也容了，如今雒于仁亦然，因不曾懲創，所以如此。

時行等曰：人臣進言，雖出忠愛，然須從容和婉，臣等常時惟事體不得不言者，方敢陳奏，臣等豈敢不與皇上同心？如此小臣，臣等亦豈敢回護？只是以聖德聖躬爲重！

上曰：先生每尚知尊卑上下，他每小臣卻這等放肆！近來只見議論紛紛，以正爲邪，以邪爲正，一本論的還未及覽，又有一本辯的，使朕應接不暇。朕如今張燈後看字不甚分明，如何能一一遍覽？這等殊不成個朝綱，先生每爲朕股肱，也要做個張主。

時行等對曰：臣等才薄望輕，因鑒人前覆轍，一應事體，上則稟皇上之獨斷，下則付外廷之公論，所以不敢擅自主張。

上曰：不然，朕就是心，先生每是股肱。心非股肱，安能運動？朕既委任先生每，有何畏避？還要替朕主張，任勞任怨，不要推諉。

時行等叩頭謝曰：皇上以腹心股肱優待臣等，臣等敢不盡心圖報？任勞任怨四字，臣等當書之座右，朝夕服膺。

語畢，時行復進曰：皇上近來進藥否？

上曰：朕日每進藥二次。

時行等云：皇上須慎重揀選良藥。

上曰：醫書朕也常看，脈理朕都知道。

時行等云：皇上宜以保養聖躬爲重，清心寡慾，戒怒平情，聖體自然康豫矣。

時行等又云：臣等久不瞻睹天顏，今日幸蒙宣召，芻蕘之見，敢不一一傾吐。近來皇上朝講稀疏，外廷日切懸望。今聖體常欲靜攝，臣等亦不敢數數煩勞起居，但一月之間或三四次，間一臨朝，亦足以慰群情之瞻仰。

上曰：朕疾愈，豈不欲出？即如祖宗廟祀大典，也要親行；聖母生身大恩，也要時常定省。只是腰痛腳軟，行走不便。

時行等又云：冊立東宮，係宗社大計，望皇上蚤定。

上曰：朕知之。朕無嫡子，長幼自有定序。鄭妃再三陳請，恐外間有疑。但長子猶弱，欲俟其壯健，使出就外，纔放心。

時行等又云：皇長子年已九齡，蒙養豫教，正在今日。宜令出閣讀書。

上曰：人資性不同，或生而知之，或學而知之，或困而知之。也要生來自然聰明，安能一一教訓？

時行等對曰：資稟賦于天，學問成于人，雖有睿哲之資，未有不教而能成者，須及時豫教，乃能成德。

上曰：朕已知之，先生每回閣去罷。

仍命各賜酒飯，時行等叩頭謝，遂出。去宮門數十武，上復命司禮監內臣追止之。云：且少俟，皇上已令人宣長哥來，著先生每一見。時行等復還至宮門內，立待良久。上令內臣覘視申閣老等聞召長哥亦喜否？時行等語內臣云：我等得見睿容，便如睹景星慶雲，眞是不勝之喜。內臣入奏，上微哂頷之。有頃，上命司禮監二太監謂時行等，可喚張鯨來，先生每責訓他。

時行等云：張鯨乃左右近臣，皇上既已責訓，何須臣等。

司禮監入奏。

上復令傳諭云：此朕命，不可不遵。
有頃，張鯨至，向上跪。
時行等傳上意云：爾受上厚恩，宜盡心圖報，奉公守法。
鯨自稱以多言得罪。
時行等云：臣事君猶子事父，子不可不孝，臣不可不忠。
鯨呼萬歲者三，乃退。司禮入奏。
上曰：這纔是不辱君命。
久之，司禮監太監傳言：皇長子至矣。
皇三子亦至，但不能離乳保，遂復引入西室，至御榻前，則皇長子在榻右，上手攜之，
皇三子旁立一乳母，擁其後。
時行等既見，因賀上云：皇長子龍姿鳳目，岐嶷非凡，仰見皇上昌後之仁，齊天之福。
上欣然曰：此祖宗德澤，聖母恩庇，朕何敢當？
時行等奏：皇長子春秋漸長，正當讀書進學。
上曰：已令內侍授書誦讀矣。
時行云：皇上正位東宮，時年方九齡，卽已讀書，皇長子讀書已晚矣。

上曰：朕五歲卽能讀書。
復指皇三子：是兒亦五歲，尚不能離乳母，且數病。
時行等稍前熟視皇長子。上手引皇長子，向明正立，時行等注視良久，因奏云：
皇上有此美玉，何不蚤加琢磨，使之成器？願皇上蚤定大計，宗社幸甚。
乃叩頭出。隨具疏謝。

（萬曆十八年七月）乙丑。上視朝。是日，上御門畢，召輔臣時行等見於皇極門煖閣。

上出陝西巡撫趙可懷奏報虜情本手授時行，曰：朕近覽陝西總督撫梅友松等所奏，說虜王引兵過河，侵犯內地，這事情如何？

時行等對：近日洮州失事，殺將損軍，臣等正切憂慮，伏蒙聖問，臣等敢以略節具陳。洮河邊外，都是番族，番族有兩樣：中茶納馬的是熟番；其餘的是生番。先年虜騎不到，只是防備番賊，所以武備單虛，倉卒不能堵遏。如今虜王過河，是被火落赤勾引，多爲搶番，又恐中國救護，故聲言內犯，然虜情狡詐，不可不防。

上曰：番人也是朕之赤子，番人地方都是祖宗開拓的封疆，督撫官奉有勅書，受朝廷委託，平日所幹何事，既不能預先防範，到虜酋過河，纔來奏報，可見邊備廢弛。皇祖時各邊失事，督撫官都拿來重處，朝廷自有法度。

時行等對：皇上責備督撫不能修舉邊務，仰見聖明英斷，邊臣亦當心服。如今正要責成他選將練兵，及時處理。

上曰：近時督撫等官平日把將官凌虐牽制，不得展布，有事卻纔用他。且如各邊但有功勞，督撫有陞有賞，認做己功，及失事，便推與將官，虛文搪塞。

時行等對：各邊文武將吏，各有職掌。如總督巡撫只是督率調度，若臨戰陣，定用武官。自總兵以下，有副總兵，有參將、遊擊、守備，各分信地，如有失事，自當論罪。

上曰：古文臣如杜預，身不跨鞍，射不穿札：諸葛亮綸巾羽扇，都能將兵立功，何必定是武臣？

時行等對：此兩名臣，古來絕少，人才難得。臣等即當傳與兵部轉諭督撫諸臣，盡心經理以紓皇上宵旰之憂。

上曰：將官必要謀勇兼全，曾經戰陣，方好。

時行等對：將材難得，自款貢以來，邊將經戰者亦少。

上曰：重賞之下，必有勇夫，只是不善用之，雖有關張之勇，亦不濟事。

時行等對：近日科道建言，要推舉將材。臣等曾語兵部及早題覆，令九卿科道會同推舉。

上曰：前日有御史薦兩將官。

時行等對：所薦將官，一是王化熙，曾提督巡捕，臣等親見，亦是中才，只宜腹裡總兵；一是尹秉衡，曾稱良將，今老矣。

上曰：不論年老，趙充國豈非老將？只要有謀。

時行等對：將在謀不在勇，聖見高明，非臣等所及。

上又曰：朕在九重之內，邊事不能悉知，卿等爲朕股肱，宜用心分理。如今邊備廢弛，不止陝西，或差有風力的科道或九卿大臣前去，如軍伍有該補足，錢糧有該設處，著一一整頓。書云：事事有備無患。須趁如今收拾，往後大壞，愈難。

時行等對：當初許虜款貢，原爲內修守備，外示羈縻，只爲人情偷安，日漸廢弛，所以三年閱視，或差科臣，或差彼處巡按御史。

上曰：三年閱視是常差，如今要特差。

時行等對：臣等在閣中商議，要推大臣一員前去經略，且重其事權，使各邊聲勢聯絡，庶便行事。容臣等撰擬傳帖，恭請聖裁。

上曰：還擬兩人來。

行已，復言款貢事。上稱皇考聖斷者再。

時行等言：自俺答獻逆求封，賴皇考神謨獨斷，許通款貢，已二十年。各邊保全生靈，何止百萬。

上曰：款貢亦不可久恃，宋事可鑒。

時行等對：我朝與宋事不同。宋時中國弱，夷狄強，原是敵國。今北虜稱臣納款，中國之體自尊，但不可因而忘備耳。

上曰：雖是不同，然亦不可媚虜，虜心驕意大，豈有厭足？須自家修整武備，保守封疆。

時行等對：今日邊事，既未可輕於決戰，又不可專於主撫，只是保守封疆，據險守隘，堅壁清野，使虜不得肆掠，乃是萬全之策。皇上廟謨弘遠，邊臣庶有所持循，至於失事有大小，情事有輕重，若失事本小而論罪過罪，則邊臣觀望退縮，虜酋反得挾以爲重，又非所以激勵人心。自今尤望皇上寬文法，核功罪。

上曰：如今失事卻也不輕。

時行等對：聖恩從寬處分，容臣傳示邊臣，使感恩圖報。

上復問次輔病安否，如何？

時行等對：臣錫爵實病，屢疏求去，情非得已。

上曰：如今有事時，正宜竭忠贊襄，如何要去？

時行等對：皇上注念錫爵，是優厚輔臣至意，臣等亦知感激。但錫爵病勢果係纏綿，臣等親至其臥內，見其形體羸瘦，神思愁苦，亦不能強留。

上曰：著從容調理，痊可卽出。

時行等唯唯，因叩頭奏：

臣等半月不睹天顏，今日視朝，仰知聖體萬安，不勝忻慰。

上曰：朕尚頭眩臂痛，步履不便，今日特爲邊事出，與卿等商議。

時行等叩頭奏：伏望皇上萬分寶重。

上又曰：聞山西五臺一路，多有礦賊，嘯聚劫掠，地方官如何隱匿不報？

時行等奏：近聞河南嵩縣等處，聚有礦賊，巡撫官發兵驅逐，業已解散。

上曰：是山西地方五臺，因釋氏故知之。

上恐時行等誤以爲失事也，復曰：

釋氏是佛家，曾遣人進香耳。

時行等對：地方既有盜賊嘯聚，地方官隱匿不報，其罪不止疏玩而已，容臣等傳示兵部，令查明具奏。遂叩頭出。

《萬曆十五年》英文版書名爲《1587, A Year of No Significance》法文版爲《1587: Le Déclin de La Dynastie des Ming》此外，尚有德文版、日文版等。

此書初稿完成於一九七六年夏季，仍在四人幫執政時代，當然不能盼望在中國出版，即使是英文版，也經過無數挫折。美國出版界，對商業性和學術性的分野極爲嚴格。商業性的出版，以電視及廣告作開路先鋒，以短期大量行銷，迅速結束爲原則，否則書籍堆積於庫房，妨礙資金的流通，遲滯今後業務。學術界的出版，由各大學的出版社負責，對經濟方面的顧慮比較達觀，可是又要顧慮學校的信譽與地位。況且美國之研究漢學，也有他們獨到的地方。一般風格，注重分析，不注重綜合。各大學執教的，都是專家，因爲他們分工詳盡，所以培養了無數青年學者，都戴上了顯微鏡的目光，對望遠鏡的觀點，倒很少人注意；而且對學術的名目及型式，非常尊重。

《萬曆十五年》在各方面講，都在兩者之間。所以商業性質的書局說，你的文章提及宮廷生活，妃嬪間恩怨，雖有一定興趣，但是又因海瑞，牽涉明朝財政；因爲李贄，提到中國思想，應屬學術著作。大學出版社則認爲這書既不像斷代史，也不像專題論文，又缺乏分析與解剖，實在是不倫不類，也不願承印。所以茲後於一九七九年耶魯大學出版社毅然排除成見，答應出版，這需要有相當的識見與度量，值得作者欽仰。

現在《萬曆十五年》既有這樣多的版本，英文本又在美國若干大學採用爲教科書，已出三版，並且經過當代文壇巨子厄普代克 (John Updike) 以及實用心理學家普尼克 (Srully Blotnick) 博士在著名雜誌上作文推薦。中文本初版近五萬冊，也已售罄，這都是使作者感奮的事。

但是這本書仍只代表作者一部分意見，不是全部歷史的觀點。作者在中文版《自序》中提及：此書「說明十六世紀中國社會的傳統的歷史背景，也就是尚未與世界潮流衝突的側面形態。有了這樣一個歷史的大失敗，就可以保證衝突既開，恢復故態決無可能，因之而給中國留了一個翻天覆地、徹底創造歷史的機緣」。很顯然，《萬曆十五年》雖有這樣積極的表示，書中所寫仍以暴露中國傳統的弱點爲主。即厄普代克的書評，也覺得指斥中國不好的地方，應和指斥西方和美國不好的地方相提並論。

而且中文版的讀者，還看不到的則是英法文版有富路特 (Dr. L. Carrington Goodrich) 先生作序。此公現年九十歲，其父母在中國傳教，葬在通州。他自己曾在中國青年會工作，注重提倡兒童體育，又在第一次大戰時，領導中國在法的勞工，後來又在紐約哥倫比亞大學任教多年。去年尚與其夫人打網球。其胸襟開闊，當代少有。他常常提醒我們，不要認爲目前的偃蹇，忽視中國偉大的地方。

《萬曆十五年》英文本〈富序〉有下面一段：

Historians may re-examine the mistakes of the past in the hope of providing warnings for the future, but at the same time caution their readers to preserve what is of value. Presumably, for China the experiences of both East and West must be drawn upon. It is essential that the historian lay everything on the table.

法文則稱：

Les historiens peuvent soumettre les erreurs du passé à un nouvel examen dans l'espoir d'y trouver des avertissement pour l'avenir, mais ils peuvent en même temps recommander à leurs lecteurs de conserver ce qui a de la valeur. La China a sans doute deancoup à tirer des expériences de l'orient comme de l'occident. Il est essentiel que l'historien ne cache rien de qu'il sait.

譯爲中文則爲：歷史學家檢討過去的錯誤，以作將來的警戒。但同時也要忠告讀者，保全有價值的事物。據此猜想，今後中國極需採取東西兩方的經驗。因之作歷史的人，務必將所有資料，全盤托出。

序內又說明：「檢察中國的官僚制度，不是否認中國全部文化。」可見作者、序者、書評都表示談論有不盡的地方，應留作日後交代。可是一本書，到底也有它的範圍，況且《萬曆十五年》的初步立意，至今十年，世界局勢已有相當變化，也就是我們在寫作歷史及欣賞歷史的時候，身處其境的歷史事物，也有了更動。十年以前尚不能全盤托出的資料，而今則能，有了這種機緣，作者才能不顧忌諱，更不拘形式地與編者及讀者作漫談。

〃　〃　〃

我之所謂「大歷史」（macro-history）觀，必須有國際性。我很希望以四海爲家的精神，增進東方與西方的了解，化除成見。這不是一件簡單的事，卽使在海外，也仍是一個容易惹起是非的題目。

中國以道德代替法律，我已經批評得很透徹。但是現下仍有很多西方人士，以爲西方的法律卽是道德的根源。這種誤解，也待指摘。比如西方所謂「自由」及「民主」，都是抽象的觀念。務必透過每一個國家的地理及歷史上的因素，才行得通。英國之民主，卽不可能與日本之民主相同，而法國的自由也和美國的自由有差別。現在我雖作這種論調，仍是個人見解，不足代表美國時下的趨向。以這種見解看中國，更要胸襟開闊才能容納。所以我一方面堅信美國立國精神有偉大的正義感，只待將兩者之間的差別解釋明白，很多誤會卽能冰釋。另一方面在中國發表文章，尤其要強調道德非萬能。大歷史的觀點，亦卽是從「技術上的角度看歷史」(technical interpretation of history)。至於將道德放在什麼地方，這也是一個嚴重的問題。容我漸次論及。

首先要解釋明白的則是大歷史觀不是單獨在書本上可以看到的，尤其不僅是個人的聰明才智可以領悟獲得的。我的經驗，是幾十年遍遊各地，聽到不同的解說，再因爲生活的折磨和煎逼，才體現出來的。

我小時候讀書，很受太史公司馬遷的影響，滿頭腦充滿著傳奇性的希望和想法。抗戰第二年，卽輟學從軍。所從的乃是國民黨辦的成都軍校，畢業後在駐雲南邊境的國軍十四師當過排長。後來也去過駐印軍，在鄭洞國將軍麾下當過參謀，曾隨此公由緬甸前線去上海而入東北，也目擊杜聿明將軍指揮作戰的情形。我自己沒有捲入內戰，實係僥倖，乃因在東北三個月卽被送來美國入陸軍參謀大學，以後在東京駐日代表團隨朱世明將軍解職而退伍。

可是在抗戰初期國共合作時代，我認識了當日很多左傾名流，如作國歌的田漢先生壽昌，在我則爲田伯伯。他曾告訴我年輕時無數吃苦奮鬥的經過。他的長子田海男，在我則馬海男弟，也同我去成都，也同在十四師服務，也同去過日軍占領的越北作過斥候，也同在駐印軍工作。我也和他有過一度的競爭，所爭的不是黨派問題，也不是名位，而是到步兵前線作觀察員的機會，事載一九四四年六月十二日重慶《大公報》。也眞料不到，抗戰一結束，他卽自動加入人民解放軍，對裝甲兵及炮兵的訓練作過實質上的貢獻，又去過朝鮮前線。而當日同我們一同起居辦報的廖沫沙兄，則爲日後三家村碩果僅存的元老。在武漢時代范長江兄則是無黨無派，任《大公報》記者，他原名希天，北伐時從軍，部隊被打散。他曾親自告訴我，一時貧病交迫，跳水自殺，被救後改名長江。曾幾何時，他又做了新華社和人民日報的負責人，以後在文革期間，在確山身故。這些事情今日回顧有如夢寐。

因爲我有了這些經驗，開始立場就複雜，乃不能與一般人所作的近代史的觀點雷同。況且二次來美後，囊空如洗，在餐店洗碗碟，在堆棧作小工，整日勞動後退居斗室，無人對談，耳內嗡嗡有聲。深感風捲雲消後，我自己已入中年，自此學歷史已有探詢人生意義的趨向。這還不過是初步。以後更結識了諸多的名流，遍閱諸家著作，泛遊各地。受過被裁失業、與家人一起感受經濟危機和被人歧視的景況，才越來越把眼光放大，才知道個人能力有限，生命的眞意義，要在歷史上獲得，而歷史的規律性，有時在短時間尚不能看淸，而需要在長時間內大開眼界，才看得出來。

中國的革命，好像一個長隧道，需要一百零一年才可以通過。我們的生命縱長也難過九十九歲。以短衡長，只是我們個人對歷史的反應，不足為大歷史。將歷史的基點推後三、五百年才能攝入大歷史的輪廓。《萬曆十五年》已經初步採取這種作法。所以敘事不妨細緻，但是結論卻要看遠不顧近。例如鄭貴妃是否掩袖工讒，她到底是否國家妖孽，和今人的關係至微。明代人之所以要在這些地方做文章，可見他們道德的觀念過於窄狹，技術無法開展。我的書也已給歐美學生作教本，那些教師，當然不會在考試時要求學生在試卷上說明，明代衰亡乃因泰昌皇帝朱常洛並非鄭妃所生，而係恭妃王氏所出。

從大歷史的眼光觀察，應該在讀我書時，看出中國傳統社會晚期的結構，有如今日美國的「潛水艇夾肉麵包」(submarine sandwich)，上面是一塊長麵包，大而無當，此乃文官集團；下面也是一塊長麵包，也沒有有效的組織，此乃成千上萬的農民。其中三個基本的組織原則，此即——尊卑、男女、老幼，沒有一個涉及經濟、法治和人權，也沒有一個可以改造利用。

萬曆十五年為公元一五八七年，去鴉片戰爭尚有二百五十三年，但是中央集權，技術不能展開，財政無法核實，軍備只能以效能最低的因素作標準，則前後相同。如我們今日讀

英人魏黎 (Arthur Waley) 所作《中國人眼裡的鴉片戰爭》(The Opium War Through the Chinese Eye)，可見一八四〇年的情形仍與一五八七年相去無幾。而我自己所作的《1619年的遼東戰役》也有小歷史的情節。例如劉綎，中國方面的資料說他戰死；滿洲檔案說他被俘後處死；朝鮮方面的資料則說他點燃火藥自爆身死。（文載聯邦德國《遠東雜誌》〔*Oriens Extremus*〕）。從大歷史的觀點看，則方從哲、楊鎬當年喪師折將，有其背後政治、經濟、社會多方面的原因，和一八九四年至一八九五年的中日戰爭情形極相似。是以痛責琦善、耆英及道光帝，於事無補，即咒罵光緒帝、李鴻章、丁汝昌也只能與咒罵鄭貴妃和福王常洵相同，都仍不出長隧道內的觀感。

從大歷史的觀點看來，即這潛水艇夾肉麵包的結構，也有其根源，由明朝可以向後倒推到其他各朝，主要原因還是受亞洲大陸天候地理關係的影響。在這方面，我曾和英國的漢學家李約瑟博士 (Dr. Joseph Needham) 作文闡述。現在我仍在做個別方面的研究工作，其主要重點，則係歷史上有長期性的重要發展，牽涉很多事物的時候，很難是少數人的賢愚得失所能概括，必有其背面、側面，即我們自己還沒有看清楚的因素，此是後話。現在即從明朝末年，貫穿清代二百六十八年，到民國初年，也可以從潛水艇夾肉麵包的基點看到：

◆ 中國傳統社會無法局部改造，過去政府與民間的聯繫，著重於尊卑男女長幼，純靠科舉制度作主。一九〇五年停止科舉之後，上層機構（superstructure）與下層機構（infrastructure）更爲脫節，滿清之覆亡，更無可避免。

- 民國肇造後，軍閥割據，也是當然趨勢。因爲新的力量還沒有產生，過度期間只能由私人軍事勢力撐持。這私人軍事勢力，限於交通通信等等條件的束縛，也只能在一兩個省區裡有效。省區外的競爭，更釀成混戰局面。
- 國民黨專政期間，創造了一個高層機構，總算結束了軍閥混戰，但是全靠城市經濟維持。
- 共產黨的土地革命，在農村中創造了一個新的低層機構。現在中國當前的任務，則是在高層機構和低層機構間敷設有制度性的聯繫（institutional links）才能從上至下，能夠以經濟及法治的方法管理，脫離官僚政治的壟斷。

這不是說整個世紀所有的人物，毫無賢愚得失，只是他們的賢愚得失不足以更改上述歷史發展的程序。大歷史的著眼注重群衆運動對社會上的長期貢獻。要不是有這些積極的因素，中國一九八〇年間也仍會和一九一〇年間一樣，不可能生存至今。我這樣解釋歷史，超過黨派的分別，也超過國際的界限，卽對重洋遠隔的師長同學，以及在內戰期間喪生的亡友靈前，才都講得過去。

我們小時候讀歷史，常有中國不如別人之感，何以日本明治維新，幾十年內就凡事做得頭頭是道，而中國似乎越做越糟。現在才看得明白，中國文化是亞洲大陸地理的產物，歐美和日本的物質文明，有他們海洋性國家的經驗，況且每個國家發展，也有他們的先後程序，而其中最大的差別，則是現代先進的國家，以商業的法律作高層機構及低層機構的聯繫；落後的國家以舊式農村的習慣及結構作爲行政的基礎。

我們今日一提到這問題，首先還沒有把問題掌握淸楚，就先要被質問，作者是否站在資本主義的立場？可是最近根據法國歷史學家鮑德爾（Fernand Braudel）考證，「資本主義」（capitalism）這一名詞還是十九世紀後期的產物，而僅在二十世紀內廣泛使用。馬克思雖稱「資本家」（capitalists）及「資本家的時代」（capitalist era），並未引用「資本主義」這一名詞。今日我們公認爲最先驅的資本主義思想家，實爲史密斯（Adam Smith）。他自己也不知道資本主義爲何物，他所著的《原富》，在民國初年卽在中國行銷，而他在十八世紀著書時僅稱商業的管制辦法優勝於農業的管制辦法。

在研究大歷史的立場，這種分析方法最能表現每個國家先後發展的程序，也才不會用抽象的道德觀念，抹殺了實際上技術的作用及成效。今日中國主張實事求是，我覺得更應當收集未曾被濫用的資料，將歷史的基點推後好幾個世紀，以原始的眼光重新檢討很多國家由落後到先進的程序。

這樣看來，以「資本主義」形態在歐洲作先鋒者，實爲義大利的自由城市，其中翹首則爲威尼斯。這城市在大陸所占有的農業地區經濟力量有限，而市內鹹水也不便製造，在教皇及神聖羅馬帝國（其本身不在義大利而在德奧）爭權，兩不相讓之間，取得獨立地位。其最大的方便則是地方小，內部組織簡單。十三世紀之後，其全部國家有如一個大都市，也如一個大公司，所有民法卽全部爲商法，所以也不顧天主教的教義，建設海軍，竭力經商，爲歐洲最先進的國家。

繼威尼斯而興起，則爲荷蘭。荷蘭正式國名爲「尼德蘭王國」（Koninkrijk der Nederlanden）歷史上也稱 The Dutch Republic，或 United Netherlands。荷蘭（Holland）不過爲聯邦內七個省之一省（今則十一省）。但是這個國家十七世紀初獨立時，荷蘭人口占全國三分之二，又供應聯邦經費四分之三。尼德蘭因抵抗西班牙政府及參加宗教革命，才聯合全體荷民成爲獨立國家。過去無統一國家及社會的經驗，經濟發展尤參差不齊。顯然荷蘭雖工商業先進，尼德蘭境內也有很多省分保持中世紀形態，爲落後的農村機構，不能以同一的法律在全境施行，於是乃行聯邦制，大事由聯邦決定，其他各省自理，開現代國家雙層政治的先河。初時荷蘭還堅持它有獨立外交的主權，聯邦的海軍也是由五個海軍單位拼成。雖然全國皈依新教的卡爾文教派（Calvinists），初獨立時很多教徒對這派教義所謂「定命論」（Predestination）

者作特殊的解釋，以便支持他們各別的政治活動。但尼德蘭國終因對外經濟的激烈競爭及本身高度經濟的發展下，使其內部矛盾逐漸解除，而成爲世界富強國家之一。

在荷蘭之後，商業資本高速發展的則爲英國。英吉利及蘇格蘭稱「聯合王國」，大於荷蘭五倍至六倍之多。我們今日看來面積小，在十八世紀之前的歐洲則爲大國，也有堅強的農業基礎。這國家商業組織沒有展開之前，常爲各先進國家掣肘，如銀行業，即爲義大利人壟斷，以後保險業也爲荷蘭人操縱。義大利人在倫敦的市街稱爲倫巴德街（Lombard Street），他們也享有領事裁判權。英國輸出以羊毛爲主，義大利人卽先墊款於畜牧的農村，將羊毛預先收買，又掌握其海外市場。

英國的整個十七世紀可稱多難之秋。起先英皇與議會衝突，財政稅收成爲爭執的焦點，又有宗教問題的擾攘，司法權也成問題，對外關係又發生疑忌，也有內戰、弒君，革新爲民國、政治獨裁制、復辟、行第二次革命等等的大變化，又產生了暗殺、排斥異教徒、發傳單及英皇受外國津貼的情節，而其人口又不過四百萬至六百萬，其與本世紀初中國之不能治理，情形也大同小異。當然這段歷史可以產生很多不同的解釋，不僅不同的歷史家著書爭執，有時同一作者所著的書也前後解釋不同。

我極想向中國讀者提及的，則是對中國的大歷史而言，英國一六八九年的經驗，深足借鏡。這年代之前，英國爲一個「不能在數目上管理的國家」(mathematically unmanageable)，法律卽有不同的見解，法庭也有三、四種不同的種類。所謂普通法(common law)者，乃中世紀遺物，絕對的尊重成例，凡以前沒有做過的事都不能做；對地產注重使用權，對所有權倒弄不清楚；缺乏適當的辭章，足以解釋動產的繼承權；不動產的押當，也不符合社會需要現款的情況，也沒有將地租按時價調整的辦法；農作物只能推銷於本地，限於歷史上有基礎的市場。其他如組織公司，宣告破產等全未提及。簡言之，這種法律以舊時代的習慣作倚襯，無意改革。一到十七世紀初期，大批白銀由西半球輸入，物價陡漲，英國內地也受國際貿易及國際戰爭的影響，整個社會動搖。地主不能保持自己的產業，商人不願付額外之稅，皇室則因軍備增加而無法籌餉，一般貧民及小市民也爲生活所逼，有時感情衝動。宗教上的教義抽象之處更給他們火上加油，其所謂君權、民權的爭執，兩方都有理由，其困難之處則是問題的範圍已經超過成例。

一六八九年不流血革命之後，卽無此徵象。以前的問題掀動了半個世紀，到此漸漸消聲斂跡，宗教派別的衝突也好像被遺忘了。其中最大關鍵，則是兵戈擾攘之後，農村組織已有變化。英國在十七世紀時，當然談不上平均地權，所改革的是內部規律化。以前地主不知道自己產業在何處，種田的人不知道自己是賃戶還是半個業主的糊塗情形，也慢慢地被肅清。

以前地界不明的情形至此漸漸規律化，而普通法的法庭能接受公平法（equity）也是一種進步的徵象。公平法本身非法律，而不過是一種法律觀念，等於習俗所說「照天理良心辦事」。在英國初行時，只限於英皇所控制的若干法庭，有額外開恩之意。十七世紀中葉後，普通法的法庭處於時勢的需要，對這種觀念讓步一二，也是逼於事實。結果是積少成多，妥協的辦法也認爲成例。一六八九年革命後，普通法的法庭更受首席法官的指示，以後與商人有關的案子，照商業習慣辦理，這樣一來，英國的內地及濱海、農村與工商業中心距離縮短，資金對流，實物經濟變爲金融經濟，可以交換的條件（interchangeability）增多，分工較前繁複，所以整個國家可以以數目字管理，同時英國傳統上又有司法獨立及議會政治的沿革。這樣一來，其高層機構及低層之間可以以最靈活的商業原則作聯繫，一時控制經濟力量之雄厚及其效率之高，世無其匹，大英帝國因之稱霸世界好幾個世紀。

所以，商業資本作國家組織的基礎，都是由小而大，從沒有農業根柢的國家逐漸傳播到小有農業基礎的國家，而更波及農業基礎甚高的國家，由易至難都有歷史上一定的法則。這程序今日不容易看清，因爲美國及日本已經發生過兩個例外的情形。

美國獨立時，已距英國的一六八九年革命八十七年。所以一開始，法律上就沒有農業社會和工商業社會的隔閡，又能夠以新社會的組織在一個空曠地區上展開，其人口也隨著領域擴大而增加。遲至一八六二年國會通過「自耕農屋地法案」(Homestead Act)還能夠讓普通公民以最廉價購買耕地一百六十英畝，等於明買暗送。這種情形實爲特殊，但還是因爲南北社會組織不同，發生內戰，經過四年之久。此外又因爲銀行、貨幣，聯邦內之商業、工會組織，防制獨霸市場(anti-trust)，籌謀勞工福利及退休金等等情事，發生很多爭執。美國的好處是，這些問題在國富繼續增進的情形下容易用數目字的方式解決，這樣一來，美國政治社會經濟都有它的特色，不能以「資本主義」四個字輕率代表，更不能用他表彰的民主與自由，當作是資本主義之所賜予。前面輕輕提及每一個國家所標榜的道德觀念，都要透過他的歷史地理才行得通，這在美國的情形爲尤然。

傳統日本好像很受中國儒家學說及佛教的影響，但是因爲國家地處重洋，對外安全，毋須中央集權，與中國的結構相差至大。在德川幕府的末期，國內組織已經商業化，例如各大名都有替他們在城市裡販賣農作物的「藏元」，所謂「回船」也等於定期航線，也有他們互相保險的辦法，商會的組織則稱「諸仲間」，批發商則稱「問屋」。明治維新只要給它加上一個新的高層機構，則所有商業管制的辦法都行得通。所以表面上好像是短期突進，其實則是長時間的演變，最後出頭露面而已。況且明治維新專門注重工商業的發達，將農民的生活置諸腦後，一般學者都認爲這是第二次大戰以前日本政局受「軍閥」及「財閥」互相壟斷的主因。這農村問題還要等到戰後，在麥克阿瑟的政令下解決，所以也不是沒有付出嚴重的代價。

從以上情形觀察，以中國歷史一百年或兩百年的立場作基點，不能和世界歷史銜合。如果要堅持短期歷史的觀點，則不僅威斯俾及（Respighi）的音樂不能聽，即孔子的仁民愛物也是反動。假使我們把中西歷史都推後三、五百年，才可以看到，因為世界工商業技術的退步，所有國家都要從以前閉關自守的形勢，將社會生活方法作徹底的改造，以期適應新的世界金融經濟，中外無可避免。西方的民主與自由，以「市民特權」（municipal franchise）為基點，和日本的大名政權，授權於藏元的情形類似，所以改造比較容易。中國立國向來以貧農及小自耕農的經濟立場作基礎，農村內部複雜的情形不可爬梳，所以要經過很多流血慘劇，才能造成可以在數目字上管理的形勢。據我揣測，只能用這樣的解釋，才能漸漸促使當日曾受內戰影響，今日處於臺灣海峽兩岸的雙方同胞，所客觀地接受。

今日中國所稱「一國兩制」驟看起來，好像是一種宣傳工具，但是荷蘭初成的聯邦制也實際上是「一國兩制」的表現。英國以兩種完全不同的法律思想作為司法的基礎，利用司法制度不聲不響地使社會融合，也是漸漸由「一國兩制」造成一國一制。但是「一國兩制」不是沒有危險的，美國開國時以保障人權爲前提，卻又因爲聯邦制在南方姑息奴隸制度，終發生內戰；日本在十九世紀盡量學習西歐，對農民生活則不顧及，也可以算作一國兩制，而引起滔天戰禍的悲劇。一國兩制的精神需要彼此將眼光看遠，在長久的歷史中，找到合作的邏輯，而且今後也只有使兩方更爲接近，不致越來越遠。

這樣解釋歷史，和很多人所說的「歷史主義」（historicism）相近。粗看起來好像應該發生的事情都會發生，不應該發生的事情都不能發生，倫理道德沒有眞實的意義，強調優勝劣敗，「力量卽是正義」（Might is right）。但這種社會天演論（Social Darwinism）乃前世紀遺物，也不是我讀書的經驗。

《萬曆十五年》指出道德非萬能，不能代替技術，尤不可代替法律，但是從沒有說道德可以全部不要，只是道德的觀點應當遠大。凡能先用法律及技術解決的問題，不要先就扯上了道德問題。因爲道德是一切意義的根源，不能分割，也不便妥協。如果道德上的爭執持久不能解決，雙方的距離越來越遠，則遲早導致戰爭。今日全世界處於原子武器的威脅下，我們講學不得不特別謹愼。

道德雖高於法律及技術，但是要提出作爭論的根據時，則要在法律及技術之後提出，不能經常提出，更不能在細微末節內提出。而今日中國準備在十多年後收回香港，而此地勢必爲大陸文化及海洋文化的居間人。我在書中自序裡說及「給中國留了一個翻天覆地，徹底創造歷史的機緣」，至此已經更現實化，其期待也更迫切。

我離開中國已經三十六年，於一九七四年入美國籍。在個人講，希望能在有生之日看到中國能在國際場合中發揚傳統的「繼絕世，舉廢國，柔遠人，來百工」的精神，並且我自己能夠在文字之間，稍盡綿力，增進各方的了解，也是以前沒有料到的好事。寫《萬曆十五年》的目的，當然不是以讓中國「丟醜」爲目的，反對狹義的道德觀念，也是對中外一體而言。因爲我自己生活的經驗，覺得中外兩方不是沒有正義感，但是正義感放在局部的場合下使用，可能與初心相違。人世間很多殘酷的事情都用道德的名義去施行，也是中外古今一律。這篇文章以發揚積極性的精神爲主，也用不著再一一舉例駁正。

我這幾十年在海外得到的一個重要經驗，西方文化有一重要長處，即是在猶太教及基督教傳統裡面，承認人類有經常做錯事的根源，其稱爲「original sin」，也不能說它就是「性惡論」，和儒家的「性善說」相反。孔子說：「觀過，斯知仁矣。」孟子說：「羞惡之心，人皆有之。」也都是不待外間逼迫，自己承認過失。有這種認錯的精神，也就表示人類有向善的趨向。這中外共通之點，我覺得今日很可以做廣義道德觀念的基礎，也可以做世界歷史的中心思想。狹義的道德觀念基於狹義的宇宙觀，就是武斷地說出世界的根源如是，它的結局也必如是。這往往明為眞理，實際帶有自私的見解，並且預先擺下了一個堅不認錯的想法，其容易走極端，可以以希特勒的人種學說窺見之。

我現在所說大歷史的觀點，一方面從小歷史方面積結而來，一方面也受了德國思想家康德(Immanuel Kant) 的影響，已經在一九八二年於上海出版的李約瑟博士八十壽辰論文集稍稍提及。如果用圖解，則下面圖中實線部分代表我們可以以經驗證實的知識，即我自己所稱大歷史，雖包括中國商周到今日已三千多年，在人類歷史上講，仍不過長弧線上的一個小段落。我們所認爲的眞理，也是在這小範圍切身直覺而成。我們還不能夠知道宇宙結構的眞原因和眞目的，也很難預知今後的眞結局與眞趨勢。用虛線表示這弧線的過去和未來，也僅僅是憑實線作根據，揣測而成。社會科學和自然科學一樣，都只能假定自然法規（natural law）會逐漸展開。下一代的人證實我們的發現，也可能檢討我們的錯誤，也就等於我們看到前一代的錯誤一樣。

圖上向外的箭頭表示我們的道德觀念，都有突出環境，創造新環境的徵象，可是我們又無法脫離站住腳跟的基點，況且我們自己也有繼續做錯事的根性。這根性以向內的箭頭表示

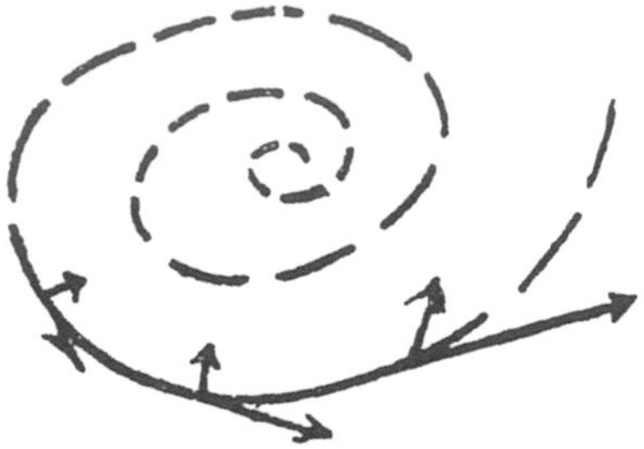

之。所以我們所走的路線也只能在內外之間，亦卽希望與現實之中的弧形路線，半出於我們的志願，半由於其他條件推演而成。只是因爲今日科技發展之故，旅行於弧線形的速率越來越快，我們只好把向外的箭頭畫長，這也是本文的宗旨。所以不憚再三解說，要把道德的疇範放得遠大，歷史觀點代表人生哲學，不能受短時間的政策所掩蔽，尤其不能閉戶造車，不顧外間情勢的單獨決定。

這一篇已經寫得很長，我感謝編者及讀者的耐性，知道我所謂大歷史包含一種大而化之的精神。作者無意自高自大，或是大而無當，或是尾大不掉。今日中國革命業已成功，全國已經能在數目字上管理。如果中國歷史過去全靠自闢門徑，今後則可以像太空的人造衛星一樣，和其他人造衛星在空中聯繫，雖有所謂資本主義及社會主義的差別，也無妨大局。

我個人方面，不但希望中國與西方各國有這樣的聯繫，也希望把中國歷史開誠布公地寫好，可以促進與其他國家的了解。據我猜想，今日很多國家外間稱之爲獨裁或極權，其實內部都還有很多不能在數目上管理的原因。歷史家雖不能解決他們的問題，但從側面分析，至少可以逐漸窺測這些問題的眞貌。我因爲有了這些宏願，才膽敢自稱爲大歷史觀。

登高自卑，《萬曆十五年》英文版書名中譯爲《無關緊要的一五八七年》，也可以說是實行愚志的第一步。

於一九八二年五月

二十年前時爲一九七四年。我得到學院休假，再度去歐洲。所著《十六世紀明代的財政與稅收》在劍橋大學出版社籌備多年，臨排印時又遇到意外之耽擱，但終於是年出版。有了新書的支持才敢於向哥根漢基金申請一年的獎學金，題爲中國晚明的一個年頭，旨在勾畫出當日朝政與社會相吊連中之一個剖面。基金鼓勵創造，我的立案與一般不同，符合應徵的重要條件，所以申請幸運地順利通過。所收穫則是五年後方始成書的《萬曆十五年》，今已有五種文字的六種版本。

以一年多的時間寫這樣一冊小書，讀時亦不過二三日卽可閱完，看來也無足爲奇，然則既不重辯論而重敘述，當中卻也眞是萬緒千頭。到處都待考證。例如神宗萬曆帝之恭妃，亦卽光宗生母，後封孝靖王太后。《明史・后妃傳》有關於她的一段記載：「初爲慈寧宮人，年長矣，帝過慈寧私幸之有身。」這樣甚可能給人一個將近中年的宮女，引誘年輕皇帝的印象。幸虧定陵於一九五六年被發掘，內中碑文出土詳載各人生卒年月日，文中證實當日她與萬曆邂逅，時年十六，皇帝則十八歲。《明史》在康熙年間修撰，去此已約百年，傳聞已失實如此。書中提及儀禮之處又因原始資料行文簡捷，亦不便照抄，只能一讀再讀，參照平行的資料，還希望找到圖解或地圖，敘述方有把握。明人所說「廷仗」，我們總以為既為「仗」，則是用大竹板在庭前打屁股。根據《明史・刑法志》，才知道「笞」與「仗」同用荊條施行，只是罪有輕重，荊條圓徑有大小，才區分為笞杖。數十年前朱東潤作《張居正大傳》，他以為明代田賦賬目凡提及萬曆年代的地畝數，卽是一五八〇年張居正舉行全國丈量之成果。我起先也以為如此，後來懇請芝加哥大學何炳棣教授複印得他們圖書館珍藏的《萬曆會計錄》膠卷，才能確定一五八〇年丈量的地畝數從未被明廷接受，後為我書中要題之一。所以從事實上考證，已是極為費時的工作。

若非預先我對明史尤其十六世紀的後期有一段最基本的認識，也絕不敢嘗試提供如此一個剖面。因為我參加《明代名人傳》的工作，曾自寫當中人物傳記十八篇，又修改旁人所作兩篇。茲後作《財政與稅收》時前後七年。內中二年餘除一面教書外，曾將《明實錄》翻閱一遍。雖說走馬看花，總算一百三十三冊看完，當時專注財政與稅收，眼角裡卻對宮闕內幕和反映的社會狀態感到興趣。這樣也預先伏下了以後寫《萬曆十五年》

之動機。

因著修《名人傳》我也熟識了不少美國明史專家。像賀凱教授（Charles O. Hucker）之研究明代官銜組織及監察制度，和狄百瑞教授（Wm. Teodore de Bary）之研究明代思想，均是終生勤奮的工作。我作《萬曆十五年》時特別要感謝的乃是房兆楹先生。他夫婦早歲作二十四史內的引得工作，以後參與明清兩代名人傳記集體之籌畫。在技術方面精微之處，他的明察舉世無雙。我現有的幾部書尚是他所贈的。有一日他在不意之間買到民國六年上海版的《張居正書牘》立卽乘興親開車送我。

自備書有一種好處：卽是供反覆把玩，床頭飯邊，不必珍惜，無所計掛。我的一部《明實錄》在一九六八年購齊，共費美金五百餘元，當日可算相當數量的一筆投資。只是我只要爭取時間，批註捲頁，毫未顧及書之折舊，我有次借房公書，也同樣不加愛惜，及至還書時確給他相當的不快。「你看，」他說著，「你借去的時候是三本全新的書，現在弄得這般糟，紙張也磨壞，書又捲角！」

我完全忘記了他的書並不是我自己的書，正在支吾尚不知如何道歉時，房先生已突然改口，他說：「算了，本來要這樣，有書就要讀，書不用擺在那裡卽是全新又算什麼！」可惜他沒有看到《萬曆十五年》之成書。此次別後不久，他返大陸，幾十年此爲首次，不幸噩耗傳來，房公已去世於北京。

我書布局也經過一度折磨。作初稿時，我雖照致哥根漢的申請書做去，力圖改變舖陳歷史的方式，但是到底，仍不能完全擺脫學院圈格。第一章敘皇帝權能，第二章敘內閣大學士職責，若有指授。及提及財政稅收，又是洋洋論文十餘頁。幾經徘徊掙扎，才進入現今局面，原有的兩章析爲四章，以後再加海瑞、戚繼光和李贄三章，分別處理地方民政、軍隊組織和哲學思想及於文士習慣。不作開場白，不另闢一章爲結論，紀事有時轉回重敘。

本來今逢中國長期革命成功之日（這點只能在其他地方暢談）所有歷史都要重寫，在選擇題材及運用組織方法時作史者不難引用不同風格。可是卽如此，《萬曆十五年》書成擬出版時仍遇到相當困難。大學出版社則說：此係大衆讀物，應找一般出版商。後者卻又推說：此係學術性質之專題著作，仍應問津於前者。卽是至今書出十餘年，既已暢銷，又經中外採用爲課本及必讀參考書，若干方面之成見未改。不時有人說及：「黃仁宇著書缺乏歷史的嚴肅性。」他們沒有想到我經過一段奮鬥才摒除了所謂嚴肅性。

倒有美國文壇鉅子厄普代克（John Updike）獨具慧眼。他在《紐約客》雜誌作書評時，卽說《萬曆十五年》有超現實的幻影之特質（surrealist visionary quality），檢核傳統中國官僚組織，以儀禮代行政，有時強黑爲白，只要在本身組織之內邏輯上講得過去可以對外不負責。

此情景構成他所說超現實的幻影色彩。在我看來中國之不能在數目字上管理肇源於此。及至二十世紀整個國家與社會組織免不了一段整個破壞之後重造，亦溯源於是。

此書現已發行於海內外，如果能將上說在兩岸三方讀者心目中造成共識，作者及側背對本書盡力的人士應當引為快事。

（聯經出版公司《二十周年特刊》）

萬曆皇帝：長期荒廢政事與消極對抗

厄普代克（John Updike）

黃仁宇的《一五八七：無關緊要的一年》（*1587, A Year of Nc Significance*，耶魯出版，定價爲一九．九五元美金）是一本非常奇特的書，引人入勝、發人深省，然而又有一股說不出的平淡氣息，就像是構成本書基本題材的明朝官僚體系的成員。版權頁顯示這本書在中國也有出版，書名叫做 *Wan-li Shih-wu nien*（《萬曆十五年》），由「Chung-hua shu-chu, Peking」（北京，中華書局）發行——要是比較喜歡中華人民共和國的文化主管所核定的新（古怪）音譯法，那就叫做 *Wanli Shiwunian*，出版者是「Zhonghua Shuju Beijing」。黃教授生於中國大陸，目前已歸化爲美國公民，在我國各大學及學院教授中國歷史長達十六年，雖然他的書一開始就按照美國學術出版品友善的文體，來一陣令人窩心的開場白——包括獻詞「獻給格爾」、用一頁半讓作者對他「非常非常感激」的種種協助表達謝意、以及《明代名人傳》（*Dictionary of Ming Biography*）的編者之一富路特教授（Professor L. Carrington Goodrich）所寫的一篇明快活潑的序言——但作品本身卻讓讀者一頭栽進了明朝的世界裡，彷彿讀者已經知道什麼叫做「四書」、文淵閣和錦衣衛如何運作，當然，還有最後推翻明朝的滿州酋長就叫做努爾哈赤。黃先生習慣稱「我們的」帝國，有時候甚至還說「本朝歷史」，讓人看得滿頭霧水。他心目中的讀者似乎是中國人，恐怕也難怪他要很費心說明西方及現代的類似事物是什麼。在序言裡，富特路教授恐怕也是對同樣的影子讀者突然保證說「我們絕對不能因爲這些敘述就相信，不管當時或以後，全體中國人民所受的苦難，都是一個巨大的錯誤——從現在開始，中國必須揚棄過去所有的經驗，用盡一切可能的方法來模仿西方，藉此彌補浪費的光陰。」

這個反面的保證——黃先生著重於六個歷史人物，藉此描繪明朝衰敗中的一刻——形成一種控訴，而控訴的項目——簡單地說，是帝國官僚體系對傳統和穩定的堅持扼殺了開創性，也造成了不公平——顯示出對於西方文獻中的美國憲法所體現之個人自由和法律程序的理想，有一種深表讚許的熟悉。社會瀰漫著泛道德的儒家原則，他的分析以此爲背景，來對比法制和私利：

縱然充滿了道德的口吻，這個體系永遠擺脫不了它權威主義的特質，因為社會壓力取代了正義，總是由上而下運作。他們理所當然地認為任何人只要能背誦「四書」裡的詩文，就比一個以私利為動機的人更開明……由於政府採取了激烈的手段來實施罰則，對於維持民法卻毫無興趣，因此村莊的領袖只在乎禮節和社會地位，村民事實上根本得不到任何法律服務。從來沒有任何人清楚說明他應有的權利。

對於這個令人遺憾的情況，他提出了清楚明確的理由：

仁學附帶著對親屬關係和儀式的投入，作為中國社會統一的力量，隨著社會在文化水平上的進步，已經變得越來越沉重了。我們在看待仁學的長期發展時，必須根據下面這個事實：因為帝國幾乎是在青銅器時代以後，馬上就統一了，因此地方制度和風俗習慣一直沒有機會發展成為民法。

簡單地說，是成功毀了中國；「個人的角色徹底受限的一個高度形式化的社會」太快速成形。黃先生以傳記來達成這些結論；他引述一個文官政府所留下的龐大檔案資料（這個體系下沒有丞相，因此皇帝的首席文學侍從，或稱爲「首輔」，是實際上的國家領導者），敘述菁英階級中少數幾個才氣縱橫的人，是如何和文官體系內在的侷限掙扎對抗。一代名將戚繼光在萬曆十五年末過世，他生前把帝國數量龐大但其實積弱不振的軍隊重新振興起來、獨力制定軍事程序、發明新的隊形和技術、戰勝沿海的倭寇和北方蒙古的騎兵部隊，使軍心大振；然而由於鼎力支持他的張居正過世，死後又遭到清算，這位偉大的戰士也被貶官，最後終於遭到參劾而被免職，死時貧病交迫。武官——一個幾乎完全世襲的階級——被認爲是僅僅是技術人員，得不到「以中庸之道爲處世的原則」的文官所信任。在帝國官僚體系以外的權力基礎都必須加以縮減，雖然「陽曆一五八八年一月十七日清晨，將星西殞之際，我們這個古老的帝國業已失去重整軍備的最好良機。」同樣在萬曆十五年過世的，還有傳奇性的人物海瑞，一位正直到近乎狂熱的官僚，他膽敢公開上奏疏（這個字的意思類似備忘錄），指責嘉靖皇帝「虛榮、殘忍、自私、多疑和愚蠢。」海瑞身處在一個表面虛僞矯情，其實貪污納賄的階級裡，在擔任應天巡撫時，強制實施儉樸，甚至要求廢除公文在文後的留白。然而他的銳意改革，使他很快就和農業的保守主義有所抵觸，被迫辭官賦閒十五年，後來終於再度復起，卻只是擔任一個清閑的官職。「接近一五八七年年底，亦即萬曆十五年丁亥的歲暮，海瑞的死訊傳出，無疑使北京負責人事的官員大大地鬆了一口氣，因爲他們再也用不著去爲這位大衆心目中的英雄——到處惹是生非的人物去操心作安排了。」第三位無法在這個體系中找到出路的造反者是哲學家李贄，他對經典做出長篇大論與「反覆無常」批評，其中暗暗顯示出平等主義的思想，他和中國當下的統治者在這方面的志趣相投，但他並沒有眞正打破將他陶冶成人的菁英及儒家思想根據。黃先生認爲，「他的著作留下了一分詳盡的記錄，使我們有機會充分地了解當時思想界的苦悶。沒有這些著作，我們無法揣測這苦悶的深度。」其他對於苦悶的研究則是以張居正及申時行這兩位內閣大學士的爲官生涯爲題材，他們試圖管理一個龐大的中央集權而過度擴張的帝國的種種繁雜事務，卻處處受制於超自然教育的禮儀；兩人基本的職務是讓「本朝按照聖經賢傳的教導辦事」：

統治我們這個龐大帝國，專靠嚴刑峻法是不可能的，其祕訣在於運用倫理道德的力量使卑下者服從尊上，女人聽男人的吩咐，而未受教育的愚民則以讀書識字的人作為楷模。而這一切都需要朝廷以自身的行動為天下作出表率。

描繪最生動的莫過於神宗皇帝本人，在書中以其年號稱爲萬曆，注定要成爲明代歷時最長的一朝，可是在一五八七年，不到十歲就登基的他還是個二十五歲的年輕人。萬曆是個早熟而有責任感的孩子，對於皇帝在義務上必須進行的繁文縟節，他總是甘之如飴，同時還要學習書法、歷史和經書。除了像親耕、祭天地、祀祖廟以及向全國臣民頒行日曆之類的季節性儀式之外，每日的早朝更需要皇帝出現才行。最後這種儀式乃高度形式化，而且天不亮就開始舉行，過去的皇帝一直深以爲苦，而萬曆之前的幾任皇帝，包括他那位對朝會毫無興趣的父親隆慶皇帝在內，往往不當一回事。萬曆成年以後，早朝已經省簡不少，但卽使如此，他也覺得太過沉悶無聊。從小就穿上龍袍的他，一直沒什麼玩伴，也沒玩過什麼遊戲；十歲那年，他已經培養出對書法的愛好，但卻受到抑制。他的老師，也就是首輔張居正，勸誡他說陛下的書法已經取得很大的成就。「書法總是末節小技。自古以來的聖君明主以德行治理天下，藝術的精湛，對蒼生並無補益。」後來萬曆又喜歡上騎馬、飲酒和「女色」，文官集團也表示反對，不過此時皇帝已經比較不受管束。萬曆在十六歲大婚，二十歲（因爲妃子作了父親，他又愛上了另外一位妃子，這個十六歲的少女鄭妃機智聰明，萬曆一心想立鄭妃的兒子而非皇長子爲太子，導致他和臣僚疏離了幾十年。他拒絕舉行早朝或任命官員，整個國家也就慢慢陷入混亂。

御宇之初，他就顯示出積極創造的徵兆，以及對統治眞正的興趣。一五八五年發生乾旱，萬曆「命令各個地方官求雨無效之後」，決定親自在距離宮門四英里的天壇舉行祈雨儀式，並且徒步前往，而不坐轎。北京「這些幸運的居民得到了一生中唯一的機會，親眼看到了當今天子。」老天終於降下甘霖，雖然已經過了一個月。在這段期間，萬曆親自操練兵馬，而且四度帶著聲勢浩大的隊伍到北京近郊視察自己的預築陵墓所在地。這些皇帝冒險精神的展現，驚動了文官們，他的一舉一動都受到規勸性的議論，「本來應該是很愉快的小事遊憩已經全無樂趣之可言。」在明朝年間，「皇位成爲一個高度形式化的制度，任何一個有思考性的人，在龍椅上都會坐立不安。」作爲一個吸引天命的避雷針，這個政府的最頂端基本上必須一動也不動。早朝後舉行漫長的經筵日講中，如果皇帝在講課時偶然把一條腿放在另外一條腿上，講官就會停止講授，問道：「爲人君者，可不敬哉？」像這樣的責難不斷重複，直到皇帝恢復端坐的姿勢爲止。皇帝會飲宴作樂、無心政事，其實不足爲怪；儘管一心想要在皇帝的角色上表現魄力，卻受到系統性的壓抑，萬曆會消極怠工、又有耳語說他整日和鄭妃一同吸鴉片，也就沒什麼可驚奇的了。

在這種強調文化內省的時代，我們應該感激黃先生提供一分對衰敗的研究。如果由可替代的細胞所構成的有機組織爲什麼會由衰敗邁向死亡，都還不清楚到底是怎麼回事，那國家和文明爲什麼會衰亡，就更是無法解釋了。照理說，人類每一代的基因才能應該是平等的；梅爾維爾說過，「相信我，朋友，這一天在俄亥俄河兩岸出生的人，不會比莎士比亞差到哪裡去。」沒錯，有些皇室血統是天生的衰弱，梅羅文加王朝就是一個例子；但是萬曆皇帝或他的內閣大學士都不是無能之輩，這些大學士幾乎完全是靠學術上的表現才能被延攬進入內閣——這是知識階層所構成的文官集團，以菁英領導集團有史以來最嚴格的標準篩選出來。因此他們的癱瘓具有超乎其本身的因素，問題在於他們所極力維繫的文化有機組織。國家和個人不同的地方在於，因應其產生環境中的某些因素演化之後，國家本身就成為一個環境，任何進一步的調整，都會受到抑制。

黃先生告訴我們，明朝主要的特徵是「仰賴意識型態來作爲統治工具，無論在強度和規模上，這在許多方面都是前所未有的。」在中國歷史上，動亂的時代總是和穩定及停滯的年代絲毫不差地交互輪替，馬可波羅友善的東主忽必烈汗所建立的蒙古王朝壽命甚短，在經歷一段時期的動亂以後，由明朝取而代之，號稱是要恢復中國農業社會固有的儉樸風氣。建立明朝的「洪武皇帝大規模地打擊各省的大地主和大家族，整個帝國形成了一個以中小地主及自耕農爲主的社會。朝廷又三令五申，力崇儉樸，要求文官成爲人民的公僕。」無論在任何一個層次上，都必須把私利和公共道德之間的差距減到最低。文官集團的人數大幅縮減，每一個鄉村都要進行自治，內設「申明亭」和「旌善亭」各一座，「前者爲村中耆老仲裁產業、婚姻、爭鬥等糾紛的場所，後者則用以表揚村民中爲人所欽佩的善行。」內閣大學士的職務原本是把皇帝的詔誥重新改寫爲優雅的文體，但本朝僅有的三位丞相都爲太祖洪武皇帝所殺，政策的決定就落到了大學士身上。到了一五八七年，明朝開國已經過了兩百年，開國時所提倡的風氣漸漸消退，帝國相當烏托邦的體制也淪爲虛妄；皇帝被他本身的角色神祕、啓迪人心、而又非個人的面向弄得動彈不得；文官集團滿腦子只想貪賄和靠順從來自保；國家在戰爭行爲與和平執政上的革新，就算不是全然不可能，也受到謹慎和惰性的拖累，最多只能算是曇花一現的插曲。現狀的邏輯是抗拒科技（卽使中國可能是火藥的發明者，但在明朝十六世紀末期的戰事中，火藥只是一個次要的因素）和國際貿易；歲入和補給在國內的流通和交換，是以最低程度和最短距離的運送爲主，這種簡單粗淺的原則根本無法應付整個帝國不斷變化的複雜事務。兩個無情的因素——人口的累積和革命時刻的倒退——讓這個開國的意識型態變得十分沉重，黃仁宇最後表示，到了這個時候，「皇帝的勵精圖治或晏安耽樂……文官的廉潔奉公或者貪污舞弊」，都無關緊要了。

雖然美國的讀者可能會想像明朝的理想——一個無私的文官體系、一群自律的臣民、一個透過講話來統治的完美領袖——和毛澤東所統治的中國有哪些雷同之處，但黃先生並沒有提到明朝和現代中國有哪些相似的地方。我們還沒看到這個古老國家目前的政府，要如何調和首輔申時行所謂政府「公認的道德理想」的陽，和「不能告人的私欲」的陰，這也是世界舞臺的一個大問題。回過頭來，我們自己這個革命性、最初以清教徒精神的農業立國的國家，開國也已經兩百年了，公認的道德理想再度成爲顯學，溫文有禮地召喚我們重新回到亞當．斯密的儉樸精神。我國的開國元勳表示，開明的自私會產生一個國家，這種開明與明朝在調和折衷的精神下造成的那種由國家所支持的開明及實際上的權力分散，差別在於重點的不同，而非種類的相異。每一分社會契約的核心，多少都存在著一些私有善和公共善之間的拉鋸，無論如何去化解，都只是暫時性的。美國的個人主義的惡果，似乎已經出現在我國亂丟垃圾、破壞公物、任意掠奪，和各大城市貪婪的建築，還有城市與城市之間嘎然中斷、破敗荒蕪、難登大雅之堂的不規則蔓延。目前顯然是需要做一點泥土占卜來加以調和。至於明朝，黃先生本來可以懷著比較大的同情，把他們的衰亡的原因歸咎於週而復始的浩瀚歷史，以及在全球獨樹一幟的文化延續性。和蒙古人一樣從北方南侵的滿州人，推翻了明朝；他們可以強制人民留髮辮，卻不能說服漢人停止給女人裹小腳，而且——苟延殘喘多年之後，終於在一九一二年走到了終點——還被漢人同化。《萬曆十五年》儘管是一部嚴謹的學術著作，卻有著卡夫卡超現實的夢幻特質，宛如他那篇美麗而令人苦悶的短篇小說故事〈中國長城建造時〉。書中描述長城是一段一段蓋起來的，謠傳說無邊無際的長城還留了不少缺口，而奄奄一息的皇帝派出了使者，雖然日夜兼程，卻永遠到不了最外頭的大門。「就這樣，」卡夫卡筆下無名的敘述者說，「我們的人民對皇帝既絕望又充滿了希望。他們不知道是哪個皇帝當朝，甚至連朝代的名稱是什麼，也還存著疑問。」

（本文原文為厄普代克所著"The Long and Reluctant Stasis of Wan-Li"，原載 *The New Yorker,* October 5, 1981, pp. 182-191. 由楊惠君中譯）

黃仁宇文集

萬曆十五年：一個無關緊要的年分

2024年5月初版　　定價：平裝新臺幣450元
精裝新臺幣700元

著者	黃仁宇
叢書編輯	陳胤慧
校對	林秋芬
內文排版	劉秋筑
封面設計	兒日

出版者	聯經出版事業股份有限公司
地址	新北市汐止區大同路一段369號1樓
叢書編輯電話	(02)86925588轉5317
台北聯經書房	台北市新生南路三段94號
電話	(02)23620308
郵政劃撥帳戶	第0100559-3號
郵撥電話	(02)23620308
印刷者	文聯彩色製版有限公司
總經銷	聯合發行股份有限公司
發行所	新北市新店區寶橋路235巷6弄6號2樓
電話	(02)29178022

副總編輯	陳逸華
總編輯	涂豐恩
總經理	陳芝宇
社長	羅國俊
發行人	林載爵

行政院新聞局出版事業登記證局版臺業字第0130號

本書如有缺頁，破損，倒裝請寄回台北聯經書房更換。
ISBN 978-957-08-7306-1 (平裝)
ISBN 978-957-08-7383-2 (精裝)
聯經網址：www.linkingbooks.com.tw
電子信箱：linking@udngroup.com

國家圖書館出版品預行編目資料

萬曆十五年：一個無關緊要的年分/黃仁宇著．初版．
新北市．聯經．2024年5月．416面．14.8×21公分（黃仁宇文集）
ISBN 978-957-08-7306-1（平裝）
ISBN 978-957-08-7383-2（精裝）

1.CST：明史

626.7 113002532